AF539122

आधुनिक भारत में सामाजिक परिवर्तन

आधुनिक भारत में सामाजिक परिवर्तन

एम.एन. श्रीनिवास

राजकमल प्रकाशन

ISBN : 978-81-267-1702-6

मूल्य : ₹895

पहला संस्करण : 1967
सत्रहवाँ संस्करण : 2025

प्रकाशक : राजकमल प्रकाशन प्रा.लि.
1-बी, नेताजी सुभाष मार्ग, दरियागंज
नई दिल्ली-110 002
शाखाएँ : अशोक राजपथ, साइंस कॉलेज के सामने, पटना-800 006
पहली मंजिल, दरबारी बिल्डिंग, महात्मा गांधी मार्ग, प्रयागराज-211 001
1, अनमोल सोराबजी सन्तुक लेन, धोबी तलाव, मरीन लाइंस, मुम्बई-400 002
वेबसाइट : www.rajkamalprakashan.com
ई-मेल : info@rajkamalprakashan.com

मुद्रक : बी.के. ऑफसेट
नवीन शाहदरा, दिल्ली-110 032

AADHUNIK BHARAT MEIN SAMAJIK PARIVARTAN
by M.N. Shriniwas

ई.ई. इवान्स-प्रिचार्ड को

क्रम

रवीन्द्रनाथ ठाकुर स्मारक भाषणमाला

इस भाषणमाला की स्थापना भारत के नोबुल पुरस्कार विजेता कवि की जन्म-शताब्दी के अवसर पर 1961 में हुई थी। इसका उद्‌देश्य एक ऐसे व्यक्ति के जीवन और कृतित्व को सम्मानित करना था, जिसका कला और साहित्य में योगदान, स्वयं अपनी संस्कृति के स्वरूपों में अभिव्यक्त होते हुए भी, सार्वभौमिक महत्त्व का था। इस वार्षिक भाषणमाला में भारतीय सभ्यता से सम्बन्धित प्रमुख विषयों का विवेचन होता है।

इस भाषणमाला की व्यवस्था एशियाई अध्ययन संघ (ऐसोसिएशन फॉर एशियन स्टडीज़) की एक समिति करती है, जिसके सदस्य निम्न संयोजक विश्वविद्यालयों के प्रतिनिधि हैं : कोलम्बिया विश्वविद्यालय; हार्वर्ड विश्वविद्यालय; कैलिफ़ोर्निया, विश्वविद्यालय, बर्कले; शिकागो विश्वविद्यालय; मिशिगन विश्वविद्यालय; पेनसिल्वानिया विश्वविद्यालय और विसकांसिन विश्वविद्यालय। पिट्सबर्ग विश्वविद्यालय के रिचर्ड एल. पार्क समिति के सचिव हैं।

1962-1963 संरक्षक

—मि. एवं मिसेज हार्वे ब्रीट

एशियाई अध्ययन संघ, कैलिफ़ोर्निया विश्वविद्यालय,
दक्षिण एशियाई अध्ययन केन्द्र,
अन्तर्राष्ट्रीय अध्ययन संस्थान

आतिथेय विश्वविद्यालय : कैलिफ़ोर्निया विश्वविद्यालय, बर्कले
अध्यक्ष : एम. बी. एमेनो

प्राक्कथन

रवीन्द्रनाथ ठाकुर स्मारक भाषणमाला का उद्घाटन अक्टबर 1961 में शिकागो विश्वविद्यालय में हुआ था। इसी के अन्तर्गत मई 1963 में कैलिफ़ोर्निया विश्वविद्यालय, बर्कले में भाषण हुए। प्रस्तुत ग्रंथ उन भाषणों के सार पर ही आधारित है।

रवीन्द्रनाथ ठाकुर को उचित ही भारत का महानतम आधुनिक कवि और एक महानतम आधुनिक विचारक माना जाता है। उनके व्यक्तित्व के इन पक्षों पर भाषणमाला के अन्य वक्ताओं ने विचार किया है। किन्तु उनकी पश्चिमी देशों के पर्यटक और पर्यवेक्षक के रूप में, जिनका उनके समय में ही उनके अपने देश पर इतना अधिक प्रभाव पड़ चुका था, इतनी अधिक चर्चा नहीं होती। अपनी अमरीकी और यूरोपीय यात्राओं के विषय में उन्होंने जो विचार प्रकट किये हैं, उनसे ज़ाहिर होता है कि भारत के बाक़ी विश्व से सम्बन्धों और आधुनिक सम्पर्कों से होनेवाले पारस्परिक प्रभावों में उनकी कितनी गहरी रुचि थी। इन प्रभावों ने अब ऐसे रूप ग्रहण किये हैं, जिनसे उन्हें आश्चर्य होता, बल्कि शायद धक्का लगता; फिर भी यह नहीं सोचा जा सकता कि जो कुछ हुआ और हो रहा है उसके एक मानवजाति-वैज्ञानिक द्वारा, और एक भारतीय मानवजाति-वैज्ञानिक द्वारा, विश्लेषण में उनकी कोई रुचि न होती।

यह व्यक्ति भारत के प्रमुख सामाजिक मानव-वैज्ञानिक, मैसूर नरसिंहाचार श्रीनिवास हैं। 1952 में उन्होंने ही पहली बार अपनी पुस्तक 'कुर्गों में धर्म और समाज' में संस्कृतीकरण की धारणा को भारतीय सामाजिक परिवर्तन की अन्तर्निहित प्रक्रिया के रूप में प्रस्तुत किया। तब से भारतीय समाज में परिवर्तन-सम्बन्धी विवेचन में उससे अधिक प्रभावशाली अवधारणा दूसरी नहीं प्रस्तुत हुई है। प्रस्तुत भाषणों में उन्होंने इस धारणा को स्वयं अपने-आप में, और परिवर्तन की उस कहीं अधिक स्पष्ट प्रक्रिया पश्चिमीकरण के साथ सहवर्ती सम्बन्धों में भी, आगे बढ़ाया है। ऑक्सफ़ोर्ड के सामाजिक मानव-वैज्ञानिक के रूप में प्रशिक्षण, और दक्षिण भारतीय ब्राह्मण होने के संस्कार, दोनों ही दृष्टियों से वे अपने विषय का ऐसा सूक्ष्म ही नहीं अन्तरंग विवेचन करने के लिए अत्यन्त उपयुक्त हैं, जो ठाकुर को बहुत

अच्छा लगता। पुस्तक का वह अंश भी कम महत्त्वपूर्ण नहीं है बल्कि अपने विशिष्ट अन्तरंग और आन्तरिक सम्बन्ध-सूत्रों के कारण उसका आत्यन्तिक अंश है—जिसमें प्रोफेसर श्रीनिवास अपने समाज के द्रुत परिवर्तन और 'आधुनिक' विकास के बीच मानव-वैज्ञानिक के कार्य का औचित्य प्रस्तुत करते हैं।

1959 से दिल्ली विश्वविद्यालय के दिल्ली अर्थशास्त्र विद्यालय (देहली स्कूल ऑफ़ इकनॉमिक्स) में समाजविज्ञान के प्रोफेसर होने से श्री श्रीनिवास की, भारतीय मानवजाति विज्ञान-विषयक महत्त्वपूर्ण लेखन द्वारा अर्जित ख्याति में वृद्धि ही हुई है। अपनी कुर्ग-विषयक पुस्तक के पहले वे 'मैसूर में विवाह और परिवार' (1944) लिख चुके थे, और बाद में 1962 में 'आधुनिक भारत में जाति और अन्य निबन्ध' शीर्षक से उनके निबन्धों का संग्रह प्रकाशित हुआ। भारत-व्याख्याकार के रूप में उनके विशिष्ट स्थान का अनुमान उन्हें प्राप्त मान्चेस्टर विश्वविद्यालय की साइमन उच्च शोध-वृत्ति (1953-54), ग्रेट ब्रिटेन और अमरीका में राकफेलर सदस्य-वृत्ति (1956-57) और स्टेनफ़ोर्ड में व्यवहार-मूलक विज्ञानों के उच्च अध्ययन केन्द्र की सदस्य-वृत्ति (1964-65) से हो सकता है। उन्हें 1955 में ग्रेट ब्रिटेन तथा आयरलैंड के रॉयल मानवविज्ञानीय संस्थान का रिवर्स स्मारक पदक, और 1958 में (बंगाल की) एशियाटिक सोसाइटी का शरतचन्द्र राय स्मारक स्वर्ण पदक प्रदान किया गया।

जिन संरक्षकों के कारण यह भाषणमाला सम्भव हुई उनका, विशेषकर न्यूयार्क के मि. एवं मिसेज़ हार्वे ब्रीट और एशिया फाउंडेशन का, आभार स्वीकार करना बड़ा आवश्यक है। एशियाई अध्ययन संघ की रवीन्द्रनाथ ठाकुर स्मारक भाषणमाला समिति की व्यवस्था में पिट्सबर्ग विश्वविद्यालय के सामाजिक विज्ञान खंड के अध्यक्ष मि. रिचर्ड एल. पार्क के कुशल और स्नेहपूर्ण परिश्रम के फलस्वरूप बहुत अधिक उन्नति हुई है। बर्कले में कैलिफ़ोर्निया विश्वविद्यालय में भाषणमाला के सम्बन्ध में कला और भाषण समिति से, और विशेष रूप से अन्तर्राष्ट्रीय अध्ययन-संस्थान के दक्षिण एशियाई अध्ययन केन्द्र से बहुत सहयोग प्राप्त हुआ।

—एम. बी. एमेनो

केलिफोर्निया विश्वविद्यालय

बर्कले

लेखक का प्राक्कथन

एशियाई अध्ययन संघ की रवीन्द्रनाथ ठाकुर स्मारक भाषणमाला समिति ने कैलिफ़ोर्निया विश्वविद्यालय, बर्कले में 1962-63 के शैक्षिक वर्ष में ठाकुर भाषणमाला के लिए मुझे आमंत्रित करने की कृपा की थी। उसमें मैंने अपना विषय चुना 'आधुनिक भारत में सामाजिक परिवर्तन', और उस पर मई 1963 में चार भाषण दिए। उन्हें प्रकाशन के लिए फिर से पढ़कर अन्तिम रूप देने का अवसर मुझे सितम्बर 1964 में मिला जब मैं व्यवहारमूलक विज्ञानों के उच्च अध्ययन केन्द्र में सदस्य (फैलो) के रूप में स्टेनफोर्ड आया। यह मेरा बड़ा सौभाग्य था कि केन्द्र के आश्रम जैसे वातावरण में मैं उन भाषणों को नए सिरे से संयोजित करके फिर से लिखने का कठिन कार्य पूरा कर सका। उन दिनों, सितम्बर 1964 से दिसम्बर 1965 तक, वहाँ मेरे निवास में केन्द्र के निदेशक डॉ. राल्फ़ टायलर और केन्द्र के सभी कार्यकर्ताओं से मुझे निरन्तर सौजन्य और सहायता मिली जिसके लिए मैं उनका हृदय से कृतज्ञ हूँ।

जून 1963 में मैं मैन्चेस्टर विश्वविद्यालय के सामाजिक मानवविज्ञान और समाजविज्ञान विभाग में साइमन अतिथि प्राध्यापक था। इस नियुक्ति ने मुझे प्रोफेसर मैक्स ग्लकमैन की कक्षा के साथ ठाकुर भाषणमाला के विषय पर कई गोष्ठियाँ करने का अवसर दिया। वहाँ निबन्धों के पाठ के बाद होनेवाली विचारोत्तेजक चर्चाओं से मुझे बहुत लाभ हुआ और मैं प्रोफेसर ग्लकमैन और उनके सहयोगियों का बहुत ही आभारी हूँ कि उन्होंने मेरे कार्य में इतनी समीक्षात्मक ओर मैत्रीपूर्ण रुचि दिखाई। मैं दिल्ली विश्वविद्यालय के समाजविज्ञान विभाग के अपने सहकर्मी डॉ. एम. एस. ए. राव., डॉ. आंद्रे बेतील और डॉ. अरविन्द शाह का भी कृतज्ञ हूँ जिन्होंने भाषणों के प्रारम्भिक प्रारूप की समीक्षा की और उन्हें लिखे गए अपने पत्रों में जो बातें मैंने उठाई उनके बारे में मुझे जानकारी दी। प्रो. आर. बेला, प्रो. डी. मेंडलबॉम, और प्रो. एम. सिंगर ने समय निकालकर मेरी पांडुलिपि पढ़ी और उसमें सुधार के कई सुझाव दिए जिसके लिए मैं उनका ऋणी हूँ। सम्पादन सम्बन्धी सलाह और सहायता के लिए मैं उच्च अध्ययन केन्द्र में शोध सहायक मिस मिरियम गैलेहर का आभारी

हूँ और स्वीकार करता हूँ कि उनके प्रयास से पांडुलिपि में स्पष्टता और पठनीयता दोनों में वृद्धि हुई है। भाषणों के विभिन्न प्रारूपों को कुशलतापूर्वक टंकित करने और अन्य सहायता के लिए मैं मिसेज़ जोन वार्मब्रन का भी आभारी हूँ।

जब मैंने भाषण देने का आमंत्रण स्वीकार किया तभी मैंने सोचा कि मुझे कोई अखिल भारतीय विषय ही चुनना चाहिए, यद्यपि उस समय भी मुझे कुछ अनुमान अवश्य था कि ऐसा करने में कितनी जोखिम है। भारत की विशालता और विविधता और अनेक क्षेत्रों में समुचित आधार-सामग्री के अभाव के कारण कोई सामान्य निष्कर्ष निकालना बड़ा खतरे का काम है। किन्तु इस कारण सांस्कृतिक और सामाजिक प्रक्रियाओं को अखिल भारतीय परिप्रेक्ष्य में देखने की आवश्यकता नहीं मिट जाती; कुछ नहीं तो केवल इसलिए ही कि ऐसी समस्याओं और क्षेत्रों को पहचाना जा सके जिनको भावी शोध कार्य में प्राथमिकता देने की आवश्यकता है, और जहाँ जानकारी का सर्वथा अथवा प्राय: अभाव है।

आधुनिक भारत में सामाजिक परिवर्तन के विषय में अपनी अवधारणाओं को विकसित करने में मुझे उन्नीसवीं सदी के इतिहास को टटोलना पड़ा है। मैं भलीभाँति जानता हूँ कि इस कार्य के लिए मेरे पास आवश्यक योग्यता नहीं है। पर अपने तथ्यों और व्याख्यानों के लिए मैंने विख्यात इतिहासकारों की रचनाओं का सहारा लिया है, और यह स्वीकार करते हुए मुझे बहुत खुशी है कि डॉ. पर्सीवाल स्पीअर, डॉ. बर्नार्ड कोहन, डॉ. डोनाल्ड स्मिथ, डॉ. राबर्ट फ्राइकेन बर्ग और डॉ. अरविन्द शाह के कृतित्व ने मुझे बहुत प्रेरणा दी है। मैंने डॉ. यूजीन इर्सचिक, डॉ. बर्टन स्टीन, डॉ. विलियम रो और डॉ. आन्द्रे बेतील की अप्रकाशित सामग्री से भी लाभ उठाया है। मैं इन सबका और उन अन्य बहुत लोगों का कृतज्ञ हूँ जिनकी रचनाओं का मैंने इस पुस्तक में उल्लेख किया है।

रवीन्द्रनाथ ठाकुर स्मारक भाषणमाला समिति के निकट मैं क्षमाप्रार्थी हूँ, क्योंकि मेरे भाषणों की पांडुलिपि के लिए उन्हें दो वर्ष से भी अधिक प्रतीक्षा करनी पड़ी। उन्होंने मेरे साथ बहुत धैर्य बरता है।

अन्त में, मैं यह पुस्तक प्रो. ई. ई. इवान्स-प्रिचार्ड को समर्पित करता हूँ जो आक्सफोर्ड में मेरे शिक्षक और सहकर्मी थे और मित्र भी हैं। यह उस समस्त प्रेरणा और कृपा की तुच्छ-सी स्वीकृति है जो मैं वर्षों उनसे प्राप्त करता रहा हूँ।

—एम. एन. श्रीनिवास

व्यवहारमूलक विज्ञानों में उच्च अध्ययन केन्द्र, स्टैनफोर्ड

इस प्राक्कथन में तथा सम्पूर्ण ग्रंथ में विभिन्न पुस्तकों, पत्र-पत्रिकाओं अथवा निबन्धों के शीर्षक हिन्दी पाठक की सुविधा को ध्यान में रखकर हिन्दी में ही दिये गए हैं, यद्यपि वह सारी सामग्री मूलतः अंग्रेज़ी में ही उपलब्ध है, हिन्दी में नहीं।—अनुवादक

अध्याय-1

संस्कृतीकरण

[1]

आधुनिक भारत में सामाजिक परिवर्तन का विषय बहुत विस्तृत और जटिल है और उसको ठीक-ठीक समझने के लिए आर्थिक, सामाजिक और सांस्कृतिक; इतिहास, क़ानून, राजनीति, शिक्षा, धर्म, जनांकिकी और समाज-विज्ञान जैसे विभिन्न क्षेत्रों के बहुत-से अध्येताओं के दीर्घकालीन सहयोग की आवश्यकता होगी। उसके लिए प्रादेशिक, भाषागत तथा अन्य भिन्नताओं का लेखा-जोखा करना पड़ेगा। किन्तु मेरा उद्देश्य कहीं अधिक सीमित है : मैं यहाँ उन दो अवधारणाओं—संस्कृतीकरण और पश्चिमीकरण—पर पहले की अपेक्षा कुछ अधिक व्यवस्थित ढंग से विचार करने का प्रयास करूँगा जो मैंने भारत में धार्मिक, सांस्कृतिक और सामाजिक परिवर्तन की कुछ विशेषताओं की व्याख्या के लिए कुछ वर्ष पहले प्रस्तुत की थीं।[1] ये अवधारणाएँ जिन दो प्रक्रियाओं का संकेत करती हैं उनमें से संस्कृतीकरण भारतीय इतिहास में निरन्तर चलती रही है और आज भी चल रही है। दूसरी ओर पश्चिमीकरण उन परिवर्तनों की ओर संकेत करता है जिनका भारतीय समाज में समावेश अंग्रेज़ी राज में हुआ और जो कुछ क्षेत्रों में अधिक वेग के साथ स्वाधीन भारत में भी हो रहे हैं। संस्कृतीकरण से भिन्न, पश्चिमीकरण भारतीय आबादी के किसी विशेष अंश तक सीमित नहीं है और उसका महत्त्व—उससे प्रभावित होनेवालों की संख्या और प्रभावित होने के प्रकार, दोनों ही दृष्टियों से लगातार बढ़ रहा है। स्वाधीनता-प्राप्ति ने कुछ बातों में पश्चिमीकरण की प्रक्रिया को तेज़ कर दिया है और यह असम्भव नहीं कि इस तेज़ी के लिए स्वाधीनता आवश्यक पूर्व-स्थिति हो। संस्कृतीकरण और पश्चिमीकरण के बीच जटिल और दुरूह अन्तर्सम्बन्ध ऐसा क्षेत्र है जो अल्पकालीन तथा दीर्घकालीन दोनों ही रूपों में विश्लेषण और चिन्तन के लिए उर्वर है।

संस्कृतीकरण और पश्चिमीकरण की अवधारणाएँ जब पहली बार प्रस्तुत हुईं तो उन्होंने भारतीय क्षेत्र में काम करनेवाले समाज-विज्ञान और मानव-विज्ञान के

विद्वानों को आकर्षित किया।[2] यह पाया गया कि संस्कृतीकरण ऐसी सांस्कृतिक और सामाजिक प्रक्रिया है, जो भारत के विभिन्न भागों के हिन्दुओं के बीच व्यापक रूप में पाई जाती है। यह भी सूचना मिली कि वह भील और ओराव जैसे कुछ जन-जाति समूहों में भी सक्रिय है। देश के विभिन्न भागों में जाति-व्यवस्था में होनेवाले परिवर्तनों के साथ इन दोनों प्रक्रियाओं के सम्बन्ध को भी ठीक से समझने की आवश्यकता है।

ये अवधारणाएँ सामाजिक परिवर्तनों के विश्लेषण के लिए अब भी उपयोगी हैं या नहीं, अथवा किस हद तक उपयोगी हैं, और इनमें आगे स्पष्टीकरण, परिष्कार, विस्तार अथवा संशोधन की आवश्यकता है या नहीं—ये सब बातें स्वयं पता लगाने का अवसर मुझे तब मिला जब रवीन्द्रनाथ ठाकुर स्मारक भाषणमाला समिति ने मुझे 1963 की ठाकुर भाषणमाला के लिए आमंत्रित किया। मगर मैंने यह कार्य कुछ हिचक के साथ ही स्वीकार किया, क्योंकि मैं यह भलीभाँति जानता हूँ कि भारत-भर के हिन्दुओं के बारे में सत्य होने का दावा करनेवाली स्थापनाएँ प्रस्तुत करने में कितनी कठिनाइयाँ और जोखिमें हैं। अब मैं समझ सका हूँ कि अपने पिछले अधिकांश कार्य में मुझे कितनी सुविधाएँ थीं : विषय अधिक निश्चित थे और वे छोटे-से प्रदेश तथा उसके भीतर रहनेवालों के एक विशेष वर्ग से सम्बन्धित थे, और उस सम्बन्ध में स्वयं मैंने ही बहुत-सी सामग्री एकत्र की थी। किन्तु एक प्रकार से मुझे इस बात की प्रसन्नता भी है कि मैंने आधुनिक भारत में सामाजिक परिवर्तन जैसा विषय चुना, क्योंकि उसने मुझे बलपूर्वक सूक्ष्मता के अपने खोल से बाहर निकाल दिया। भारत-जैसे देश में, जहाँ प्रादेशिक अनेकरूपता बहुत है और जिसके निवासी सैकड़ों जातियों में विभाजित हैं, सूक्ष्म अध्ययन की सीमाएँ स्पष्ट ही हैं। दूसरी ओर वृहत् अध्ययन में वे सब सूक्ष्मताएँ, शुद्धताएँ, बारीकियाँ छूट जाने की सम्भावना रहती है जो केवल सविवरण सूक्ष्म अध्ययन में ही प्राप्त हो सकती हैं। एक स्वत:सिद्ध सत्य को दुहराने की जोखिम उठाकर भी मैं कहूँगा कि भारतीय समाज-वैज्ञानिक को स्वभाव और पद्धति दोनों ही में उभय-निपुण होना पड़ता है, जिससे अवसर के उपयुक्त किसी भी प्रकार का अध्ययन कर सके। सूक्ष्म अध्ययन से अन्तर्दृष्टि प्राप्त होती है तो वृहत् अध्ययन से परिप्रेक्ष्य, और एक से दूसरे में संचरण अत्यन्त आवश्यक होता है।

संस्कृतीकरण पर विचार करने के पहले मैं संक्षेप में इस बात का परीक्षण करूँगा कि किस प्रकार वर्ण की प्रभावशाली अवधारणा ने परम्परा-प्रधान अथवा अंग्रेज़-पूर्व युग में जाति के गतिशील पक्षों को सचमुच गौण बना दिया था।[3] यह तथ्य कि वह अवधारणा भी जाति के कुछ पक्षों को समझने के लिए आज भी प्रासंगिक है, उसमें निहित भ्रान्तियों और विकृतियों को बनाए रखने में ही सहायक होता है। संक्षेप में, वर्ण में सन्निविष्ट जाति की मुख्य विशेषताएँ ये हैं : (1) एक

भारत-व्यापी सोपान-संगठन मौजूद है जिसमें विभिन्न प्रदेशों में कोई भिन्नताएँ नहीं हैं; (2) वर्ण केवल चार अथवा, यदि हरिजनों को भी शामिल किया जाए, जो शब्दश: 'अन्त्यज' हैं, तो पाँच हैं; (3) सोपान स्पष्ट है; और (4) वह अटल है।

निस्सन्देह जाति इस अर्थ में एक भारतव्यापी घटना है कि हर स्थान पर ऐसे आनुवंशिक अन्तर्गामी समूह पाए जाते हैं, जिनका सोपान बना हुआ है और इनमें से प्रत्येक समूह का एक या दो धन्धों से पारम्परिक सम्बन्ध होता है। हर जगह ब्राह्मण हैं, अछूत हैं और किसान, दस्तकार, व्यापारी तथा सेवक जातियाँ हैं। जातियों के बीच सम्बन्ध अनिवार्यत: अपवित्रता और पवित्रता के रूप में अभिव्यक्त होते हैं। संसार, कर्म, धर्म जैसे कुछ एक हिन्दू धर्मशास्त्रीय प्रत्यय, जाति-प्रथा में बुने हुए हैं, पर यह ज्ञात नहीं कि इन अवधारणाओं का भान सर्वव्यापी है अथवा सोपान की केवल कुछ ही श्रेणियों तक सीमित है। यह उस क्षेत्र के संस्कृतीकरण की मात्रा पर निर्भर है।

पर कुछ एक सार्वभौमिक विशेषताओं की उपस्थिति के कारण हमें महत्त्वपूर्ण प्रादेशिक भिन्नताओं की उपेक्षा नहीं करनी चाहिए। केवल यही नहीं कि कुछ जातियाँ—जैसे, भड़भूजा, कहार और बारोट अथवा चारण—देश के केवल कुछ ही भागों में पाई जाती हैं, या कि कुछ धन्धों पर आधारित जातियों की स्थिति देश के हर भाग में अलग-अलग है। बल्कि यह बात भी ध्यान देने की है कि जाति मुख्यत: एक प्रादेशिक व्यवस्था के रूप में ही मौजूद और कार्यशील है। वास्तव में भारत के समस्त ब्राह्मणों की तो बात ही क्या, एक ही प्रादेशिक भाषा बोलनेवाले समस्त ब्राह्मणों का भी एक अन्तर्गामी समूह नहीं होता। उनमें भी एक दर्जन या उससे भी अधिक अन्तर्गामी समूह हो सकते हैं। इसी तरह, एक छोटे प्रदेश के भीतर भी एक जाति साधारणत: केवल कुछ एक अन्य जातियों के साथ पारस्परिक व्यवहार रखती है, सबके साथ नहीं। (किन्तु कुछ जातियाँ विस्तृत क्षेत्र में फैली पाई जाती हैं और आम तौर पर इसका अर्थ यह है कि उनके विभिन्न अंशों में सांस्कृतिक भिन्नताएँ होती हैं।) इसके अतिरिक्त औसत किसान के लिए अन्य भाषायी क्षेत्रों में जातियों के नाम सर्वथा अपरिचित होते हैं। उनका अर्थ वर्ण के आतंककारी ढाँचे में रखने पर ही समझ में आता है।

आधुनिक भारत के प्रत्येक भाषायी क्षेत्र में सैकड़ों जातियाँ अथवा अन्तर्गामी समूह हैं। चार या पाँच वर्ण केवल मोटी-मोटी अखिल भारतीय श्रेणियाँ सूचित करते हैं कि जिनमें असंख्य जातियों को कुछ अत्यन्त सीमित उद्देश्यों के लिए ही समूहित किया जा सकता है। वर्ण आदर्श (मॉडल) के अनुसार, हरिजन या अछूत जाति-व्यवस्था के बाहर हैं और हरिजनों से सम्पर्क अन्य चार वर्गों के सदस्यों को अपवित्र करता है। पर यदि किसी प्रदेश की जातियों के बीच आर्थिक, सामाजिक ही नहीं, कर्मकांडीय सम्बन्धों को भी देखा जाए तो हरिजन उस व्यवस्था के अभिन्न

अंग हैं, वे कृषि में कुछ आवश्यक आर्थिक कार्य पूरा करते हैं, प्रायः गाँव के सेवकों, हरकारों और मेहतरों का कार्य करते हैं, और गाँव के उत्सवों-त्योहारों पर ढोल पीटते हैं, तथा सामुदायिक भोज की पत्तलें उठाते हैं।

वर्ण आदर्श में किसी जाति-श्रेणी के स्थान के बारे में कोई सन्देह नहीं होता। किन्तु पद-क्रम में स्थान का निश्चित होना जाति मात्र की विशेषता नहीं है। वास्तव में, जाति-व्यवस्था के दोनों छोर भी उतने अचल नहीं हैं जितने बताए जाते हैं। कुछ ब्राह्मण समूहों को इतना नीचा माना जाता है कि हरिजन तक उनके हाथ का बना नहीं खाते।

यह स्पष्ट है कि पारस्परिक स्थान के बारे में अस्पष्टता या संशय आकस्मिक या महत्त्वहीन नहीं, बल्कि चालू प्रथा के रूप में जाति की आवश्यक विशेषता है। दो जातियों का एक-दूसरे से श्रेष्ठ होने का दावा करना कोई असाधारण आचरण नहीं, बल्कि एक ऐसी गतिशील व्यवस्था की स्वाभाविक उपज है जिसमें आगे बढ़ने के प्रयास में कुछ धक्कमधक्का और संघर्ष होता ही रहता है। अंग्रेज़-पूर्व भारत में जाति के पद-विषयक विवाद बीच-बीच में राजा तक पहुँचते थे, जिसका निर्णय अन्तिम माना जाता था।

इस भाँति वर्तमान वास्तविक सोपान में जाति का स्थान बदलने की सम्भावना रहती है, जबकि वर्ण आदर्श में प्रत्येक वर्ण का स्थान सदा के लिए निर्धारित है। यह सचमुच आश्चर्य की बात है कि वर्ण आदर्श में निहित यथार्थ की विकृति के बावजूद, वह अभी तक जीवित रहा आया है।

अन्त में, जाति का वर्ण-आदर्श इस अर्थ में सचमुच एक सोपान है कि उसमें पुरोहित वर्ण सबसे ऊपर होता है और पद-निर्धारण की कसौटी धार्मिक आधार से प्राप्त होती है। विभिन्न वर्गों के क्रम का उद्देश्य स्पष्ट ही ब्राह्मण सर्वोपरिता के सिद्धान्त का समर्थन है और वह क्रम केवल अंशतः ही देश के विभिन्न भागों में जातियों के पद की वास्तविकता के अनुरूप है। किन्तु इससे भी अधिक ध्यान देने योग्य यह बात है कि किसी जाति को लौकिक शक्ति प्राप्त हो तो या तो वह उसके कर्मकांडीय पद में प्रतिबिम्बित हो जाती है, या उसके फलस्वरूप आगे-पीछे जाति का स्थान ऊँचा हो जाता है।

ऐसा जान पड़ता है कि जाति-व्यवस्था का वर्ण आदर्श भारतीय इतिहास के वैदिक युग में क्रमशः विकसित हुआ, और प्रारम्भिक ब्राह्मण लेखकों ने उसे उस समय वर्तमान जाति-व्यवस्था के स्थूल विवरण के रूप में स्वीकार कर लिया। इन लेखकों ने उन प्रथम तीन वर्गों के अधिकार और कर्तव्य निश्चित किये, जो उपनयन संस्कार के कारण द्विज कहलाते थे।

घुर्ये के अनुसार, वर्ण-धर्म अथवा विभिन्न वर्गों की प्राचरण-संहिता का उत्तर-वैदिक काल में (600 ई. पू. - 300 ई.) बहुत अधिक विस्तार हुआ :

> "इस काल में ब्राह्मण वर्ग की स्थिति बहुत दृढ़ हुई और ब्राह्मणों की बढ़ती हुई श्रेष्ठता की तुलना में शूद्रों की अवनति और भी तीव्रता से उभर आई। क्षत्रियों का पूरी तरह पराभव हो गया और वैश्य, कम-से-कम उनमें से आम लोग, शूद्रों के अधिकाधिक समीप पहुँचते गए। तीनों निम्न वर्णों को आदेश हुआ कि वे ब्राह्मण के उपदेशों के अनुसार रहें जो उनके कर्तव्यों को भी निर्धारित करे, और राजा के ऊपर तदनुकूल उनके आचरण को नियमित करने का भार पड़ा।"[4]

ब्राह्मण विधिकारों ने जाति-व्यवस्था के ऐसे आदर्श का प्रतिपादन किया जिसमें वे सर्वोपरि थे और जो उन्हें अन्य जातियों तथा राजा के कर्तव्यों की घोषणा करने का अधिकार देता था। स्वयं ब्राह्मणों द्वारा अपने लिए किये गए दावे और सोपान के विषय में उनके विचार तो समझ में आते हैं, पर यह बात समझ में नहीं आती कि बहुत-से भारतीय तथा विदेशी विद्वानों ने उन्हें ऐतिहासिक सत्य के रूप में कैसे मान लिया है। ग्रामीण भारत की कितनी प्रभु किसान जातियों ने विभिन्न वर्गों के नियमों का नाम भी सुना होगा, अथवा सुना हो तो उनकी ओर कोई ध्यान दिया होगा? और यह बात भी समझ में नहीं आती कि गाँवों में रहनेवालों से कैसे इन नियमों का पालन कराया जाता होगा अथवा उनके उल्लंघन के लिए कैसे दंड दिया जाता होगा। आज भी, भारत सरकार के समस्त साधनों और सुविधाओं के बावजूद, इस बात का पक्का प्रबन्ध बड़ा कठिन सिद्ध हुआ है कि भारतीय संविधान जो अधिकार हरिजनों को प्रदान करता है उन पर भारत के 5,60,000 गाँवों में सचमुच अमल किया जा सके। तो फिर प्राचीन अथवा मध्ययुगीन भारत में परिस्थिति क्या रही होगी यह निष्कर्ष पाठक स्वयं ही निकाल सकते हैं।

किन्तु इसमें कोई सन्देह नहीं कि नागर और शिक्षित भारतीय वर्ण आदर्श को चालू व्यवस्था के रूप में जाति का सच्चा चित्र मानते रहे हैं। मेरा अनुमान यह है कि वर्ण-आदर्श अंग्रेज़ी काल में, विभिन्न परिस्थितियों के फलस्वरूप, अधिक लोकप्रिय हो गया : जैसे अंग्रेज़ों द्वारा स्थापित न्यायालयों से 1864 तक ब्राह्मण पंडितों की सम्बद्धता; प्रत्येक शहर में पाश्चात्य शिक्षा-प्राप्त वकीलों की उपस्थिति जो सब हिन्दुओं पर ब्राह्मणीय क़ानून लागू करने की कोशिश करते थे;[5] बड़ी मात्रा में धार्मिक साहित्य का संस्कृत से अंग्रेज़ी में अनुवाद; हर जगह जाति सभाओं का उदय, जो जीवन-पद्धति के संस्कृतीकरण द्वारा अपनी-अपनी जाति के सुधार के लिए यत्नशील थीं; और प्रबल ब्राह्मण-विरोधी आन्दोलन में वृद्धि, जो देश के कुछ भागों में ब्राह्माणों को उनके अधिकार और प्रभाव के स्थान से हटाने का प्रयास करता था। स्पष्ट ही यह सूची अपूर्ण और आजमायशी है और वर्ण आदर्श की लोकप्रियता की पूरी व्याख्या अध्ययन द्वारा ही सम्भव है।

[2]

संस्कृतीकरण वह प्रक्रिया है जिसके द्वारा कोई 'नीच' हिन्दू जाति, या कोई जनजाति अथवा अन्य समूह, किसी उच्च और प्राय: 'द्विज' जाति की दिशा में अपने रीति-रिवाज, कर्मकांड, विचारधारा और जीवन-पद्धति को बदलता है। आम तौर पर ऐसे परिवर्तनों के बाद वह जाति, परम्परा से स्थानीय समाज द्वारा सोपान में जो स्थान उसे मिला हुआ है, उससे ऊँचे स्थान का दावा करने लगती है। साधारणत: बहुत दिनों तक, बल्कि वास्तव में एक-दो पीढ़ियों तक, दावा किए जाने के बाद ही उसे स्वीकृति मिलती है। कभी-कभी कोई जाति ऐसे स्थान की माँग करने लगती है जो उसके सोपानीय पड़ोसी मानने को तैयार नहीं होते। याचित और स्वीकृत प्रतिष्ठा के बीच इस प्रकार का असामंजस्य न केवल मतामत के क्षेत्र में, बल्कि संस्थागत व्यवहार के अधिक महत्त्वपूर्ण क्षेत्र में भी होना सम्भव है। इस भाँति मैसूर में हरिजन जातियाँ दस्तकारों (लुहारों, सुनारों आदि) के हाथ का बना खाना और पीने का पानी नहीं स्वीकार करतीं, जो निश्चय ही स्पृश्य जातियों में हैं और इसलिए हरिजनों से श्रेष्ठतर हैं, चाहे उनका विश्वकर्मा ब्राह्मण होने का दावा भले ही न माना जाए। इसी तरह किसान (ओक्कलिग) और अन्य, जैसे गड़रिये (कुरुब), मार्क ब्राह्मणों का, जो निश्चित ही ब्राह्मणों में शुमार होते हैं, बना हुआ खाना और पानी नहीं स्वीकार करते। मुझे उत्तर कुर्ग में एक लिंगायत से बातचीत की याद है जो कुर्गवासियों को 'जंगली लोग' (कादु जन) कहता था, जबकि कुर्गी अपने सच्चे क्षत्रिय, बल्कि 'आर्य' होने का दावा करते हैं।

सामान्यत: संस्कृतीकरण के साथ-साथ, और प्राय: उसके परिणामस्वरूप, सम्बद्ध जाति ऊपर की ओर गतिशील होती है; पर गतिशीलता संस्कृतीकरण के बिना भी, अथवा गतिशीलता के बिना संस्कृतीकरण भी, सम्भव है। किन्तु संस्कृतीकरण से सम्बद्ध गतिशीलता के परिणामस्वरूप व्यवस्था में केवल पदमूलक परिवर्तन ही होते हैं, कोई संरचनामूलक परिवर्तन नहीं। अर्थात एक जाति अपने आस-पास की जातियों से ऊपर उठ जाती है, और दूसरी नीचे आ जाती है, पर यह सब एक मूलत: अचल सोपान में घटित होता है। स्वयं व्यवस्था में कोई परिवर्तन नहीं होता।

जैसा मैं पहले ही कह चुका हूँ, संस्कृतीकरण हिन्दू जातियों तक ही सीमित नहीं है, बल्कि जनजाति और अर्ध-जनजाति समूहों में भी होता है, जैसे पश्चिमी भारत के भीलों में, मध्य भारत के गौंडों और ओरावों में, हिमालय पहाड़ियों में भी। इसके परिणामस्वरूप जिस जनजाति में संस्कृतीकरण होता है, वह एक जाति और इसलिए हिन्दू होने का दावा करने लगती है। पारम्परिक व्यवस्था में हिन्दू होने का एकमात्र उपाय किसी जाति में शामिल होना था और गतिशीलता की इकाई आम तौर पर व्यक्ति या परिवार नहीं, एक समूह हुआ करता था।

अब मैं अनुभव करता हूँ कि अपनी कुर्ग धर्म-सम्बन्धी पुस्तक और 'संस्कृतीकरण तथा पश्चिमीकरण पर एक टिप्पणी', दोनों में मैंने संस्कृतीकरण के ब्राह्मण आदर्श पर अनावश्यक बल दे दिया था और अन्य—क्षत्रिय, वैश्य और शूद्र—आदर्शों की उपेक्षा कर दी थी। वह ब्राह्मण आदर्श भी कन्नड़ तमिल और तेलुगु ब्राह्मणों से प्राप्त था, अन्य प्रदेशों की ब्राह्मण जातियों से नहीं। डी. एफ़. पोकॉक ने ब्राह्मण आदर्श के साथ-साथ एक क्षत्रिय आदर्श के भी मौजूद होने की ओर इशारा किया है :

"जिस प्रकार ब्राह्मण के साथ-साथ क्षत्रिय या राजा, वैश्य और शूद्र वर्णों से उच्चतर है, वैसे ही हम हिन्दू समाज में राजकीय आदर्श भी मान सकते हैं, जो कुछ बातों में ब्राह्मण आदर्श के ऊपर निर्भर होते हुए भी उसका पूरक होता है। किसी काल या स्थान-विशेष में राजकीय आदर्श की प्रतिनिधि किसी क्षेत्र की प्रभुतासम्पन्न राजनीतिक सत्ता होती है, और उस क्षेत्र की स्थानीय प्रभुतासम्पन्न अब्राह्मण जाति या जातियाँ माध्यम का काम करती हैं। इस भाँति लौकिक मामलों में विभिन्न कालों में मुग़लों और अंग्रेज़ों ने वह मानक प्रस्तुत किया जिससे लौकिक प्रतिष्ठा नापी जाती है।"[6]

यहाँ मैं यह जोड़ना चाहूँगा कि न केवल राजकीय बल्कि अन्य आदर्शों के लिए भी स्थानीय प्रभु जाति माध्यम बनती है, और प्रभु जाति की अवधारणा कुछ दृष्टियों से संस्कृतीकरण की अवधारणा को अनुपूरित करती है।

मिल्टन सिंगर ने इस बात की ओर ध्यान दिलाया है कि संस्कृतीकरण के एक या दो नहीं, बल्कि चार या कम-से-कम तीन आदर्श अवश्य मौजूद हैं :[7]

"(संस्कृतीय हिन्दुत्व के) स्थानीय रूप में चार वर्णों के नामों का—ब्राह्मण, क्षत्रिय, वैश्य और शूद्र का—उपयोग भले ही हो, पर उनका सार स्थान के अनुसार बदलता रहता है और किसी विशेष स्थान के लिए उसको प्रत्यक्ष अनुभव द्वारा ही निर्धारित किया जा सकता है। यह भी पता चला है कि इन विभिन्न वर्गों की आपेक्षिक प्रतिष्ठा और पद भी, समय और समूहों के अनुसार बदलता है। बहुत बार, जैसे राजाओं और योद्धाओं में, जीवन-शैली का पद ब्राह्मण के बराबर या कभी-कभी उससे भी ऊँचा होता है। जो ऐसे समूह अपनी स्थिति को उठाना चाहते हैं वे राजपूत जीवनशैली के कुछ लक्षण अपनाकर, अर्थात अपनी जीवन-पद्धति के 'राजपूतीकरण' (सिन्हा) द्वारा ऐसा करते हैं। जिन क्षेत्रों में व्यापारी और किसान समूहों की प्रभुता होती है वहाँ उनकी जीवन-शैली को भी आदर्श मान लिया जाता है।"[8]

पहले तीन वर्णों को द्विज कहते हैं, क्योंकि उपनयन संस्कार के समय, जिसे दूसरा जन्म माना जाता है, केवल उन्हें ही यज्ञोपवीत धारण करने का अधिकार है। केवल प्रथम तीन वर्गों के लोगों को वैदिक कर्मकांड में सम्मिलित होने का अधिकार है जिसमें अथर्ववेद को छोड़कर बाकी किसी-न-किसी वेद से मंत्रों का पाठ किया

जाता है। द्विज वर्गों में ब्राह्मण इन संस्कारों को पूरा करने के बारे में सबसे अधिक आग्रही होते हैं, इसलिए दूसरों की अपेक्षा उन्हें संस्कृतीकरण के 'श्रेष्ठतर' आदर्श माना जा सकता है। किन्तु प्रत्येक वर्ण का सांस्कृतिक सार विभिन्न क्षेत्रों में और विभिन्न समय पर अलग-अलग होता है। और यह अनेकरूपता साधारणत: वर्ण सोपान के उच्चतम स्तरों की अपेक्षा निम्न स्तरों पर कहीं अधिक होती है।

अब ब्राह्मण वर्ण की भिन्नताओं पर संक्षेप में प्रारम्भ से विचार करें।[9] सबसे पहले तो एक ही प्रदेश में रहनेवाली सभी, उच्चतम से लगाकर निम्नतम, जातियों में स्थानीय संस्कृति के कुछ तत्त्व समान रूप से मिलेंगे। इस भाँति एक क्षेत्र में रहनेवाले ब्राह्मण और हरिजन (अछूत) दोनों एक ही भाषा बोलेंगे, समान त्योहार मनाएँगे, और कुछ सामान्य स्थानीय देवतानों और मान्यताओं को स्वीकार करते होंगे। मैं इसे 'उदग्र एकीकरण' कहता हूँ और यह क्षैतिज एकीकरण' से भिन्न है जो एक ही जाति या वर्ण के लोगों में पाया जाता है।

कुछ ब्राह्मण समूह, जैसे कश्मीरी, बंगाली और सारस्वत, मांसाहारी हैं, जबकि अन्य स्थानों में ब्राह्मण परम्परा से शाकाहारी होते हैं। कुछ ब्राह्मण समूहों की जीवनशैली में दूसरों की अपेक्षा अधिक संस्कृतीकरण होता है, और यह वैदिक तथा लौकिक ब्राह्मणों के बीच अन्तर से बिल्कुल भिन्न है। विभिन्न ब्राह्मण समूहों में धन्धों की भी पर्याप्त अनेकरूपता पाई जाती है।[10] पंजाब, पश्चिमी उत्तर प्रदेश और राजस्थान के कुछ भागों में ब्राह्मणों की लौकिक स्थिति नीची है,[11] और गुजरात (तपोधन), बंगाल और मैसूर (मार्क) में बहुत-से ब्राह्मण समूहों को कर्मकांडीय दृष्टि से नीचा माना जाता है।[12]

कुल मिलाकर यह कहना सही होगा कि ब्राह्मणों की अपेक्षा क्षत्रिय, वैश्य और शूद्र वर्णों की संस्कृति में स्थानीय अंचल के तत्त्व कहीं अधिक होंगे, और इससे यह निष्कर्ष निकलता है कि देश के विभिन्न भागों में क्षत्रिय और वैश्य होने का दावा करनेवाली जातियों में परस्पर गहरी भिन्नताएँ मौजूद हैं। वास्तव में, जबकि भारत के प्रत्येक अंचल में इस बारे में तो कुछ सहमति मिलती है कि कौन ब्राह्मण हैं और कौन अछूत, क्षत्रियों और वैश्यों के बारे में ऐसी सर्वसहमति नहीं मिलती। क्षत्रिय और वैश्य के दर्जे का दावा वे सब समूह करते हैं जिनकी क्रमश: सैनिक कार्य और व्यवसाय की परम्पराएँ रही हैं। देश के विभिन्न भागों के सभी क्षत्रियों और सभी वैश्यों में अपना-अपना सामान्य कर्मकांड नहीं है। उनमें से बहुतेरों के वे सब संस्कार नहीं होते जो द्विज वर्गों के लिए आवश्यक समझे जाते हैं।

इतिहासकार के. एम. पणिक्कर की मान्यता है कि इतिहास के पिछले दो हजार वर्षों में क्षत्रिय-जैसी कोई जाति ही नहीं हुई। नन्दवंशीय ही अन्तिम 'सच्चे' क्षत्रिय थे, और वे ईसापूर्व पाँचवीं शताब्दी में ही समाप्त हो गए। तब से प्रत्येक ज्ञात राजपरिवार किसी-न-किसी अ-क्षत्रिय जाति से आया है, जिसमें मध्ययुगीन भारत के

प्रसिद्ध राजवंश भी शामिल हैं।[13] पणिक्कर का यह भी कहना है, "ऐसा लगता है कि अधिक अर्वाचीन युगों में भी शूद्रों ने बड़ी भारी संख्या में राजपरिवार पैदा किए हैं। बंगाल के पाल तो निस्सन्देह ऐसी ही जाति के थे। महान् मराठा राजवंश का कार्य आज जो भी हो, वह राजपूत वंश से उद्भूत होने के अपने वंशावलीय अभिमान को सिद्ध नहीं कर सकता।"[14] चारणों और भाटों का एक सबसे महत्त्वपूर्ण काम यह था कि उपयुक्त वंशावली-सम्बन्धी कड़ियाँ और कल्पकथाएँ प्रस्तुत करके निचली जातियों के क्षत्रिय बनने को वैध सिद्ध करें।

वर्ण आदर्श और वर्तमान स्थानीय सोपान के बीच सहमति का प्रभाव शूद्रों के विषय में और भी स्पष्ट है। न केवल यह श्रेणी स्थानीय क्षत्रिय और वैश्य जातियों की भरती के लिए उर्वर क्षेत्र रही है, जैसा कि पणिक्कर ने कहा है, बल्कि उसका सांस्कृतिक और संरचनात्मक विस्तार इतना बड़ा है कि स्वयं श्रेणी ही लगभग निरर्थक हो जाती है। उसमें यदि एक छोर पर प्रभुतासम्पन्न भूस्वामी किसान जातियाँ हैं जिनका स्थानीय वैश्यों और ब्राह्मणों के ऊपर शासन और अधिकार है, तो दूसरे छोर पर ग़रीब, प्रायः अछूत समूह हैं, जो अपवित्रता-रेखा के ठीक ऊपर जीवित हैं। इसी श्रेणी में बहुत-सी दस्तकार और सेवक जातियाँ भी हैं, जैसे सुनार, लुहार, बढ़ई, कुम्हार, तेली, बँसोर, जुलाहे, नाई, धोबी, कहार, भड़भूजे, ताड़ी चुआनेवाले, गड़रिये, शंकरपाल आदि।

इसी प्रकार यह सम्भव है कि शूद्रों की इस व्यापक श्रेणी में कुछ जातियों की जीवन-शैली का अत्यधिक संस्कृतीकरण हुआ हो और कुछ का केवल अल्पतम। पर संस्कृतीकरण हुआ हो अथवा न हुआ हो, और किसान प्रभु जातियाँ ही अनुकरण के स्थानीय आदर्श प्रस्तुत करती हैं। और, जैसा पोकॉक और सिंगर ने कहा है, वे ही क्षत्रिय (और अन्य) आदर्शों का माध्यम बनती हैं।

[3]

भारत के विभिन्न भागों में देहाती जीवन की एक विशेषता है प्रभुता-सम्पन्न, भूस्वामी जातियों की उपस्थिति।[15] प्रभुता-सम्पन्न होने के लिए यह आवश्यक है कि उस जाति का उपलब्ध स्थानीय कृषि योग्य भूमि में से बड़े अंश पर स्वामित्व हो, उसकी सदस्य-संख्या यथेष्ट हो, और स्थानीय सोपान में उसे उच्च स्थान प्राप्त हो। जब किसी जाति में प्रभुता के ये सारे गुण मौजूद हों तो कहा जा सकता है कि उसे असन्दिग्ध प्रभुता प्राप्त है। कभी-कभी किसी गाँव में एक से अधिक जाति की प्रभुता होती है, और कालांतर में प्रभुता एक जाति से दूसरी के पास पहुँच सकती है।[16] यह कभी-कभी अंग्रेज़-पूर्व युग में भी होता था,[17] और बीसवीं शताब्दी में तो देहाती सामाजिक परिवर्तन का यह एक महत्त्वपूर्ण पक्ष है।

पिछले लगभग अस्सी वर्ष में प्रभुता पर असर डालनेवाले नये तत्त्व प्रकट हुए हैं। पश्चिमी शिक्षा, प्रशासन में नौकरियाँ, और आमदनी के शहरी साधन, सब गाँव में विशेष जाति-समूहों की प्रतिष्ठा और सत्ता बढ़ाने की दृष्टि से महत्त्वपूर्ण हैं। स्वाधीनता-प्राप्ति के बाद से बालिग़ मताधिकार और पंचायती राज (गाँव, तहसील और जिला स्तर पर स्थानीय स्वायत्त शासन) के आरम्भ से 'नीच' जातियों, विशेषकर हरिजनों को, जिनके लिए गाँव से लगाकर संघीय संसद तक सभी निर्वाचित संस्थाओं में स्थान सुरक्षित हैं, आत्म-सम्मान और शक्ति का नया भाव प्राप्त हुआ है। इन परिवर्तनों के दीर्घकालीन प्रभाव, सम्भवत: और भी अधिक महत्वपूर्ण हैं, विशेषकर उन गाँवों में जहाँ हरिजन इतनी संख्या में मौजूद हैं कि स्थानीय शक्ति का पलड़ा किसी-न-किसी दिशा में झुका सकें। पारम्परिक व्यवस्था में किसी ऊँची जाति के थोड़े-से लोगों का यदि कृषि-योग्य भूमि के बड़े अंश पर स्वामित्व हो और उन्हें उच्च कर्मकांडीय स्थान भी प्राप्त हो, तो वे सारे गाँव पर अधिकार चला सकते हैं। किन्तु अब ग्रामीण भारत के बहुत-से भागों में सत्ता संख्या की दृष्टि से बड़ी, भूस्वामी किसान जातियों के हाथों में पहुँच गई है; और कुछ ऐसे गाँवों को छोड़कर, जहाँ हरिजन बहुसंख्यक हैं और अपने लिए उपलब्ध शिक्षा के तथा अन्य नये अवसरों का लाभ भी उठा रहे हैं, अभी वह कुछ समय तक उन्हीं के पास रहेगी।

प्रभु जाति में स्थानीय गुटबन्दी से भी यह खतरा पैदा होता है कि सत्ता देर तक उसके पास न बनी रह सके।

देहाती भारत में प्रभुता का प्रश्न अब सर्वथा स्थानीय नहीं रहा। एक जातिसमूह, जिसके केवल एक-दो परिवार ही किसी गाँव-विशेष में रहते हों, पर व्यापक अंचल में जिसकी प्रभुता असन्दिग्ध हो, उसका स्थानीय महत्त्व अपने प्रभुता-सम्पन्न रिश्तेदारों के साथ सम्बन्ध-सूत्रों के कारण फिर भी रहेगा। इतनी ही महत्त्वपूर्ण बात यह भी है कि गाँव के दूसरे लोगों को भी इन सम्बन्ध-सूत्रों की चेतना होगी। इसके विपरीत, जिस जाति को केवल एक गाँव में प्रभुता प्राप्त है, उसे अनुभव होगा कि उसके लिए उस जाति का ध्यान रखना आवश्यक है जिसे प्रादेशिक प्रभुता प्राप्त है।

पिछले पचास वर्षों में संचार-साधनों में भारी सुधार के कारण भी सर्वथा स्थानीय जीवन-शैलियों की प्रतिष्ठा घटी है। देहाती नेताओं में, कम-से-कम उनके बेटों में, प्रतिष्ठित शहरी जीवन-पद्धतियों को अपनाने की प्रवत्ति बढ़ी है, और इस प्रक्रिया के दीर्घकालीन प्रभावस्वरूप सांस्कृतिक अनेकरूपता में कमी और एकरूपता में वृद्धि हुई है।

प्रभुता स्थापित होने में भूस्वामित्व बड़ा निर्णायक तत्त्व है। आम तौर पर, भारत के देहातों में भूमि के स्वामित्व का रूप ऐसा है कि कृषि-योग्य भूमि का अधिकांश भाग अपेक्षया थोड़े-से बड़े-बड़े भूस्वामियों के हाथों में केन्द्रित है, जबकि बहुसंख्यक लोगों के पास भूमि या तो बहुत कम है या बिलकुल ही नहीं।[18] ये अल्पसंख्यक

बड़े-बड़े भूस्वामी गाँव की बाक़ी आबादी के ऊपर बहुत ज्यादा हुकूमत चलाते हैं, और तेजी से आबादी बढ़ने के कारण हालत और भी खराब होती जाती है। बड़े भूस्वामी अधिकतर ग़रीब देहातियों के संरक्षक होते हैं। दस्तकार और सेवक जातियों का हर परिवार कुछ एक भूस्वामी परिवारों को सामान और सेवाएँ देता रहता है। परम्परा से ये सम्बन्ध स्थिर रहे हैं, और पीढ़ी-दर-पीढ़ी चले आते हैं। इसके बदले में उन्हें फ़सल के समय अनाज और भूसा मिलता है। जमींदार और काश्तकार अथवा खेतिहर मज़दूर के बीच सम्बन्ध भी टिकाऊ प्रकार के हैं, यद्यपि पिछले वर्षों में वे कमज़ोर हुए हैं। काश्तकार, मज़दूर, दस्तकार और सेवक जातियों के लोग भूस्वामी संरक्षक के आसामी कहलाते हैं, और इस नाते उनके कुछ कर्तव्य निश्चित होते हैं।[19]

भूस्वामित्व के स्वरूप में ऐसी असमानताएँ शायद अन्य विकासशील देशों में भी पाई जाती हैं, पर भारतीय स्थिति में अनोखी बात यह है कि भूस्वामी, काश्तकार, भूमिहीन मज़दूर, दस्तकार और सेवा करनेवालों के जाति-समूह स्थायी और पुश्तैनी होते हैं। भूस्वामी साधारणत: उच्च जातियों के होते हैं, जबकि पैंतीस फ़ीसदी हरिजन भूमिहीन मज़दूर होते हैं, और भूमि के अधिकांश स्वामियों की "जोत इतनी छोटी होती है कि उनकी हालत खेतिहर मज़दूरों से कोई ज्यादा अच्छी नहीं होती।"[20]

भूस्वामित्व से न केवल शक्ति बल्कि प्रतिष्ठा भी बढ़ती है, यहाँ तक कि जीवन के किसी भी क्षेत्र में सफल होनेवाले लोगों में भूमि में रुपया लगाने की प्रवृत्ति पाई जाती है।[21] भूस्वामित्व पद ऊँचा करने का अनिवार्य उपाय सदा न भी होता हो, पर उससे ऊर्ध्वमुखी गतिशीलता में निश्चय ही आसानी होती है। जाति सोपान में भूस्वामित्व और ऊँचे पद के बीच संगति पर बहुत लोगों का ध्यान गया है, पर यह याद रखना ज़रूरी है कि वह संगति सामान्य प्रकार की ही होती है और प्रत्येक क्षेत्र में उसके अपवाद पाए जाते हैं।

भूस्वामी जातियों को प्राप्त इस अधिकार और प्रतिष्ठा का प्रभाव उनके सब जातियों के साथ—उनके साथ भी जो कर्मकांडीय दृष्टि से उनसे उच्चतर हैं—सम्बन्धों पर पड़ता है, जैसे पंजाब के कुछ भागों में जाट भूस्वामी ब्राह्मणों को अपना सेवक समझते हैं, और पूर्वी उत्तर प्रदेश के माधोपुर गाँव में किसी समय प्रभुता-सम्पन्न ठाकुर अपने गुरुओं और पुरोहितों के अतिरिक्त अन्य किसी ब्राह्मण के हाथ का बना भोजन नहीं खाते थे।[22] मैसूर राज्य के रामपुर गाँव में लोग राम मन्दिर के ब्राह्मण पुजारी की हँसी उड़ाते थे। जब मन्दिर के किसी उत्सव के अवसर पर उसने भक्तों को प्रसाद बाँटना चाहा तो वहाँ एकत्र किसान नौजवान उसे चिढ़ाने के लिए बार-बार माँगने लगे और जब वह न दे सका तो उसकी धोती खींचने लगे। पुजारी ने मुखिया से शिकायत की तो उसने यह प्रबन्ध किया कि प्रसाद बाँटने के समय किसी प्रभावी किसान खानदान का कोई प्रतिनिधि मन्दिर में मौजूद रहे। एक

बार एक किसान लड़का मेरे और पुजारी के साथ जा रहा था तो उसने पुजारी की खेती की तरफ जरूरत से ज्यादा ध्यान देने और मन्दिर के काम के प्रति उदासीन रहने की आलोचना की और पुजारी बात बदलने के दो-एक असफल प्रयत्न करता ही रह गया।

किन्तु लौकिक कसौटियाँ महत्त्वपूर्ण होने पर भी, कर्मकांडीय श्रेष्ठता का अपना स्वतंत्र अस्तित्व और अपनी अलग ही शक्ति है। बीडलमैन ने ठीक ही कहा है :

> "असंगति की जोखिम उठाकर भी मैं इस बात पर जोर देना चाहता हूँ कि ऐसे बहुत-से क्षेत्र हैं जहाँ कर्मकांडीय पद आर्थिक निर्धारकों पर निर्भर नहीं जान पड़ता। सेनपुर और रामपुर में ब्राह्मण सत्ता-सम्पन्न अथवा आर्थिक दृष्टि से श्रेष्ठतर न थे, बल्कि जाटों और ठाकुरों के अधीन थे। पर शायद गाँव के लोग सर्व-सहमति से यह मानते थे कि कर्मकांड की दृष्टि से ये ब्राह्मण ही सर्वोच्च हैं। गाँव को इसमें कोई विरोधाभास न लगता था कि ब्राह्मण अन्य जातियों से—आर्थिक दृष्टि से प्रबल जातियों से भी, कुछ प्रकार का बना हुआ भोजन और कभी-कभी अन्य सामाजिक उपहार अस्वीकार कर सकते हैं। वे मानते थे कि कर्मकांड को दृष्टि से ये जातियाँ ब्राह्मणों की तुलना में अपवित्र हैं।"[23]

बीडलमैन ने जिस असंगति पर जोर दिया है, और जिसे लोग स्वयं भी जानते हैं, वह जातियों के पद-निर्धारण का एक महत्त्वपूर्ण पक्ष है, जिसमें कभी-कभी कर्मकांडीय और लौकिक पद के बीच विच्छेद दिखाई पड़ता है। केवल लौकिक कसौटी पर किसी ब्राह्मण का स्थान भले ही नीचा हो, पर वह फिर भी ब्राह्मण है, और इस कारण कर्मकांड और पवित्रता-सम्बन्धी सन्दर्भों में सम्मान का अधिकारी है। लखपती गुजराती बनिया कभी उस रसोई में पैर नहीं रखता जहाँ ब्राह्मण रसोइया काम करता हो, क्योंकि ऐसा करने से ब्राह्मण और रसोई के बर्तन अपवित्र हो जाते हैं। केवल सन्दर्भगत भिन्नता ही नहीं, बल्कि उस धर्म के कारण भी ब्राह्मण विशिष्ट माने जाते हैं जिससे उनका इतना घनिष्ठ सम्बन्ध है। इस तथ्य से हिन्दू धर्म की आधुनिक व्याख्या में सहायता मिली है। इसके कारण हिन्दू धर्म दक्षिण भारत के प्रबल ब्राह्मण-विरोधी आन्दोलन के आगे भी टिका रह सका है। यह सही है कि द्रविड़ मुन्नेत्र कषगम की विचारधारा में बुद्धिवाद और नास्तिकता के तत्त्व भी हैं, पर इसमें सन्देह है कि तमिल अ-ब्राह्मण जातियाँ उन्हें स्वीकार करती हैं।

स्थानीय प्रभु जाति का संस्कृतीकरण के विभिन्न आदर्शों के लिए माध्यम होना सांस्कृतिक संचरण की प्रक्रिया में उस जाति के महत्त्व का सूचक है। इस भाँति यदि स्थानीय प्रभु जाति ब्राह्मण या लिंगायत हो तो उसकी प्रवृत्ति संस्कृतीकरण के ब्राह्मण आदर्श के संचरण की होगी, और यदि वह राजपूत अथवा बनिया हो तो

क्षत्रिय या वैश्य आदर्श का संचरण होगा। अवश्य ही प्रत्येक स्थानीय प्रभु जाति की ब्राह्मण, क्षत्रिय या वैश्य-आदर्शों की अपनी-अपनी अलग धारणा होती है।

जाति-व्यवस्था में दो सुस्पष्ट प्रवृत्तियाँ अन्तर्निहित हैं। पहली है किसी स्थानीय समाज में, नैतिक और धार्मिक प्रतिमानों सहित, बहुत-सी संस्कृतियों के अस्तित्व की स्वीकृति। इस स्वीकृति के साथ यह भावना भी रहती है कि कुछ संस्थाएँ, विचार, विश्वास और अभ्यास तो अपने समूह के लिए उपयुक्त होते हैं और कुछ नहीं होते। किसान को अपनी खेती पर बड़ा गर्व होता है और वह सदा उसके महत्त्व और उसकी कठिनाइयों के बारे में तथा उसके लिए आवश्यक कौशल और धीरज की बात करता है। कारीगर या सेवक जाति के सदस्य का भी अपने पुश्तैनी धन्धे के बारे में यही रवैया होता है। कभी-कभी कुछ व्यक्ति दूसरी जातियों के पुश्तैनी धन्धों की बुराई करते भी पाए जाते हैं।

जाति प्रथा में अन्तर्निहित दूसरी प्रवृत्ति है उच्च जातियों के रंग-ढंग का अनुकरण। अनुकरण किसी जाति-विशेष का नहीं होता, सर्वोच्च जाति का भी नहीं। पोकॉक का यह कथन सारतः सत्य है : "अपेक्षया निचली कोटि की अ-ब्राह्मण जाति ब्राह्मणत्व की किसी धारणा का अनुकरण नहीं करती (अथवा पुस्तकों के प्रचार के पहले नहीं करती थी) और न लौकिक प्रतिष्ठा की उसकी कोई सामान्य परिकल्पनाएँ होती हैं। उसके आचरण के लिए आदर्श अपने से ऊपर की वे जातियाँ होती हैं जिनसे उसकी सबसे अधिक समीपता हो। सच पूछा जाए तो, एक जाति द्वारा दूसरी के अनुकरण के बजाय किसी जाति के एक स्थानीय अंश द्वारा एक अन्य स्थानीय अंश का अनुकरण कहना ज्यादा ठीक होगा।"[24] (रेखांकन मेरे द्वारा)।

किन्तु फिर भी यह चेतावनी देना आवश्यक है कि स्थानीय ग्राम-व्यवस्था को व्यापकतर अखिल भारतीय व्यवस्था से पूर्णतः स्वतंत्र मानना ठीक न होगा। आचरण के आदर्श तीर्थ-यात्राओं, हरिकथाओं और धार्मिक नाटकों जैसे महान् परम्परा के स्रोतों मे भी प्राप्त हो सकते हैं। उदाहरण के लिए, पाटीदारों का संस्कृतीकरण बहुत-कुछ इन्हीं स्रोतों के कारण और वल्लभाचारी और स्वामीनारायण सम्प्रदायों के प्रभाव के कारण है।

गाँव में प्रभु जाति के बुजुर्ग ही एक बहुत्ववादी संस्कृति और मूल्य-व्यवस्था के प्रहरी होते थे। परम्परा से वे ही एक जाति को दूसरी जाति के पुश्तैनी धन्धे को अपनाने से रोकते थे, जिससे एकाधिकार में दरार पड़ने से उसके हितों पर आँच न आए; केवल खेती और कुछ वस्तुओं का व्यापार ही इसमें अपवाद थे। प्रभु जाति किसी नीची जाति के कर्मकांड और जीवन-शैली में छोटे-मोटे परिवर्तनों की तो सम्भवतः उपेक्षा कर देती थी, पर यदि वह परम्परा से चली आती अपनी आर्थिक या कर्मकांडीय सेवाएँ देने से इनकार करे, अथवा किसी महत्त्वपूर्ण उच्चजातीय चिह्न को हथियाने लगे, तो दंड तुरन्त मिलता था।[25]

पोकॉक ने पश्चिमी भारत में गुजरात राज्य के केरा जिले में अपने कार्यक्षेत्र से एक घटना का विवरण दिया है :

> "मोटागाम में एक कहानी सुनाई जाती है जो केवल तीस वर्ष पुरानी घटनाओं से सम्बन्धित है। उस समय नानूगाम का एक बारिया मोटागाम में होकर निकला। उसने खास पाटीदार ढंग से धोती पहन रखी थी, उसकी वैसी ही बड़ी-बड़ी ऊपर उठी हुई मूँछें थीं जैसी उन दिनों पाटीदार रखा करते थे और वह एक हाथ में हुक्का लिये पीता जा रहा था। एक प्रमुख पाटीदार ने उसे पकड़वाकर ज़बर्दस्ती उसकी मूँछें मुड़वा दीं और उसे हुक्म दिया गया कि आगे से कभी पाटीदार जैसा दीखने की कोशिश न करे और जब भी किसी पाटीदार गाँव में होकर निकले तो हुक्के को पीठ पीछे रखकर चले, नहीं तो उसकी पिटाई होगी। आज ऐसी भिन्नताओं को ज़बर्दस्ती बनाए रखने का अधिकार न होने के कारण वस्त्रों में कहीं अधिक एकरूपता आ गई है, पर अपनी अलग पोशाक पर अब पाटीदार भी कोई जोर नहीं देते। जिस रिवाज को किसी समय इतना महत्त्व दिया जाता था उसके प्रति उदासीन होना उसे छोड़ देने के ही बराबर है, और आज का मध्यवर्गीय बारिया अपने औपचारिक और उत्सवोचित रूप और रंग-ढंग का आदर्श कोई तीस वर्ष पहले की पाटीदार शैली को बनाता है।"[26]

ऐसी ही घटनाओं की सूचनाएँ पिछले पचास वर्षों में ग्रामीण भारत के अन्य भागों से भी मिली हैं। विलियम रो ने ज़िक्र किया है कि जब 1936 में पूर्वी उत्तर प्रदेश में सेनापुर गाँव के नोनियों ने (नमक बनानेवालों की एक 'नीची' जाति जो अब कुएँ-तालाब खोदने, सड़कें कूटने और ईंटें तथा टाइल बनाने का काम करने लगी है) सामूहिक रूप से यज्ञोपवीत पहना तो, "कुछ क्षत्रिय ज़मींदारों ने नोनियों की पिटाई की, उनके यज्ञोपवीत तोड़कर फेंक दिये और जाति के ऊपर सामूहिक जुर्माना कर दिया। कुछ वर्षों बाद नोनियों ने फिर यज्ञोपवीत पहनना शुरू किया, पर अब कोई विरोध नहीं हुआ। उनके पहले प्रयास में सीधी-सीधी सार्वजनिक चुनौती थी, पर दूसरी बार नोनियों ने यज्ञोपवीत चुपचाप और वैयक्तिक रूप में पहनना शुरू किया।"[27]

1921 की भारतीय जन-गणना रिपोर्ट से पता चलता है कि जब उत्तर भारत के अहीरों ने अपने-आपको क्षत्रिय कहने और यज्ञोपवीत पहनने का निश्चय किया तो उनके कार्य से प्रभुतासम्पन्न उच्च जातियों में बड़ा रोष फैला था। उदाहरण के लिए, उत्तर बिहार में, उच्च जातीय राजपूतों और भूमिहार ब्राह्मणों ने अहीरों को द्विजों के चिह्न धारण करने से रोका था, जिसके परिणामस्वरूप मारपीट और मुकदमेबाज़ी

की नौबत आ गई थी।[28] हटन ने भारत के दक्षिणी छोर पर रामनाड जिले की एक प्रभु जाति कल्लर और हरिजनों के बीच ऐसे ही संघर्ष का वर्णन किया है :

> "दिसम्बर 1930 में रामनाड में कल्लरों ने आठ निषेध घोषित किये, जिनका उल्लंघन करने पर कल्लरों द्वारा बाह्य हरिजनों के साथ मारपीट होती थी, उनकी झोंपड़ियाँ जला दी जाती थीं, खलिहान और दूसरे सामान को नष्ट कर दिया जाता था और पशु लूट लिए जाते थे। वे आठ निषेध निम्नलिखित थे :
>
> (1) आदि-द्रविड़ सोने-चाँदी के गहने नहीं पहनेंगे।
> (2) पुरुष अपने कूल्हों के ऊपर वस्त्र नहीं पहनेंगे।
> (3) पुरुष कोट, क़मीज़ या बनियान नहीं पहनेंगे।
> (4) कोई आदि-द्रविड़ अपने बाल नहीं छंटाएगा।
> (5) आदि-द्रविड़ अपने घरों में मिट्टी के बर्तनों के सिवाय और किसी प्रकार के बर्तनों का व्यवहार नहीं करेंगे।
> (6) उनकी स्त्रियाँ अपने शरीर का ऊपरी भाग कपड़ों से, खुकई (ब्लाउज़) या तावणि (चोगे की तरह पहने जानेवाला वस्त्र) से नहीं ढकेंगी।
> (7) उनकी स्त्रियाँ फूल या केसर लेप का व्यवहार नहीं करेंगी।
> (8) पुरुष धूप या वर्षा से बचने के लिए छतरी का उपयोग नहीं करेंगे और न चप्पलें पहनेंगे।[29]

इस भाँति प्रभु जातियाँ अपने प्रभावं-क्षेत्र में रहनेवाली विभिन्न जातियों के बीच संरचनात्मक दूरी बनाए रखती थीं। उनके द्वारा बनाए और लागू किये जानेवाले नियमों में बहुत-से स्थानीय होते थे, पर कुछ नियम—जैसे नीच जातियों द्वारा यज्ञोपवीत धारण करने का निषेध—महान् परम्परा के नियम होते थे। किन्तु यह सम्भव था कि उन क्षेत्रों में, जहाँ किसान जातियों को असन्दिग्ध प्रभुता प्राप्त है, उनका महान् परम्परा का ज्ञान कामचलाऊ ही हो। पारम्परिक व्यवस्था में महान् परम्परा के ज्ञान का रक्षक केवल ब्राह्मण पुरोहित ही होता था, इसलिए प्रभु जाति इस बात का प्रबन्ध करके कि पुरोहित केवल उच्च जातियों का ही काम करे, सांस्कृतिक सीमाओं के उल्लंघन को रोक लेती थी। यह बात समझ में आती है कि पुरोहित भी प्रभु जाति और अपने जाति-भाइयों की भावनाओं का बड़ा आदर करते थे।[30]

किन्तु प्रभु जाति का कार्य केवल बहुत्ववादी संस्कृति के संरक्षक होने तक ही सीमित न था। वह निम्न जातियों में प्रभु जाति की अपनी प्रतिष्ठादायक जीवनशैली का अनुकरण करने की इच्छा भी जगाती है। निम्न जातियों को यह काम घुमा-फिराकर करना पड़ता था—जल्दबाजी करने से तुरन्त दंड मिलने का डर रहता था।

वे ऐसी बातों के अनुकरण से बचती थीं जिनसे प्रभु जाति को अधिक रोष हो और अपने लक्ष्य की ओर धीरे-धीरे एक-एक क़दम बढ़ने में सफलता की सम्भावना अधिक रहती थी।

डी. आर. चानना ने एक ऐसे क्षेत्र में संस्कृतीकरण और पश्चिमीकरण के प्रसार का विवेचन किया है जो 1947 में देश के विभाजन तक इस्लाम और कुछ पश्चिम एशियाई सांस्कृतिक रूपों से बहुत अधिक प्रभावित था।[31] वहाँ सिख धर्म को, जो स्वयं भी हिन्दू और इस्लामी धर्मों के समन्वय का परिणाम है, गौण प्रभुता प्राप्त थी, जबकि हिन्दुओं में इस्लाम और सिख धर्म दोनों का प्रभाव दिखाई पड़ता था। हिन्दुओं में व्यापारी जातियाँ खत्री, अरोरा, अग्रवाल आदि महत्त्वपूर्ण थीं, ब्राह्मण आर्थिक दृष्टि से पिछड़ा हुआ था और विद्या की दृष्टि से भी कुछ विशेष न था।

"ध्यान देने की पहली चीज़ यह ऐतिहासिक तथ्य है कि इस प्रदेश में ब्राह्मणों का प्रभाव अपेक्षया दुर्बल है। दस्तकारों, शिल्पियों और किसानों के बड़ी संख्या में मुसलमान बनाए जाने के बाद से इस क्षेत्र में रहनेवाले हिन्दुओं की संख्या अपेक्षया कम ही रही है, और वे मुसलमानों पर प्रभुतापूर्ण प्रभाव डालने की बजाय स्वयं उनसे प्रभावित हुए हैं। इसके प्रमाण के रूप में कई बातों का उल्लेख किया जा सकता है, जैसे इस प्रदेश में मन्दिरों की अपेक्षया कमी (जम्मू तथा अन्य हिन्दू-शासित पहाड़ी रियासतों को छोड़कर), शास्त्रों में पारंगत ब्राह्मणों का अभाव, कुछ ही दिन पहले तक संस्कृत विद्यालयों का सर्वथा अभाव और खानपान-सम्बन्धी निषेधों के पालन में अपेक्षया शिथिलता आदि।"[32]

यद्यपि हिन्दू स्त्रियाँ मुसलमान स्त्रियों की भाँति बुर्क़ा नहीं ओढ़ती थीं, पर वे बहुसंख्यक मुस्लिम आबादी वाले इलाकों में बाहर भी नहीं निकलती थीं। हिन्दू संस्कृत मंत्रों का पाठ नहीं करते थे और वे अपने बच्चों को मदरसों में मौलवियों के पास पढ़ने भेजते थे। यज्ञोपवीत वे केवल विवाह के समय ही पहनते थे। विवाह में आवश्यक वैदिक संस्कार होता था जिसमें ब्राह्मण पुरोहित का काम करता था। हिन्दू धर्म की महान् परम्परा के बारे में जानकारी बहुत कम थी। चानना का कहना है कि धर्म के मामले में हिन्दू "इस्लाम से, विशेषकर सूफी सन्तों के उपदेशों से, बहुत गहरे प्रभावित थे।"[33]

चानना के विवरण से यह चित्र सामने आता है कि भूतपूर्व पंजाब और उत्तर-पश्चिमी सीमाप्रान्त-भर में मुसलमानों की प्राथमिक प्रभुता थी और सिखों की गौण प्रभुता इस प्रदेश के कुछ चुने हुए इलाकों में ही थी। हिन्दुओं में व्यापारी जातियाँ महत्त्वपूर्ण थी, ब्राह्मणों में न तो धन था न विद्या। वे सिख धर्म से भी प्रभावित थे और "इसलिए ठीक वह समूह, जो हिन्दू जनता के ब्राह्मणीकरण, संस्कृतीकरण में सहायक हो सकता था, ऐसा करने की स्थिति में न था।"[34]

उन्नीसवीं शताब्दी में पंजाब के अल्पतम संस्कृतीकरण से प्रकट होता है किस तरह प्रभु समूह की जीवन-शैली किसी प्रदेश को प्रभावित करती है। अंग्रेज़ी राज से उत्पन्न जटिल प्रवृत्तियों के कारण ही पंजाबी हिन्दुओं में संस्कृतीकरण बढ़ा। आर्य समाज तथा उसकी प्रतिद्वन्द्वी सनातन धर्म सभा और उनके द्वारा स्थापित दोनों प्रकार की, पारम्परिक (गुरुकुल और ऋषिकुल) और आधुनिक (दयानन्द ऐंग्लो-वैदिक और सनातन धर्म सभा के स्कूल तथा कॉलेज), शिक्षा-संस्थानों ने पंजाब के हिन्दुओं में पारम्परिक और आधुनिक विद्या का प्रसार किया।

प्रभु जाति का प्रभाव सामाजिक जीवन के सभी क्षेत्रों तक, वंशक्रम तथा दत्तक विधान के सिद्धान्तों-जैसी मूलभूत बातों तक, फैला हुआ जान पड़ता है। इस भाँति दो पितृकुलीय तमिल व्यापारी जातियों ने, (अंगदिपुरम के) तरकनों और (पालघाट तालुक के) मन्नडियरों ने, कोई 120 से 150 वर्ष के भीतर क्रमश: पितृकुलीयता छोड़कर मातृकुलीयता ग्रहण कर ली। तरकन स्त्रियों के पति नम्बूद्रि ब्राह्मण या सामन्तन परिवारों के होते थे और तरकन पुरुष किरियम नायर स्त्रियों से विवाह करते थे। कुछ तरकन स्त्रियों के सम्बन्ध वेल्लातिरि राजकुल के पुरुषों से भी थे और यह भाग्यशाली तरकन कुलों के लिए सम्पत्ति का स्रोत था। आप्रवासी चालियान जुलाहों की जाति पोन्नानि तालुक के कुछ भागों में मातृकुलीयता मानती है और अन्य स्थानों पर पितृकुलीयता। पोन्नानि तालुक में कुछ चालियानों ने 1940 के बाद से नायर (केरल की मातृकुलीय प्रभु जाति) नाम ग्रहण कर लिया था।[35] त्रिवांकुर के मन्दिरों में काम करनेवाले पितृकुलीय कुरुक्कल अठारहवीं शताब्दी के अन्त में मातृकुलीय हो गए और उसके बाद कुरुक्कल स्त्रियों के नम्बूद्रि पुरुषों के साथ अनुलोम सम्बन्ध होने लगे और कुरुक्कल पुरुष मातृकुलीय मरन स्त्रियों से विवाह करने लगे। कुरुक्कल शक्तिशाली पोट्टियों के कारण पितृकुलीयता ग्रहण करने को बाध्य हुए जान पड़ते हैं।[36]

एस. एल. कालिया ने उत्तर प्रदेश की जौनसार-बावर और मध्यप्रदेश में बस्तर क्षेत्र की जातियों में 'जनजातिकरण' की प्रक्रिया का वर्णन किया है। इसके अनुसार जनजातियों के बीच अस्थायी रूप में रहनेवाले उच्च जातियों के हिन्दू उनके ऐसे रीति-रिवाज, कर्मकांड और विश्वास अपना लेते हैं जो बहुत बातों में उनके अपने रीति-रिवाज़ आदि से सर्वथा विपरीत होते हैं। कालिया के उदाहरणों से पता चलता है कि अपने सन्दर्भ समूहों से दूर पड़ जाने पर लोगों की जीवन-शैली और मान्यताओं में कितने व्यापक परिवर्तन आ जाते हैं। उच्च जातियों के हिन्दुओं का इतनी आसानी से नई संस्कृति को अपना लेना शायद उसके निवास के अस्थायी होने के कारण भी था और उनमें से कुछ लोग यह समझते भी थे। इस भाँति जौनसार-बावर क्षेत्र में जो ब्राह्मण मांस खाने, शराब पीने और पहाड़ी स्त्रियों से संसर्ग रखने लगे थे, उन्होंने कालिया से कहा : "हमें यह सब जलवायु के कारण करना पड़ता है। यहाँ मांस के

सिवाय कुछ भी नहीं मिलता। जिस दिन हम यमुना पार करके देहरादून में अपने घरों को लौटेंगे, उसी दिन प्रायश्चित्त करके अपने-आपको पवित्र कर लेंगे।"[37] किन्तु यह स्थिति बहुत-सी जातियों वाले ऐसे गाँव की स्थिति से भिन्न है जहाँ एक ही जाति की प्रभुता हो। उस गाँव में हर जाति जानती है कि उसे किन-किन नियमों का पालन करना है और उनका उल्लंघन करने पर क्या दंड मिलेगा। सम्बद्ध या प्रभु जाति के बुजुर्ग लोग नियम तोड़ने पर जुर्माने, शारीरिक कष्ट या जाति-बहिष्कार की सज़ा देते हैं। पर दंड की धमकी भी अ-प्रभु जातियों को प्रभु-जातियों की जीवन-शैली के प्रशंसक होने और क्रमशः उसका अनुकरण करने से रोकने में सफल नहीं होती। इसलिए यह सम्भव है कि ब्राह्मण या अन्य उच्च जातियों के थोड़े-से लोग स्थानीय प्रभु जाति की संस्कृति के तत्त्वों को क्रमशः आत्मसात् कर लें। वे 'देशी' हो जाएँ और संस्कृतीकरण के वाहक बनने के बजाय स्वयं स्थानीय राजपूत, जाट, अहीर, रेड्डी, कम्म, मराठा या ओक्कलिग संस्कृति का अनुकरण करने लगें। ऐसा होने की सम्भावना तब और भी बढ़ जाती है जब संचार-साधन अच्छे न हों और नगरों, तीर्थस्थानों और मठों से सम्पर्क नियमित न हो। संक्षेप में, यह सम्भव है कि महान् परम्परा के प्रतिनिधि लघु परम्पराओं के आगे घुटने टेक दें, और ऐसा लगता है कि बीच-बीच में यह होता भी रहा है।

किन्तु यह मानना सही नहीं होगा कि ब्राह्मण की संस्कृति में संस्कृतीकरण सदा ही बहुत अधिक होता है। उदाहरण के लिए, पश्चिमी उत्तर प्रदेश के सनाढ्य ब्राह्मणों की जीवन-शैली में अल्पतम संस्कृतीकरण हुआ है। 1951-52 में जब मैरियट ने दिल्ली से कोई सौ मील दक्षिण-पूर्व में पश्चिमी उत्तर प्रदेश के एक गाँव किशनगढ़ी का अध्ययन किया तो वहाँ सनाढ्य ब्राह्मणों की प्रभुता थी। मैरियट ने लिखा है :

> "इस क्षेत्र में ब्राह्मणों के अपेक्षया अल्प संस्कृतीकरण में ही इस बात का सूत्र छिपा है कि किशनगढ़ी की बाकी जातियों में संस्कृतीकरण की इतनी धीमी गति का और उनके धर्म में महान परम्परा के तत्त्वों के अपेक्षया इतने अल्प अनुपात का क्या कारण है। जाति सोपान में अपने स्थान और पुरोहित कार्य से सम्बन्ध के कारण ब्राह्मण हर जगह महान् परम्परा के सर्वश्रेष्ठ सम्भाव्य प्रतिनिधि होते हैं। किन्तु चूँकि किशनगढ़ी में उनके धार्मिक रूप अधिकांशतः लघु-परम्परामूलक हैं, इसलिए यहाँ ब्राह्मणों से जो कुछ छनकर निचली जातियों तक पहुँचता है, उसका भी अधिकांशतः लघु-परम्परामूलक होना अनिवार्य है। इस भाँति करवा चौथ का त्योहार, जिसके संस्कृतीय सन्दर्भ के अभाव का वर्णन ऊपर किया जा चुका है, किशनगढ़ी में खुल्लमखुल्ला ब्राह्मण पत्नियों का त्योहार

माना जाता है कि वे विधवा होने पर पुनर्विवाह न करें। पिछली पीढ़ियों में यह त्योहार किशनगढ़ी की निचली जातियाँ भी मनाने लगी हैं। इसी तरह गाँव के पुजारी का पद भी, जो किशनगढ़ी के सबसे प्रभावशाली ब्राह्मण कुल को मिलता है, एक अ-संस्कृतीय देवी माता का है जिसे चामड़ कहते हैं। जब निचली जातियों के लोग ब्राह्मणों की इस शक्तिशालिनी देवी को प्रसन्न करना चाहते हैं तो वे अपनी पूजा-सामग्री महान् परम्परा के किसी मन्दिर को नहीं, बल्कि चामड़ के मिट्टी-पत्थर के अनगढ़ टीले को ही ले जाते हैं।"[38] (काले अक्षरों में मुद्रित पंक्तियाँ मेरे द्वारा)।

ग्रामीण भारत के अधिकांश भागों में ऐसी भूस्वामी किसान जातियाँ मौजूद हैं जिन्हें या तो असन्दिग्ध प्रभुता प्राप्त है, या वे शूद्र, क्षत्रिय अथवा ब्राह्मणों में से किसी अन्य जाति के साथ प्रभुता में साझीदार हैं। स्वाधीन भारत में जो परिवर्तन हुए हैं वे सामान्यत: ऐसे हैं जिनसे किसान जातियों की शक्ति और प्रतिष्ठा बढ़ी है, और आमतौर पर राजपूत और ब्राह्मण-जैसी उच्च जातियों को गिराकर बढ़ी है।

ग्रामीण भारत का ऐसा नक्शा बनाया जा सकता है, जिसमें प्रत्येक गाँव की प्रभु जातियाँ दिखाई गई हों, पर इसके लिए बड़े भारी परिश्रम की आवश्यकता होगी। ऐसे व्यवस्थित नक्शे के अभाव में कुछ एक अधिक प्रमुख प्रभु-जातियों के नाम यहाँ लिए जा सकते हैं। उत्तर भारत में गाँव के लोग प्रभु-जातियों को 'अजगर' का नाम देते हैं जो दलित अल्पसंख्यक जातियों में प्रभु जातियों के आतंक का सूचक है। 'अजगर' चार प्रभु जातियों के नामों के प्रथम अक्षरों को लेकर बना है : अहीर, जाट, गूजर और राजपूत। पश्चिमी बंगाल के कुछ भागों में सद्गोप, गुजरात में पाटीदार और राजपूत, महाराष्ट्र में मराठा, आंध्र में कम्म और रेड्डी, मैसूर में ओक्कलिज़न और लिंगायत, मद्रास में वेल्लास, गाउंडर, पड़ैयाची और कल्लर और केरल में नायर, सीरियाई ईसाई और इजवन प्रभु-जातियाँ हैं।

देहातों में रहनेवाले बहुसंख्यक लोगों के लिए, और कभी-कभी ब्राह्मणों के लिए भी, प्रभु-जातियाँ ही आदर्श प्रस्तुत करती हैं। जहाँ उनकी जीवन-पद्धति में किसी हद तक संस्कृतीकरण हो चुका है—जैसा, उदाहरण के लिए, पाटीदारों, लिंगायतों और कुछ वेल्लालों में हो चुका है—वहाँ जिस क्षेत्र के ऊपर उनकी प्रभुता का प्रसार है उसकी संस्कृति में परिवर्तन होने लगता है। पाटीदारों का पिछले सौ वर्षों में अधिक संस्कृतीकरण हुआ है और इसके प्रभाव गुजरात के कैरा जिले में बारिया-सहित सभी अन्य समूहों की संस्कृति पर पड़े हैं। दक्षिणी भारत में लिंगायतों और वेल्लालों की जीवन-शैली में भी संस्कृतीकरण है और पाटीदारों से कहीं पहले से हुआ है। लिंगायत मैसूर राज्य में, विशेषकर तुंगभद्रा नदी के उत्तरवर्ती प्रदेश में, सांस्कृतिक और सामाजिक परिवर्तनों के प्रबल प्रेरक रहे हैं। वे ऐसा इसलिए कर

सके, क्योंकि उन्होंने विचारों के प्रसार के लिए संस्कृत के बजाय जनभाषा कन्नड़ का उपयोग किया, और इस क्षेत्र में बहुत-से समृद्ध और प्रतिष्ठित मठ मौजूद थे। ये मठ विभिन्न जातियों के लोगों को लिंगायत सम्प्रदाय की दीक्षा देते रहे हैं और आज भी देते हैं।

मराठे, रेड्डी और पिछले दिनों पड़ैयाची (जिन्होंने अपना नाम बदलकर वन्निय कुलक्षत्रिय रख लिया है) क्षत्रिय होने का दावा करते रहे हैं। अंग्रेज़-पूर्व काल में क्षत्रियत्व के दावे के पहले, यदि अधिक ऊँचे नहीं तो कम-से-कम गाँव के स्तर पर, राजनीतिक सत्ता पर अधिकार और क्षत्रियों की जीवन-शैली के अनुकरण की प्रवृत्ति आम तौर पर पाई जाती थी। इससे निम्न जातियों में प्रतिक्रिया की शृंखला जैसी बन जाती और उनमें से प्रत्येक अपने-अपने हिसाब से क्षत्रिय जीवन-शैली का अनुकरण करने लगती। इस भाँति कैरा जिले में मौजूदा बारिया तीस वर्ष पहले के पाटीदारों के अनुकरण में लाल पगड़ी और तलवार धारण करते हैं।[39] स्वयं पाटीदार कुछ समय पहले तक क्षत्रियों में गिने जाने के इच्छुक थे, अब वे वैश्य कहलाना अधिक पसन्द करते हैं।[40] आधुनिक गुजरात में बहुत-सी जातियाँ क्षत्रिय के रूप में मान्यता चाहती हैं। पोकॉक के अनुसार, "चरोत्तार में लगभग प्रत्येक जाति की, अछूत डेढ़ तक की, अपनी-अपनी जाति-कथाओं और गाथाओं में किसी-न-किसी योद्धा अथवा राजा से उद्भव का इतिहास मिलता है। ये दावे तभी कारगर हो सकते हैं जब उचित मात्रा में पैसा खर्च करके ब्राह्मणीय और लौकिक प्रतिष्ठा द्वारा उन्हें सहारा दिया जाए।"[41]

क्षत्रियों की भाँति ब्राह्मणों ने भी ग्रामीण तथा नागर भारत में प्रभुता भोगी है। संख्या की दृष्टि से वे कदाचित् ही किसान जातियों के सामने ठहर सके हों, पर उन्हें कर्मकांडीय प्रधानता प्राप्त रही है, विशेषकर ऐसे समाज में प्राप्त रही है जिसमें धार्मिक विश्वास विशेष रूप से प्रबल थे। अंग्रेज़-पूर्व भारत में और रजवाड़ों में पाप के प्रायश्चित्त और पुण्य के अर्जन का एक लोकप्रिय उपाय ब्राह्मणों को भूमि, घर, सोना तथा अन्य वस्तुओं का दान करना था। यह दान राजकुमार के जन्म, विवाह, राज्याभिषेक और मृत्यु के अवसरों पर किया जाता था। ब्राह्मणों को सरकारी कर्मचारी, विद्वान्, पुजारी, पुरोहित और देश के कुछ भागों में, देहाती लेखपाल (शानभोग, कुलकर्णी, कर्नम) के रूप में भी भूमि मिल जाया करती थी। सर्वोच्च जाति के सदस्य होने के कारण ब्राह्मणों को जो भारी प्रतिष्ठा पहले ही प्राप्त थी, वह भूमि का स्वामित्व पाकर और भी बढ़ जाती थी।

तीर्थ-स्थान और मठ भी संस्कृतीकरण के स्रोत थे। प्रत्येक तीर्थ-स्थान का अपना भीतरी प्रदेश होता था; विख्यात तीर्थ-केन्द्र भारत-भर के यात्रियों को आकर्षित करते थे, और छोटे-छोटे तीर्थ-स्थान आस-पास के गाँवों पर निर्भर रहते थे। भारत-व्यापी प्रभाव के तीर्थ-स्थानों में भी किसी एक या कुछ एक क्षेत्रों के ही तीर्थयात्री अधिक

आते थे, देश के हर भाग से समान रूप में नहीं। किन्तु छोटे क्षेत्र के तीर्थ-स्थानों में सम्भवतः कुछ विशेष जातियों अथवा गाँवों के तीर्थ-यात्री अधिक आते थे, सबके नहीं। ऐसे सीमित करनेवाले तत्त्वों के बावजूद, तीर्थ-स्थान अथवा मठ का प्रभाव उसके भीतरी क्षेत्र में रहनेवाले हर व्यक्ति की जीवन-पद्धति पर पड़ता था। जब किसी प्रभु-जाति का कोई अंश किसी तीर्थ-स्थान अथवा मठ से प्रभावित होता, तो संस्कृतीकरण का प्रसार उस क्षेत्र में रहनेवाली अ-प्रभु-जातियों में उदग्र रूप में और अन्य क्षेत्रों में क्षैतिज रूप में होता था। यह प्रसार पिछले वर्षों में प्रौद्योगिकीय, संस्थागत और सैद्धांतिक आदि अनेक कारणों से बहुत आसान हो गया है।

संस्कृतीकरण भारतीय इतिहास में सांस्कृतिक परिवर्तन की एक प्रधान प्रक्रिया है और वह भारतीय उप-महाद्वीप के प्रत्येक भाग में होती रही है। यह सम्भव है कि वह कुछ युगों में अधिक प्रबल रही हो, और भारत के कुछ भागों में अन्य भागों की अपेक्षा अधिक संस्कृतीकरण हुआ हो; पर इसमें कोई सन्देह नहीं कि यह प्रक्रिया सर्वव्यापी रही है।

[4]

जैसा मैंने पहले ही कहा, संस्कृतीकरण के आदर्श एक नहीं, तीन-चार रहे हैं। और भारतीय इतिहास के प्रारम्भिक युग में विभिन्न आदर्शों के बीच कुछ प्रतिस्पर्धा भी थी। उदाहरण के लिए, परवर्ती वैदिक ग्रन्थों में ब्राह्मणों और क्षत्रियों के बीच संघर्ष का उल्लेख है[42] : "कभी-कभी क्षत्रिय ब्राह्मणों की सर्वोपरिता को चुनौती देते थे, और हमें ऐसी घोषणाएँ मिलती हैं कि क्षत्रिय से श्रेष्ठतर कोई नहीं और पुजारी या पुरोहित राजा का अनुयायी मात्र है।"[43]

जैन और बौद्ध धर्मों में भी सर्वोपरिता के लिए ब्राह्मणों और क्षत्रियों के बीच संघर्ष के चिह्न विद्यमान हैं। घुर्ये के अनुसार, "महावीर और बुद्ध के मूल उपदेशों में जाति के सम्बन्ध में निश्चित वक्तव्य जो भी हों, इन धार्मिक आन्दोलनों के प्रारम्भिक साहित्य के सूक्ष्म अध्येता को यह निश्चित रूप से लगेगा कि उसके लेखकों का मुख्य सामाजिक लक्ष्य क्षत्रियों की प्रधानता पर आग्रह करना था। यह सर्वविदित तथ्य है कि कोई भी जैन तीर्थंकर क्षत्रिय के अतिरिक्त अन्य किसी परिवार में कभी पैदा नहीं हुआ। बौद्ध साहित्य में ऐसे बहुत-से उदाहरण हैं जिनमें चार जातियों की गणना में शीर्ष स्थान क्षत्रिय का है, ब्राह्मण का उसके बाद। बहुत बार क्षत्रिय ब्राह्मणों से पहले मान्यता पाने का दावा बड़े आक्रामक ढंग से करते थे।"[44] इन नये धर्मों ने बहत-से व्यापारियों को भी आकर्षित किया जो, क्षत्रियों की भाँति ही, ब्राह्मणों की प्रभुता से क्षुब्ध थे और अपने ऊपर जाति-व्यवस्था द्वारा थोपी गई अक्षमताओं को दूर करने का कोई रास्ता चाहते थे।[45]

मगर, जैसा पहले देखा जा चुका है, जाति सोपान के वर्ण आदर्श में प्रत्येक वर्ण की स्थिति के बारे में कोई संशय नहीं, और वह सोपान अटल है। हिन्दुओं का धार्मिक साहित्य, जो हर युग में अधिकांशतः ब्राह्मणों द्वारा ही रचा गया है, स्वभावतः ब्राह्मण सर्वोपरिता के विचार को पुष्ट करता है और ब्राह्मणों को सुखी और समृद्ध रखने से राजा और प्रजा को होनेवाले लाभों पर बल देता है। पर यह चित्र किस हद तक भारतीय इतिहास के विभिन्न युगों में, और भारतीय उपमहादीप के विभिन्न भागों में, यथार्थ स्थिति के अनुरूप है, यह एक ऐसा प्रश्न है जिसका उत्तर विस्तृत प्रादेशिक इतिहासों के उपलब्ध होने के बाद ही दिया जा सकता है—यहाँ हम यह मान लेते हैं कि ऐसे इतिहास-ग्रन्थ लिखने के लिए सामग्री मौजूद है। इस बीच यह स्थापना तर्कसंगत है कि राजनीतिक अथवा आर्थिक, लौकिक सत्ताधारी हर जगह प्रमुख होते थे और ब्राह्मण उनके महत्त्व को समझता था, तथा वे बदले में अपनी गतिशीलता को वैध बनानेवाले के रूप में ब्राह्मण की उपयोगिता स्वीकार करते थे। संक्षेप में, ब्राह्मणों में अपनी सर्वोपरिता स्थापित करने की इच्छा के साथ-साथ दूसरों को उपलब्ध सत्ता के सम्मान की बड़ी पक्की समझ भी थी। इस बात पर जोर दिया जाना चाहिए कि क्षत्रियों और वैश्यों से दान लेनेवालों के रूप में ब्राह्मणों में अन्य समूहों की अपेक्षा राजनीतिक और आर्थिक सत्ता की पहचान की सम्भावना भी अधिक थी। इसके अतिरिक्त सभी ब्राह्मण पुरोहित अथवा विरक्त संन्यासी नहीं होते थे।[46] जैसा डेनियल इंगॉल्स ने कहा है :

> "सबसे पहले तो वे ब्राह्मण थे जो धन चाहते थे। धन-प्राप्ति का मार्ग था शिक्षा, संस्कृत शिक्षा, विशेष रूप से शास्त्रों की शिक्षा। आज हम जैसे कुछेक संस्कृतज्ञों के लिए यह समझना बड़ा कठिन है कि हमारी विद्या से एक जमाने में बहुत-से सांसारिक सुख प्राप्त हो सकते थे।"[47]

प्रारम्भिक ब्राह्मण जीवन-पद्धति में वैदिक युग में महत्त्वपूर्ण परिवर्तन हुए। गोमांस खाने का निषेध हुआ : "पशु मांस का उपयोग आम था, विशेषकर बड़े-बड़े भोजों और पारिवरिक सम्मेलनों के अवसर पर। किन्तु गोवध को क्रमशः नापसन्द किया जाने लगा, जैसा कि कई स्थलों पर उसके लिए 'अध्नय' शब्द से स्पष्ट है।"[48] मदिरापान भी, जो वैदिक कर्मकांड और ब्राह्मण आहार दोनों का ही अंग था, वैदिकोत्तर भारत में बन्द हो गया। आज कोई भी ब्राह्मण समूह परम्परा से मदिरापायी नहीं है, और केवल कुछ ही ब्राह्मण समूह सामिषभोजी हैं।

ब्राह्मणों की जीवन-पद्धति में यह परिवर्तन महत्त्वपूर्ण है, क्योंकि दूसरी जातियाँ जिस ब्राह्मण आदर्श का अनुसरण करती हैं यह वैदिकोत्तर ब्राह्मणों का ही है। क्षत्रिय और वैश्य आदर्श भी महत्त्वपूर्ण हैं, पर ब्राह्मण आदर्श के समान प्रभावी नहीं, क्योंकि कुछ एक क्षत्रिय और लगभग सभी वैश्य, आहार, कर्मकांड और

कुछ एक महत्त्वपूर्ण धार्मिक धारणाओं के मामले में, ब्राह्मण आदर्श को मानते हैं। केवल पिछले कुछ दशकों के, पाश्चात्य आदर्श के अभाव में वृद्धि के साथ ही हिन्दुओं के कुछ वर्गों में ब्राह्मण आदर्श का महत्त्व घटा है।

इंगाल्स ने लिखा है कि वैदिक युग के अन्त के दिनों में "ब्राह्मण वर्ग के सदस्यों को संन्यासी श्रेणियों में भरती करने के चिह्न प्रकट होने लगे थे। इस बात के प्रमाण मिलते हैं कि ऐसी श्रेणियाँ अ-ब्राह्मण देशीय निवासियों में बहुत पहले से मौजूद थीं। ईस्वी युग में पहुँचते-पहुँचते ब्राह्मण संन्यासियों की संख्या बहुत बढ़ गई।"[49] किन्तु आमतौर पर वैदिकोत्तर ब्राह्मणों में होनेवाले परिवर्तन का कारण बौद्ध और जैन धर्मों के प्रभाव को ही माना जाता है।[50]

यह अध्ययन अत्यन्त ही रोचक हो सकता है कि किस प्रकार शताब्दियों के दौरान क्रमशः शुद्धतावादी जीवन-शैली हिन्दू धर्म की प्रमुख विशेषता बन गई और कैसे उस जीवन-शैली का सम्बन्ध ब्राह्मणों से और जैनों, लिंगायतों तथा अन्य सम्प्रदायों से जुड़ गया। पर यहाँ मेरा काम वह नहीं है। मैं यहाँ इतना कहकर ही सन्तोष करूँगा कि मध्ययुगीन भारत में भक्ति-आन्दोलन ने, जो निम्न जातियों और गरीबों को भी समेटने वाला अखिल भारतीय आन्दोलन था, इस बात पर जोर देकर कि धर्म में कर्मकांड या जाति की बजाय ईश्वर-भक्ति ही सबसे महत्त्वपूर्ण तत्त्व है, पूर्ववर्ती शुद्धतावाद को अधिक गहरा और व्यापक बना दिया। भक्त सन्तों ने "सभी धर्मों की मूलभूत समानता और ईश्वरत्व की एकता का उपदेश दिया और यह माना कि मनुष्य का गौरव उसके जन्म पर नहीं, कर्म पर निर्भर होता है। उन्होंने धर्म में अत्यधिक कर्मकांड और औपचारिकता के, और पुरोहितों की प्रधानता के विरुद्ध आवाज़ उठाई, और हर व्यक्ति की मुक्ति के उपाय के रूप में सहज भक्ति और आस्था पर जोर दिया।"[51] भक्ति आन्दोलन के प्रसाद से नीच जातियों के कुछ व्यक्ति भी, जिनमें हरिजन भी हैं, धार्मिक नेता बन सके।[52] भक्ति-आन्दोलन ने स्त्री-पुरुष के भेद को भी अस्वीकार किया और आन्दाल, अक्कमहादेवी और मीरा-जैसी—भक्त महिलाएँ सन्तों की कोटि में गिनी जाने लगीं। निर्विवाद रूप से भक्ति आन्दोलन का वास्तविक प्रभाव यह है कि उसने समानता-प्राप्ति के लिए एक प्रहार किया और उच्च जातियों को उस व्यापक आक्रमण के लिए तैयार कर दिया जो बाद में अंग्रेज़ी राज में हुआ। दुर्भाग्यवश सोपान की अवधारणा के विरुद्ध भारतीय संघर्ष का कोई इतिहास अभी तक नहीं लिखा गया है।

भक्ति के विभिन्न पंथ एक और दृष्टि से भी महत्त्वपूर्ण हैं। उन्होंने संस्कृतीय हिन्दू धर्म का सार विशाल और अपढ़ जनता तक पहुँचाने के लिए संस्कृत के बजाय प्रादेशिक भाषाओं का उपयोग किया। वी. राघवन ने न केवल इस प्रक्रिया के होने की पुष्टि की है, बल्कि यह भी कहा है कि अन्ततः प्रादेशिक भाषाओं के साहित्य से महान् परम्परा की परिपुष्टि हुई :

"जहाँ भी स्थानीय धार्मिक आन्दोलन प्रारम्भ तो संस्कृत की प्रेरणा से हुए, पर उनके सुदृढ़ होने का भाषागत वाहन प्रादेशिक भाषाएँ थीं, वहाँ संस्कृतीकरण का दूसरा प्रयास हुआ जिसने संस्कृत में फिर से रचनाएँ उत्पन्न कीं। प्रारम्भ में जनता को उसकी अपनी भाषाओं में दी गई सामग्री को फिर से संस्कृत में आत्मसात करने से संस्कृत के भक्ति-साहित्य में भी वृद्धि हुई। उदाहरण के लिए, तमिल शैवमत में मदुरै हालास्य माहात्म्य की कथा और तिरसठ शैव सन्तों के चरित संस्कृत में लिखे गए; और तमिल वैष्णव मत में वेदान्तदेशिक ने वैष्णव आल्वारों के तमिल भजनों के सारांश संस्कृत में रचे।"[53]

संस्कृतीकरण के ब्राह्मणीय और कुल मिलाकर, शुद्धतावादी आदर्श को सर्वोपरि प्रधानता प्राप्त रही है और मदिरासेवी तथा मांसाहारी क्षत्रिय तथा अन्य समूह भी अन्य आदर्शों से इसकी श्रेष्ठता निश्चित रूप से स्वीकार करते रहे हैं। इस भाँति सामिष भोजियों में मछली खानेवाले अपने आपको भेड़-बकरी का मांस खानेवालों से श्रेष्ठ समझते हैं, भेड़-बकरी का मांस खानेवाले मुर्गी या सूअर का मांस खानेवालों से अपने को श्रेष्ठ समझते हैं जो स्वयं गोमांस खानेवालों को अत्यन्त घृणा की दृष्टि से देखते हैं। सभी मांसाहारी परम्परा से मदिरासेवी नहीं होते। वह भी, राजस्थान जैसे कुछ क्षेत्रों को छोड़कर, नीच जातियों का चिह्न है।

उदाहरण के लिए, दक्षिणी मैसूर में जिन बर्तनों में मांस पकाया जाता है उन्हें सामान्यत: अलग रखा जाता है और भात या सब्जी बनाने के लिए उनका प्रयोग नहीं किया जाता। गाँवों में मुख्य रसोई से बाहर और अलग चूल्हे पर ही मांस पकाने का रिवाज है। त्योहार के दिन मांस नहीं पकता, क्योंकि वह दिन किसी-न-किसी देवता की पूजा के कारण पवित्र होता है, पर अगले दिन पकाया जा सकता है। विवाहों में भी सामिष भोजन विवाह-संस्कार पूरा हो चुकने के बाद अगले दिन ही पकता है।

दिल्ली-पंजाब क्षेत्र में, प्राय: जाति के पुरुष ही मांस खाते हैं, स्त्रियाँ शाकाहारी होती हैं। ऐसे ही जिन जातियों में स्त्री-पुरुष दोनों मांसाहारी हैं, उनमें पुरोहित या पुजारी प्राय: शाकाहारी होते हैं। रामपुर में मेरा एक पड़ोसी पुजारी था जो मांसाहारी गड़रिया (कुरुब) जाति का था, और वह अपना निरामिष भोजन अपने परिवार से अलग अपने बर्तनों में बनाता था। यही स्थिति रामपुर में हरिजन जाति के मुखिया की भी थी, जो अपनी जाति के एक स्थानीय मन्दिर का पुश्तैनी पुजारी था; उसका शाकाहारी और मदिरा-त्यागी होने के कारण बड़ा आदर था।

यह सम्भव है कि ब्राह्मणों में भी कोई कट्टरपन्थी व्यक्ति, संसार का त्याग कर देनेवाले संन्यासी से भिन्न, अपने वैयक्तिक जीवन में चरम बहिष्कार वृत्ति को अपने धर्म के रूप में स्वीकार कर ले। ऐसी बहिष्कार वृत्ति उसे अपने अन्य मानव-बन्धुओं के साथ, परिवार से बाहर अपने सम्बन्धियों के साथ और कभी-कभी तो अपने

बच्चों तक के साथ सामाजिक सम्पर्क से विलग कर देती है। उदाहरण के लिए, श्री वैष्णव ब्राह्मणों में यह सम्भव है कि कोई पुरुष अपने सम्प्रदाय के धर्मगुरु के आदेश पर यह निश्चय कर ले कि वह केवल अपनी पत्नी के हाथ का बना भोजन खाएगा। ऐसे व्यक्ति से यह आशा की जाती है कि वह अपना अधिकांश समय उपासना, व्रत, ध्यान में, मन्दिरों में जाने और हरिकथा सुनने में बितायेगा। उसकी जाति के लोग मानते हैं कि वह शुद्ध जीवन बिता रहा है जिससे उसे भगवत्कृपा प्राप्त होती है। हाल के वर्षों में शिक्षित और नगरवासी भारतीयों में इन विचारों का प्रभाव बहुत कम हो गया है, पर अभी वे पूरी तरह मिटे नहीं हैं। उदाहरण के लिए, 1964 की ग्रीष्म ऋतु में मैसूर नगर में एक वयोवृद्ध श्री वैष्णव ब्राह्मण क्लर्क से मेरी भेंट हुई जिसने बड़े गर्व के साथ मुझे बताया कि उसने अपने सम्प्रदाय के गुरु से 'शरणागति' ले ली है और अब वह अपने सम्बन्धियों के यहाँ भी कॉफी नहीं ग्रहण कर सकता। इस पर वहाँ मौजूद लोगों में से एक ने व्यंग्य किया कि "अब वह सीधा स्वर्ग में पहुँच जाएगा।"

[5]

मैंने विस्तार से इस बात का विवेचन किया है कि जाति-व्यवस्था के वर्णमूलक आदर्श से किस-किस प्रकार पारम्परिक भारतीय समाज के बारे में हमारी समझ विकृत होती है। मैंने इस बात पर जोर दिया है कि पारम्परिक व्यवस्था में कुछ गतिशीलता की गुंजाइश थी। इस खंड में मैं इसी बात पर आगे विचार करूँगा।

सबसे पहले तो स्वयं संस्कृतीकरण की प्रक्रिया ही है। उसका एक कार्य था लौकिक और कर्मकांडीय स्थिति के बीच खाई को कम करना। जब किसी जाति अथवा जाति के एक अंश को लौकिक शक्ति प्राप्त हो जाती तो साधारणतः वह उच्च स्थिति के पारम्परिक चिह्नों को भी प्राप्त करने का प्रयास करती, जैसे स्थानीय सर्वोच्च जातियों के रीति-रिवाज, कर्मकांड, विचार, विश्वास और जीवन-शैली आदि। इसका अर्थ यह भी था कि विभिन्न संस्कारों के लिए ब्राह्मण पुरोहित की सेवाएँ प्राप्त करना, संस्कृतीय पंचांग के त्योहारों को मनाना, प्रसिद्ध तीर्थस्थानों की यात्रा करना, और धर्मशास्त्रों का अधिक ज्ञान प्राप्त करना।

महत्त्वाकांक्षी जातियाँ ब्राह्मण की वैधतादायी क्षमता को पहचानती थीं। किसानों की प्रभुता वाले गाँव में भी गरीब ब्राह्मण के साथ अन्य जातियों के गरीब लोगों की अपेक्षा भिन्न प्रकार का व्यवहार करना पड़ता था। मध्ययुगीन भारत के अध्येता बर्टन स्टीन ने लिखा है कि दक्षिण भारत में विजयनगर राज्य (1336-1565) के शक्तिशाली शासकों को भी ब्राह्मण की वैधतादायी क्षमता को मानना और उसका मूल्य चुकाना पड़ता था :

"ये शासक अपनी शक्ति को इस्लाम से हिन्दू संस्थानों की रक्षा के लिए आवश्यक मानते थे और उसी के आधार पर उसका औचित्य सिद्ध करते थे। विजयनगर के शिलालेखों में प्रायः वर्णाश्रम धर्म को बनाए रखना राज्य की नीति का एक लक्ष्य बताया गया है। इस भाँति नये योद्धाओं ने दक्षिण भारत के ब्राह्मण अभिजन के साथ समझौता कर लिया था। **ब्राह्मणों के धार्मिक परमाधिकारों और उच्च कर्मकांडीय स्थान के समर्थन के आधार पर— यद्यपि भूमिधर ब्राह्मण जातियों की पूर्ववर्ती लगभग सम्पूर्ण सामाजिक-राजनीतिक स्वायत्तता के समर्थन के आधार पर नहीं— उन्होंने ब्राह्मणों से स्वयं अपनी बढ़ती हुई सैनिक और राजनीतिक शक्ति के लिए मान्यता प्राप्त कर ली थी।"**[54] (ऊपर की काली पंक्तियाँ मेरे द्वारा)।

पारम्परिक व्यवस्था में उच्च पद के चिह्न धारण करने की इच्छा में यह निहित था कि आकांक्षी जाति निरे स्थानीय की अपेक्षा अधिक व्यापक सामाजिक क्षितिज से अवगत है।[55] इसका अर्थ था तीर्थ-स्थानों और नागर राजधानियों से सम्पर्क अथवा प्रभावशाली ब्राह्मण समुदाय की स्थानीय उपस्थिति। उदाहरण के लिए, जब किसी जाति की प्रभुता केवल पास-पड़ोस के कुछ गाँवों तक सीमित होती, तो प्रायः उसे संस्कृतीकरण द्वारा अपनी स्थिति को वैध बनाने के प्रयास के लिए कोई अवसर न मिलता था। पर जब वह प्रभुता बड़े क्षेत्र में फैली होती तो हिन्दू धर्म की महान् परम्परा की शक्ति से उसकी टक्कर होने की सम्भावना रहती थी।

सारे उत्तर भारत में चारण जातियाँ परम्परा से राजनीतिक सत्ता के वैधीकरण का फलदायी स्रोत मानी जाती थीं। इस भाँति शाह और शराफ़ का कहना है :

"वहीवंचा राजपूत के लिए न केवल चारण के रूप में बल्कि गाथाकार के रूप में भी महत्त्वपूर्ण है। जो भी अपने-आपको राजपूत कहना चाहता है उसे यह दिखाना होगा कि वह किसी प्राचीन राजपूत राजवंश का है और यह माना जाता है कि केवल वहीवंचा ही यह अधिकारपूर्वक दिखा सकता है। इसके अतिरिक्त राजपूतों की कुछ सबसे महत्त्वपूर्ण सामाजिक और राजनीतिक संस्थाएँ इस विश्वास पर आधारित हैं कि वे सनातन हैं। राजपूत के लिए वहीवंचा के अभिलेख संस्थानों की प्राचीनता के प्रमाण हैं।"[56]

वहीवंचा न केवल राजपूतों के लिए, बल्कि जनजातीय कोलियों सहित दूसरी जातियों के लिए भी वैधीकरण के साधन प्रस्तुत करते हैं। मध्य गुजरात में राजपूत कोली राजकुलों की लड़कियों से शादी करते हैं और इससे कोलियों को ऊपर उठने

का एक सहारा मिल गया है। कोलियों के राजपूतों से अनुलोम विवाहों के तथ्य को आधार बनाकर वहीवंचा कोली गतिशीलता का अधिकार-पत्र प्रस्तुत कर देते हैं।[57]

कोई भी जाति समूह साधारणत: अन्तर्गामी होता है, पर कभी-कभी अन्तर्गमन और अनुलोमगमन साथ-साथ पाए जाते हैं। निम्नतर समझी जानेवाली जाति का उच्चतर जाति से एकतरफ़ा सम्बन्ध होता है जिससे वह अपनी लड़कियों को विवाह में उच्चतर जाति को देती है। इसके फलस्वरूप निम्नतर समूह में लड़कियों की और उच्चतर समूह में लड़कों की कमी होने लगती है। अनुलोमगमन भारत के बहुत-से भागों में पाया जाता है—केरल, गुजरात, बंगाल तथा उत्तर प्रदेश के कुछ भाग। और वह जातियों की ऊर्ध्वमुखी गतिशीलता का प्रमाण है। पोकॉक की शब्दावली में अनुलोमगमन जाति के 'अन्तर्भूतकारी' पक्ष के अनुरूप है और अन्तर्गमन 'बहिष्कारी' पक्ष के। जाति जिन्हें अपने से श्रेष्ठ समझती है उनके साथ अपने को अन्तर्भूत करना चाहेगी, और अनुलोमगमन का अस्तित्व इस प्रकार अन्तर्भूत होने के लिए संस्थागत आधार प्रस्तुत करता है। इसी प्रकार जातीय अन्तर्गमन की प्रथा में निम्नतर जातियों के समानता के दावों का अस्वीकार निहित है।

यदि किसी जाति की विभिन्न प्रशाखाओं में स्पष्ट भिन्नता हो तो अनुलोमगमन उस जाति की विभिन्न प्रशाखाओं के बीच भी हो सकता है। उदाहरण के लिए, इस प्रकार का अनुलोमगमन मध्य गुजरात के केरा जिले में पाटीदारों में और तटवर्ती दक्षिण गुजरात के अनाविल ब्राह्मणों में होता है। पर कोली-राजपूत उदाहरण की भाँति, कभी-कभी अनुलोमगमन बड़ी-बड़ी संरचनात्मक खाइयों को पार कर जाता है। बंगाल में अनुलोमगमन प्रतिष्ठित ब्राह्मण जातियों में पाया जाता है जिनमें कुलीन सर्वोच्च हैं।

अपने से उच्चतर जाति अथवा एक ही जाति की उच्चतर प्रशाखा के लड़कों को विवाह में अपनी लड़कियाँ देने से लड़की देनेवाले कुल और जाति की प्रतिष्ठा बढ़ती है। कुछ निम्नतर समूहों को इससे अन्तत: उच्चतर समूह के साथ समानता का दावा करने में भी सहायता मिल जाती है।

अनुलोमगमन गतिशीलता के लिए एक और प्रकार से भी महत्त्वपूर्ण है। कोई जाति अथवा जाति की प्रशाखा अपनी जीवन-पद्धति का संस्कृतीकरण कर ले और फिर जाति के ढाँचे में अपने आस-पास की जातियों से या मूल प्रशाखा से श्रेष्ठ होने का दावा करे। अम्मा कूर्ग, जो कूर्गों के मुख्य समूह की एक प्रशाखा है, उन्नीसवीं शताब्दी के पूर्वार्द्ध में प्रबल ब्राह्मण प्रभाव में आए और उन्होंने मदिरापान छोड़ दिया, शाकाहारी हो गए और यज्ञोपवीत पहनने लगे। कालान्तर में उनका एक अलग अन्तर्गामी समूह बन गया, यद्यपि 1941 की जनगणना में उनकी कुल संख्या केवल 666 थी। यह माना जा सकता है कि जाति के इतिहास में मूल समूह से ऐसे विखंडन के परिणामस्वरूप निरन्तर नये जाति-समूहों का उदय होता रहा है।

[6]

इस बात पर जोर देना जरूरी है कि पारम्परिक काल में जाति की गतिशीलता के परिणामस्वरूप विशेष जातियों अथवा जाति की प्रशाखाओं में केवल पदमूलक परिवर्तन ही हुए, इनके ढाँचे में कोई परिवर्तन नहीं हुआ। अर्थात अलग-अलग जातियाँ तो ऊपर उठीं या नीचे गिरीं, पर पूरा ढाँचा वैसा ही बना रहा। केवल मध्ययुगीन भक्ति-आन्दोलन के साहित्य में ही ऊँच-नीच की धारणा को चुनौती दी गई। कुछ सम्प्रदायों ने तो अपने प्रारम्भिक सुधारवादी दौर में बहुत-सी जातियों के अनुयायी भी भरती किये, पर क्रमशः या तो सम्प्रदाय ही अन्तर्गामी इकाई बन गया, अथवा सम्प्रदाय के भीतर प्रत्येक जाति में अन्तर्गमन चालू रहा।

इस खंड में मेरा यह उद्देश्य नहीं है कि इस धारणा के समर्थन में व्यवस्थित प्रमाण प्रस्तुत करूँ कि भारतीय इतिहास के प्रत्येक युग में सामाजिक गतिशीलता; मौजूद थी। मैं प्राचीन और मध्ययुग से गतिशीलता के केवल कुछ ही उदाहरण प्रस्तुत करूँगा और अंग्रेज़ी शासन की स्थापना के ठीक पहले के काल पर अधिक ध्यान दूँगा।

वर्ण व्यवस्था क्रमशः वैदिक काल में (1500-500 ई. पू.) विकसित हुई। यही प्राचीनतम युग है जिसके बारे में साहित्यिक प्रमाण उपलब्ध हैं। सबसे पहले ऋग्वेद के पुरुष सूक्त में ब्राह्मण, राजन्य (अर्थात् क्षत्रिय), वैश्य और शूद्र आदि चार वर्णों के उद्भव का पौराणिक वर्णन मिलता है और वर्ण सोपान को जिस रूप में आज हम जानते हैं उसका प्रथम उल्लेख यही है। ब्राह्मण की स्थिति वैदिक काल के परवर्ती भाग में सुदृढ़ होने लगी और यह यज्ञ प्रथा के बढ़ते हुए महत्त्व और विस्तार से जुड़ी हुई थी। वैदिक काल के अन्त तक ब्राह्मण की स्थिति अजेय हो चुकी थी, और पूर्ववर्ती युग के उसके प्रतिद्वन्द्वी क्षत्रिय का स्थान गौण हो गया था। धुर्ये ने कहा है कि जैन और बौद्ध दोनों धर्मों को "असाधारण योग्यता सम्पन्न क्षत्रियों ने शुरू किया था। उन्होंने एक नये दर्शन का उपदेश दिया जिसका उनके तात्कालिक अनुयायियों ने ब्राह्मणों से क्षत्रियों की सामाजिक श्रेष्ठता पर बल देने के लिए उपयोग किया। ब्राह्मण को असन्तोष का एक नया कारण मिला। वह वैदिक ब्राह्मण संस्कृति का मसीहा बनकर सामने आया।"[58]

ऋग्वेद-काल में जाति सोपान में वैश्य को निम्न स्थान प्राप्त था और वास्तव में वैदिक साहित्य में इस वर्ण का बहुत ही कम उल्लेख है। वैश्य शब्द बिलकुल प्रारम्भ में साधारण लोगों के लिए व्यवहार में आता था और बैशम का विचार है कि इस जाति का "उदय ऋग्वेद में साधारण किसान जनजातियों से हुआ।"[59] वैश्यों द्वारा बौद्ध तथा जैन धर्म ग्रहण कर लेने से शायद उनकी स्थिति में सुधार हुआ।

"यद्यपि ब्राह्मण साहित्य ने वैश्य को तुच्छ स्थान और अल्प अधिकार दिये, किन्तु काल की दृष्टि से कुछ शताब्दियों बाद, और अपेक्षया अधिक पूर्वी प्रदेशों

में, बौद्ध और जैन धर्म-ग्रन्थों से यह प्रकट है कि व्यवहार में सदा उसका दमन न होता था। इन ग्रन्थों में बहुत-से धनी व्यापारियों का उल्लेख है जो बड़ा विलासितापूर्ण जीवन व्यतीत करते थे और उनकी शक्तिशाली संगठित श्रेणियाँ थीं। यहाँ आदर्श वैश्य, तुच्छ कर-दाता पशु-प्रजनक नहीं, बल्कि 'असीति कोटिविभव', अर्थात अस्सी लाख पण का स्वामी है। धनी वैश्य राजाओं द्वारा भी सम्मानित होते थे और उनकी कृपा तथा विश्वास प्राप्त करते थे।"[60]

शताब्दियों के दौरान विशेष वर्गों के उदयास्त के अतिरिक्त, वर्ण-व्यवस्था में एक सीमा तक 'खुलापन' था। यह क्षत्रियों के विषय में बहुत तीव्रता से दिखाई पड़ता है जो प्राचीन युगों में यवन, शक, पहलव आदि अनेक जातीय समूहों से भरती किये गए जान पड़ते हैं।[61] पणिक्कर का यह कथन उद्धृत किया जा चुका है कि ऐतिहासिक काल में क्षत्रिय-जैसी कोई जाति नहीं थी और ई. पूर्व पाँचवीं शताब्दी से राजवंश विविध जातियों से आते रहे हैं।

बर्टन स्टीन के मत से मध्य युग "सामाजिक गतिशीलता के विस्तृत और लगातार उदाहरणों" से भरपूर है। स्टीन ने सिद्धान्त और व्यवहार के बीच अन्तर पर जोर दिया है :

> "जिस समय सिद्धान्ततः लोगों का पद कठोरतापूर्वक जन्म-समूह की शुद्धता के अनुसार निर्धारित होता था, तब सम्भवतः भारत की राजनीतिक इकाइयों पर शासन प्रायः नीच कुलों के लोग ही करते थे। यह सामान्य स्थापना दक्षिण भारतीय योद्धाओं के बारे में तो सही है ही, उत्तर भारत के बहुत-से 'राजपूत' कुलों के बारे में भी उतनी ही सही हो सकती है। **भारत के प्राचीन और मध्ययुगीन दोनों समाजों में अपने वास्तविक शासकों को, जो प्रायः निम्न सामाजिक कुलों के लोग होते थे, 'निर्दोष' अथवा 'क्षत्रिय' पद प्रदान कर सकने की क्षमता में अनुपम भारतीय सभ्यता के स्थायित्व और दीर्घकालीनत्व का एक आधार मिल सकता है।**"[62] (काले अक्षरों में मुद्रित पंक्तियाँ मेरे द्वारा)

अंग्रेज़-पूर्व भारत में सामाजिक गतिशीलता का एक शक्तिशाली स्रोत राजनीतिक व्यवस्था की अस्थिरता में था। यह अस्थिरता भारत के किसी एक भाग तक सीमित न थी, बल्कि हर जगह व्यवस्थता की विशेषता थी। वह सामाजिक गतिशीलता की एकमात्र तो नहीं, पर एक महत्त्वपूर्ण राह अवश्य थी। किन्तु राजसत्ता हथियाने के लिए यह आवश्यक था कि किसी जाति की अथवा उसकी स्थानीय प्रशाखा की सैनिक परम्परा हो, संख्यामूलक शक्ति हो और हो सके तो बहुत-सी कृषियोग्य भूमि पर उसका स्वामित्व हो। एक बार राजसत्ता हथिया लेने के बाद उसके लिए

अपने कर्मकांड और जीवन-शैली का संस्कृतीकरण करना और क्षत्रिय होने का दावा करना आवश्यक था। उसे ऐसे ब्राह्मणों को आश्रय देना (अथवा उनको पैदा करना!) पड़ता था जो कर्मकांडीय अवसरों पर उसकी पुरोहिताई करें और समूह के क्षत्रिय होने के दावे के समर्थन में उपयुक्त कल्पकथाएँ प्रस्तुत करें।

अंग्रेज़ी राज्य में कोई पारस्परिक युद्ध न होने देने की नीति के कारण राजनीतिक व्यवस्था स्थिर हो गई और गतिशीलता का यह मार्ग अवरुद्ध हो गया। अन्ततः अंग्रेज़ी शासन के कारण गतिशीलता के अन्य मार्ग खुले, इस बात से यहाँ हमें कोई सरोकार नहीं।

राजसत्ता की प्राप्ति द्वारा सामाजिक गतिशीलता की प्रक्रिया के विषय में हमारी समझ पहले की अपेक्षा अब कहीं अधिक साफ़ है। इसका श्रेय बर्नाड कोहन और अरविन्द शाह के अंग्रेज़-पूर्व भारत के उत्कृष्ट अध्ययन-कार्य को है। कोहन ने पूर्वी उत्तर प्रदेश में बनारस क्षेत्र का अध्ययन किया है और शाह ने मध्य गुजरात क्षेत्र का।

कोहन ने भारत में अठारहवीं शताब्दी में राजनीतिक व्यवस्था के चार स्तर बनाए हैं—साम्राजिक, माध्यमिक, प्रादेशिक और स्थानीय। 'साम्राजिक' स्तर पर मुगलों का अधिकार था और सम्पूर्ण उप-महाद्वीप पर शासन के निमित्त उन्हें वफ़ादार सेना और अधिकारी-तंत्र की आवश्यकता पड़ती थी। वैधता के चिह्नों पर उन्होंने ऐसा सम्पूर्ण एकाधिकार जमा रखा था कि अठारहवीं शताब्दी में वे समूह भी "जो साम्राजी नियंत्रण से मुक्त होने का प्रयास कर रहे थे, अपनी सत्ता के वैधीकरण के लिए बची-खुची साम्राजी सत्ता का मुँह देखते थे...।"[63] 'माध्यमिक स्तर अवध जैसे उन राज्यों का था जिनका मुग़ल सत्ता के विघटन के बाद उदय हुआ था और किसी प्रमुख ऐतिहासिक, सांस्कृतिक अथवा भाषायी प्रदेश पर अधिराजत्व था। प्रत्येक 'माध्यमिक' व्यवस्था के अन्तर्गत कई 'प्रादेशिक' व्यवस्थाएँ थीं और इन 'प्रादेशिक' व्यवस्थाओं पर ऐसे किसी व्यक्ति अथवा परिवार का आधिपत्य था जिसे साम्राजिक अथवा माध्यमिक सत्ता द्वारा प्रदत्त पुश्तैनी अधिकारी अथवा शासक का दर्जा प्राप्त हो। "ये (प्रादेशिक व्यवस्थाओं के) शासक राष्ट्रीय सत्ता के साथ राजभक्ति के अनुष्ठानों तथा वित्तीय दायित्व द्वारा शिथिल रूप में सम्बद्ध थे और इनकी सम्भाव्य प्रादेशिक नेताओं से स्पर्धा रहती थी।"[64] सत्ता के ढाँचे में सबसे नीचे थी 'स्थानीय' व्यवस्था, जिसका प्रधान कोई कुल, कोई देशी मुखिया, कोई राजनीतिक नेता बननेवाला कर अधिकारी, अथवा कोई सफल साहसिक व्यक्ति होता था। स्थानीय व्यवस्था के प्रधान प्रादेशिक नेता के अधीन होते थे, यद्यपि बहुत बार उन्हें अपना पद माध्यमिक सत्ता से मिला होता था। ये प्रधान ही स्थानीय किसानों, दस्तकारों और व्यापारियों पर नियंत्रण रखते थे और बाहरी हस्तक्षेप से उनकी रक्षा करते थे। इन सेवाओं के बदले में वे अपनी प्रजा से धन अथवा फसल में हिस्सा वसूल करते थे।[65]

बनारस क्षेत्र में अवध का नवाब नाम के लिए राजनीतिक सर्वाधिपति था और उसे यह अधिकार दिल्ली के मुग़ल सम्राट से मिला था। नवाब इस क्षेत्र पर शासन 1720 से 1740 तक अपने अधिकारियों द्वारा करता रहा और 1740 से 1775 तक अपने अंशतः स्वतंत्र अधीनस्थ बनारस के राजा द्वारा। "बदले में बनारस के राजा को बहुत-से स्थानीय कुलों को, छोटे-छोटे सरदारों को, और अवध के नवाब या दिल्ली सम्राट से मिली राजस्व-मुक्त भूमि के स्वामी जागीरदारों को, नियंत्रण में रखना पड़ता था, उनसे राजस्व या कर और अवसर पड़ने पर सैनिक सहायता वसूल करनी पड़ती थी। कुलों में भीतरी कलह, विभिन्न कुलों के बीच लड़ाई अथवा कुलों और बनारस के राजा के बीच लड़ाई अक्सर होती रहती थी। अक्सर झगड़े सीधे बल-प्रयोग द्वारा ही निबटाए जाते थे।"[66]

इस सामाजिक और राजनीतिक स्तूप के तल में थीं निम्न जातियाँ जो काश्तकार, बटाईदार, प्रजा या दास के रूप में भूमि जोतती थीं। उनके ऊपर थे प्रभु जातियों के लोग, राजपूत या भूमिहार ब्राह्मण, जो निगमित कुलों में संगठित होकर भूमि पर नियंत्रण रखते थे। कुलों के संस्थापक या तो विजेता थे या शाही अथवा अन्य सनदों के प्राप्तिकर्ता। अठारहवीं शताब्दी समाप्त होते-होते इन कुलों ने बड़े-बड़े निगमित समुदायों का रूप ले लिया था जिनमें अक्सर एक हजार से भी ऊपर सगोत्रीय परिवार होते थे। ये निगमित कुल भूमि के वास्तविक जोतने वालों से फसल का एक भाग वसूल करते थे, जिसका एक अंश उन्हें 'उच्चत्तर राजसत्ता को' देना पड़ता था। ये "अठारहवीं शताब्दी समाप्त होते-होते एक और स्वार्थ बीच में घुस आया। वे लोग थे जिन्होंने उच्चतर राजसत्ता यानी बनारस के राजा से फैसला किया कि वे हर वर्ष राजा के खजाने में कर के रूप में एक निश्चित रकम पहुँचा दिया करेंगे। बदले में वे कुलों से अथवा कुछेक स्थानीय मुखियों से और कभी-कभी कुछेक सीधे काश्तकारों से परम्परा के आधार पर अथवा अपनी ताकत के ज़ोर से जितना बनता उतना वसूल करते थे।"[67]

कोहन ने किसी मंसाराम का हाल दिया है जो जौनपुर जिले के एक गाँव में भूस्वामी तथा प्रभुतासम्पन्न भूमिहार ब्राह्मण जाति का था। वह पहले स्थानीय आमिल या कर वसूलने वाले के यहाँ नौकर था फिर स्वयं आमिल बन बैठा। अपनी योग्यता और हर तरह की बेईमानी से उसने सफदरजंग से, जिसने अपने चाचा से अवध की नवाबी उत्तराधिकार में पाई थी, एक शाही सनद हासिल कर ली कि मंसाराम का लड़का बलवन्तसिंह बनारस का राजा और बनारस, जौनपुर और मिर्ज़ापुर जिलों का ज़मींदार बना दिया गया।"[68]

बनारस के राजा को अवध के नवाब को कर देना पड़ता था और जरूरत पड़ने पर उसके लिए सैनिक भी जुटाने पड़ते थे। राजा का दोहरा कर्तव्य था। उसके पास आवश्यक प्रशासनात्मक साधन न थे कि स्थानीय मुखियों और कुलों की उपेक्षा

करके सीधे लोगों से राजस्व वसूल कर सकें। वह अपने सैनिकों के लिए भी उन लोगों पर ही निर्भर था जिनके बिना वह अवध के नवाब से स्वतंत्र न हो सकता था। वास्तव में वह नवाब के कब्जे से निकलकर पूरी तरह स्वतंत्र होने का निरन्तर प्रयास करता रहता था। साथ ही यह भी आवश्यक था कि अपने प्रदेश के भीतर सत्ताधारी स्थानीय मुखियों और कुलों पर भी अंकुश रख सके। इन मुखियों में जो ज्यादा शक्तिशाली होते थे उनसे स्वयं उसके अस्तित्व के लिए खतरा रहता था।[69]

कोहन ने अठारहवीं शताब्दी में बनारस क्षेत्र की राजनीतिक व्यवस्था को 'सन्तुलित विरोधों की' व्यवस्था कहा है, "जिसमें काश्तकार, निगमित कुल, कर वसूल करनेवाला, और राजा—प्रत्येक की दूसरे के साथ स्पर्धा थी और प्रत्येक दूसरे पर निर्भर भी था।"[70] विभिन्न कुलों के बीच, उनके तथा स्थानीय राजा या जागीरदारों के बीच और जागीरदारों तथा बनारस के राजा के बीच संघर्ष के फलस्वरूप प्रभुसमूहों के मुखिया राजसत्ता प्राप्त करते थे और उसके द्वारा सोपान में उच्चतर स्थान।[71] दूसरे शब्दों में राजनीतिक व्यवस्था से सामाजिक गतिशीलता को सहारा मिलता था।

अरविन्द शाह का अठारहवीं शताब्दी में गुजरात की—अथवा कहें कि मध्य गुजरात की—राजनीतिक व्यवस्था का विवरण भी उसकी अस्थिरता पर बल देता है।[72] गुजरात के सबसे उर्वर क्षेत्र मध्यवर्ती मैदानों में ब्राह्मण, बनिया, राजपूत, पाटीदार, कोली आदि सवर्ण हिन्दू रहते हैं। पाटीदार, जो मूलत: कुनबी कहलाते थे, परम्परा से किसान जाति है, और कोली समूह एकजातीय समूहों में सबसे बड़ा है जिसमें गुजरात की हिन्दू आबादी का एक-चौथाई भाग आ जाता है।

ग्यारहवीं और तेरहवीं शताब्दियों के बीच पाटन में सोलंकी राजा गुजरात, सौराष्ट्र और कच्छ के सर्वाधिपति थे। उनके अधीन राजपूत राजा और सरदार छोटे-छोटे इलाकों पर राज्य करते थे। राजपूतों में कुछ बहिर्गमन के कठोर नियमों के परिणामस्वरूप विभिन्न क्षेत्रों में शासन करने वले राजाओं के बीच सजातीयता के सम्बन्ध बन गए थे। गद्दी के उत्तराधिकार के बारे में ज्येष्ठता का नियम माना जाता था और छोटे लड़कों को राज्य के विभिन्न भागों में भूमि प्रदान करने की प्रथा थी।

राजपूत राजाओं का शासन गुजरात, राजस्थान और मध्य प्रदेश के जनजातीय क्षेत्रों पर भी था। इसका अर्थ था जनजातीय व्यवस्था के ऊपर राजपूत राजनीतिक व्यवस्था का आरोप, जिसमें जनजाति के मुखिया दोनों के बीच कड़ी का काम करते थे।

तेरहवीं शताब्दी के अन्त में गुजरात में मुसलमानों की प्रधानता स्थापित होने पर मध्यवर्ती मैदानों से राजपूत राजाओं और सरदारों को हटाकर उस क्षेत्र को दिल्ली के सुलतान के प्रभावी नियंत्रण में लाने के लिए आन्दोलन शुरू हुआ। मुस्लिम शासन के पूरे काल में कोलियों का उल्लेख लुटेरों और डाकुओं के रूप में होता

रहा, और वे उन राजनीतिक साहसिकों की अनियमित सेनाओं में शामिल हो गए थे जो शासकों के लिए निरन्तर परेशानी का कारण बने रहे।

कोहन की भाँति शाह को भी अठारहवीं शताब्दी के गुजरात की राजनीतिक व्यवस्था में बहुत-से स्तर मिलते हैं। एक स्तर तो साम्राजिक था जिस पर अठारहवीं शताब्दी के प्रारम्भ तक मुगलों का और 1768 के बाद से पूना के पेशवाओं का अधिकार था। साम्राजिक स्तर के नीचे 'प्रादेशिक' अथवा 'प्रान्तीय' स्तर था; यहाँ भी 1730 के आसपास मराठा शासक बड़ौदा के गायकवाड़ों ने मुगल राज्यपालों को हटाकर क़ब्ज़ा कर लिया था। उससे भी निचले स्तर पर एक तो वह इलाका था जिस पर कर देनेवाले राजा—राजपूत, मुसलमान, कोली या पाटीदार—शासन करते थे, और दूसरे वह इलाका था जिस पर कमाविसदार नामक कर्मचारियों अथवा जागीरदारों के माध्यम से प्रादेशिक सत्ता का शासन था। प्रशासन व्यवस्था में सबसे नीचे गाँव था और वह किसी भी प्रकार से निष्क्रिय इकाई न था। "विभिन्न स्तरों के बीच सत्ता-सम्बन्धों की अविच्छिन्नता" थी।

मुगल सम्राट औरंगजेब की मृत्यु (1707) और गुजरात में पेशवा सत्ता की स्थापना (1768) के बीच का युग कलह और अव्यवस्था का था। सत्ता के मुख्य प्रतिद्वन्द्वी तीन थे : उच्च मुस्लिम अधिकारी जो स्वतंत्र रियासतें स्थापित करना चाहते थे; मराठों के कई परस्पर संघर्षरत गुट; और अन्त में, पर्वतीय गुजरात, सौराष्ट्र और कच्छ के राजपूत सरदार। विभिन्न प्रतिद्वन्द्वियों के बीच सम्बन्ध निरन्तर बदलते रहते थे। मैदानी गुजरात के कुछ मुस्लिम अधिकारियों और सामन्तों ने कैम्बे, बलसीनोर, पालनपुर और राधनपुर जैसी छोटी-छोटी रियासतें बना लीं। अपनी स्थिति बनाए रखने के लिए वे एक मराठा गुट को दूसरे से लड़ाते रहते थे और जो भी उन्हें सबसे अधिक परेशान करता उसे कर दे देते थे। राजपूत राजा भी यही करते थे। कुछ कोली मुखियाओं ने इस अवस्था का लाभ उठाकर अपनी अलग छोटी रियासतें बना लीं। किन्तु अधिकांश मैदानी गुजरात सीधा मराठा सत्ता के अधीन रहा।[73]

बुनियादी प्रशासकीय इकाई था परगना, जिसमें चालीस से सत्तर तक गाँव होते थे; वह साधारणत: एक कमाविसदार के अधीन होता था। दो परगने इसके अपवाद थे जो गायकवाड़ परिवार के दो जागीरदारों के अधीन थे। जागीरदार के गायकवाड़ के प्रति दो कर्तव्य निर्धारित थे : एक उसे वार्षिक कर देना, और दूसरे, ज़रूरत पड़ने पर सैनिक जुटाना। स्थानीय व्यवस्था में अपनी स्थिति और सेना रखने के अधिकार के कारण सदा यह सम्भावना रहती थी कि जागीरदार गायकवाड़ के लिए परेशानी का कारण बन सकता है। इसीलिए यह सम्भावना भी रहती थी कि जागीर वापस छीन ली जाए अथवा बदलकर कोई दूसरी दे दी जाए।

कमाविसदार एक सरकारी अधिकारी होता था जिसे गायकवाड़ निश्चित समय के लिए नियुक्त करता था; उसके जिम्मे एक, और कभी-कभी एक से अधिक,

परगना होता था। अपने प्रशासकीय कार्यों के लिए, उसके पास कुछ सेना होती थी। उसके कार्यों में ये भी थे, जैसे क़ानून और व्यवस्था को बनाए रखना, कर वसूल करना और यह प्रबन्ध करना कि उसके पड़ोस के मुस्लिम, राजपूत और कोली राजा गड़बड़ न करें। गायकवाड़ राजा स्थानीय स्तर पर प्रशासन की देखभाल नहीं करते थे, क्योंकि न तो इसके लिए उनके पास अवकाश था न रुचि।[74]

प्रत्येक परगने का एक या अधिक पुश्तैनी मुखिया होता था जिसे देसाई कहते थे। जब एक से अधिक देसाई होते तो परगने में शामिल गाँवों को उनमें बाँट दिया जाता। देसाई ब्राह्मण, बनिया अथवा पाटीदार जैसी किसी ऊँची जाति का स्थानीय व्यक्ति होता था। प्रत्येक देसाई के अपने अलग मजूमदार (अकाउन्टेन्ट), मेहता (क्लर्क) और रावणिया (सेवक) होते थे।

गाँव तीन तरह के थे—रास्ती यानी क़ानून का पालन करनेवाले, मेवासी यानी बाग़ी और रास्ती-मेवासी यानी मिले-जुले। मेवासी गाँवों में राजपूतों या कोलियों की प्रधानता होती थी। मेवासी गाँवों के राजपूत उन छोटे-छोटे रजवाड़ों के वंशज थे जिनकी अधिकांश भूमि मुस्लिम शासकों के हाथ पड़ चुकी थी और अब उनके पास एक-दो गाँव ही बच रहे थे। वे यह नहीं भूल पाते थे कि वे क्षत्रिय हैं और निरन्तर अपनी स्वतंत्रता दिखाने का प्रयास करते रहते थे। कोली भी राजपूत कुलों के साथ विवाह-सम्बन्धों के कारण राजपूत होने का दावा करते थे। रास्ती-मेवासी गाँवों में कभी शान्ति रहती और कभी अव्यवस्था फैल जाती।

मेवासी गाँव आमतौर पर नदियों की गहरी खोहों अथवा मैदानों के सीमावर्ती जंगलों के समीप होते थे। उनमें से कुछ ने चारों ओर दुर्ग बना लिए थे। मुगल शासन के उत्कर्ष के दिनों में देहाती पुलिस चौकियों का जाल-सा फैला रहता था, जो मेवासी गाँवों में व्यवस्था बनाए रखता था। पर मुगल सत्ता के क्षीण होने के साथ वे उपद्रव करने लगे। कर वे बल-प्रयोग की धमकी देने पर ही चुकाते, और हर वर्ष कमाविसदार या देसाई को अपनी सेना लेकर उनके पास जाना पड़ता था। मेवासी गाँव रास्ती गाँवों और राजमार्ग के यात्रियों से भी पैसा वसूल कर लेते थे। बहुत-से रास्ती गाँव उन्हें स्थायी रूप में कुछ भूमि देकर अथवा वार्षिक नकद पैसा देकर शान्ति बनाए रखने का प्रयास करते थे।

अठारहवीं शताब्दी में ही गुजरात की प्रसिद्ध किसान जाति पाटीदारों का भी उदय हुना। मध्य गुजरात में ऐसे बहुत-से रास्ती गाँव थे जिन पर भूस्वामी कुनबी घरानों की प्रभुता थी। ये कुनबी घराने सम्मिलित रूप से कर देने के लिए ज़िम्मेदार थे जो एकमुश्त निर्धारित कर दिया जाता था। प्रत्येक कुल कर का अपना हिस्सा गाँव के मुखिया को दे देता था। कर देनेवाले कुनबी ही पाटीदार कहलाते थे जो एक प्रतिष्ठासूचक नाम था। कालान्तर में पाटीदार ही जाति का नाम हो गया और कुनबी नाम का चलन नहीं रहा।

पाटीदार निर्यात के लिए नील, कपास और तम्बाकू जैसी नकदी फसलें उगाते थे। मुगल शासन का अन्त होने तक वे धनी हो गए थे, और अपने धन के कारण गाँवों में दूसरों पर उनका दबदबा था। मुगलों के अन्तर्गत राजपूतों के पराभव से भी पाटीदारों को बल मिला। पाटीदारों के राजनीतिक महत्त्व को मुगलों और मराठों दोनों ने ही स्वीकार किया है। "लोकवार्ता में भी पाटीदार मुखियों और मुगल सम्राटों के बीच, जिनमें अकबर भी है, मित्रता का उल्लेख मिलता है। पाटीदार शस्त्रों का उपयोग भी करने लगे थे, और उनमें से एक-दो ने छोटी-मोटी रियासतें स्थापित कर ली थीं। इस सबके कारण पाटीदार क्षत्रिय वर्ण का दावा करने लगे और बहुत-से 'राजसी' रीति-रिवाज और रंग-ढंग अपनाने लगे।"[75]

अठारहवीं शताब्दी में गुजरात तथा बनारस प्रदेश की परिस्थितियों का सारांश इन शब्दों में रखा जा सकता है कि राजनीतिक व्यवस्था भूमिहार ब्राह्मण, राजपूत, पाटीदार और कोली जैसे स्थानीय प्रभु-समूहों के नेताओं की गतिशीलता के लिए अनुकूल थी। वह कुछ ऐसे अधिकारियों के लिए भी अनुकूल थी (उदाहरण के लिए बनारस में मंसाराम और गुजरात में मुस्लिम अधिकारी) जो अपनी सरकारी स्थिति के कारण रियासतें बनाने में सफल हुए। (किन्तु मुझे लगता है कि किसी-न-किसी समय उनकी वैयक्तिक गतिशीलता उनकी जातियों की गतिशीलता के साथ जुड़ गई)। इस तथ्य ने, कि अठारहवीं शताब्दी में मुगल शक्ति निरन्तर घटती जा रही थी, उस युग को गतिशीलता के लिए विशेष रूप से अनुकूल बना दिया, पर उसके और पूर्ववर्ती युग के बीच अन्तर केवल मात्रा का ही था। अंग्रेज़-पूर्व भारत में आदिम प्रौद्योगिकी और अपर्याप्त संचार-व्यवस्था के कारण, बड़े-बड़े राज्यों के परिधिस्थ क्षेत्रों में केन्द्रीय सत्ता से पर्याप्त स्वायत्तता की सदा ही बहुत सम्भावना रहती थी।

अब मैं संक्षेप में अपने तीसरे और अन्तिम उदाहरण दक्षिण-पश्चिमी भारत में केरल पर विचार करूँगा जो गुजरात और उत्तर प्रदेश दोनों से सैकड़ों मील दूर है। पिछले वर्षों में केरल का अध्ययन दो अंग्रेज़ मानव वैज्ञानिक कैथलीन गफ़ और एरिक मिलर ने किया है और इस क्षेत्र-सम्बन्धी अपनी चर्चा में मैं मुख्यत: उनके लेखन का ही सहारा लूँगा। मध्य केरल (भूतपूर्व कालीकट, वल्लवुनाड, पालघाट और कोचीन राज्यों के संयुक्त क्षेत्र) के बारे में गफ़ ने लिखा है—

> "पारम्परिक काल पड़ोसी राज्यों के बीच निरन्तर युद्धों का काल था जो केवल वर्षा ऋतु में ही थमा करते थे। किसी राजवंश की शक्ति इस बात पर निर्भर होती थी कि कितनी बारूद, मुद्रा और तट-कर की आय पर उसका एकाधिकार है, समुद्री लड़ाई के लिए विदेशी तथा मुस्लिम जहाज़ों के उपयोग की उसमें कितनी क्षमता है, और उपज तथा वेतनभोगी नायर सैनिकों के स्रोत के रूप में कितने राजक्षेत्र पर उसका नियंत्रण है।

> व्यापक युद्ध के समय अपनी श्रेष्ठ सम्पत्ति और सैनिक शक्ति के बल पर कोई भी राजवंश अपने राज्य में रजवाड़ों और अधीन सरदारों को सैनिक जुटाने के लिए बाध्य कर सकता था। प्रत्येक जिले और प्रत्येक गाँव का वर्गीकरण इस आधार पर किया गया था कि वहाँ से युद्ध के लिए आमतौर पर कितने नायर सैनिक भरती किए जा सकते हैं।"[76]

उत्तर केरल में (जिसमें दक्षिण कनारा का दक्षिणी भाग और मलाबार जिलों का उत्तरी भाग आता है) सोलहवीं शताब्दी से स्थानीय शासक अपने प्रभुता-सम्बन्धी आपसी झगड़ों में प्रतिद्वन्द्वी विदेशी—यूरोपीय, अरबी—शक्तियों की सहायता की तलाश में रहते थे। गफ़ का कहना है कि सत्रहवीं और अठारहवीं शताब्दियों के संघर्षों में कुछ नए नायर शासक "यूरोपीय समर्थन के बल पर कुकुरमुत्तों की तरह तेजी से पैदा हो गए और थोड़े-थोड़े गाँवों के ऊपर उन्होंने अंशतः स्वायत्त शासन कायम कर लिया। नायर सामन्तों में राजनीतिक और सामाजिक गतिशीलता अधिक टिकाऊ मध्यवर्ती राज्यों की अपेक्षा उत्तर केरल में अधिक दिखाई पड़ती थी। एक उत्तर केरलीय कहावत ही है कि उच्च जातीय नायर पकता है तो राजा हो जाता है।"[77]

मिलर ने अपने निबन्ध 'मलाबार में जाति और इलाका' में अंग्रेज़-पूर्व राजनीतिक व्यवस्था के सन्दर्भ में उत्तरी केरल और दक्षिणी केरल के कुछ भागों में जाति और इलाके के सम्बन्धों का विवेचन किया है। मलयाली समाज की बुनियादी इकाई सदा 'देसम' अथवा गाँव ही रही है, यद्यपि उसका महत्त्व अंग्रेज़-पूर्व काल में बाद की अपेक्षा कहीं अधिक था। पारम्परिक 'देसम' बहुत हद तक स्वतः समर्थ होता था और विभिन्न जातियों के पद का भूमि पर अधिकारों की भिन्नता से सम्बन्ध था। अंग्रेज़-पूर्व मलाबार समाज का रुझान सैनिकोचित था और व्यवस्था की प्रत्येक इकाई इस बात से निर्धारित होती थी कि वह कितने सैनिक जुटा सकती है। गाँवों को मिलाकर नाड या इलाके बनाए गए थे और नाड का अधिपति ही युद्ध में अपने सैनिकों का नेतृत्व करता था। यह इलाका न सिर्फ राजनीतिक इकाई होता था, बल्कि सामाजिक, सांस्कृतिक और धार्मिक इकाई भी होता था।

विभिन्न अधिपतियों में लड़ाई स्थानिक थी।[78] "यद्यपि इन इलाकों की सीमाएँ अपेक्षया स्थिर थीं, मलाबार का इतिहास अलग-अलग अधिपति परिवारों के उत्थान-पतन का इतिहास है। पड़ोस के अधिपति पराजित होने पर अधीन सामन्त या मित्र बन जाते थे। पारम्परिक काल के पिछले 500 वर्षों में जिन तीन अधिपति परिवारों ने इस प्रकार विस्तृत प्रदेश प्राप्त किए, वे थे (दक्षिण मलाबार के मध्य में) वल्लुवनाड के राजा, कोचीन के महाराजा और कालीकट के जमोरिन।...इस भाँति सत्ता के कई केन्द्र थे। इन केन्द्रों के समीपवर्ती नाड राज्यों में आत्मसात हो गए थे और उन पर सीधा शासन होता था। दूरवर्ती नाड सामन्ती क्षेत्र थे। परिधिस्थ

इलाकों के अधिपति मित्रों के रूप में अधिकांशतः स्वायत्त थे और अपना समर्थन कभी इस कभी उस राजा को देते रहते थे।"[79]

इस भाँति केरल की अंग्रेज़-पूर्व राजनीतिक व्यवस्था बहुत अस्थिर थी, और जैसा गफ़ ने जोर दिया है, वह मध्यवर्ती तथा सम्भवतः दक्षिणी क्षेत्रों की अपेक्षा उत्तर में अधिक अस्थिर थी। राजनीतिक अस्थिरता के परिणामस्वरूप, विशेषकर प्रभु जातियों के लिए, सामाजिक गतिशीलता उत्पन्न होती थी। कुछ नायर 'पककर' सामंतन और क्षत्रिय हो गए थे। उदाहरण के लिए, कालीकट, वल्लुवनाड, पालघाट और कोचीन के नायरों से उत्पन्न शाहीमातृकुल कर्मकांडीयपद में अपने को अपनी नायर प्रजा से ऊँचा मानते थे। "विभिन्न राज्यों में राजकुल उच्च पद के लिए आपस में झगड़ते थे और एक-दूसरे से विवाह-सम्बन्ध नहीं करते थे। इसलिए बहिर्गामी होने पर भी प्रत्येक राजकुल अपने को अलग जाति समझता था। कोचीन कुल पेरूमलों का वंशज होने का दावा करता था और क्षत्रिय माना जाता था...वल्लुवनाड, पालघाट और कालीकट कुल, जो कभी पेरूमलों के अधीन सामन्त थे, ब्राह्मण सिद्धान्त से ठीक क्षत्रिय नहीं माने जाते थे और उन्हें सामन्तन कहा जाता था।"[80] दर्जे के लिए विवाद केवल राजकीय कुलों तक सीमित न था, बल्कि निचले सामन्ती कूलों में भी होता रहता था। इनमें से भी प्रत्येक में "अपने को अलग जाति मानने की और किसी को अपने से श्रेष्ठ न स्वीकार करने की प्रवृत्ति थी।"[81]

इस बात पर और अधिक जोर देने की आवश्यकता नहीं है कि अंग्रेज़-पूर्व राजनीतिक व्यवस्था कुछ महत्त्वपूर्ण स्थिति वाले व्यक्तियों और समूहों की गतिशीलता के लिए अनुकूल थी। अब मैं संक्षेप में उस व्यवस्था में गतिशीलता के गौण आधार—किसी क्षेत्र के राजा अथवा अन्य स्वीकृत राजनीतिक प्रधान की चर्चा करूँगा।

राजा को अपने राज्य में बसने वाली जातियों को उठाने या गिराने का अधिकार था। उदाहरण के लिए, कोचीन के महाराजा को अपने राज्य में किसी भी जाति का पद उठाने का अधिकार था और किसी को भी जाति से सदा के लिए बहिष्कृत कर देने के लिए उसकी अनुमति आवश्यक थी।[82] बल्कि यह कहा ही जाता है कि उसने कुछ 'चर्मों' (चेरूमनों?) को नायरों का पद दे दिया था, क्योंकि उन्होंने उसके पारम्परिक शत्रु कालीकट के ज़मोरिन के विरुद्ध उसकी तथा उसके मित्र पुर्तगालियों की सहायता की थी।[83] जान पड़ता है कि अपने क्षेत्र में रहनेवाली जातियों का पद उठाने का अधिकार दक्षिण भारत में कुछ बड़े ज़मींदारों को भी प्राप्त था। अंग्रेजों के काल में, जब कर-निर्धारण के लिए उनके बहीखातों और कागजों की जाँच की गई, तो उनमें कुछ लोगों को यज्ञोपवीत पहनने का अधिकार प्रदान करने के सिलसिले में रसीदें मौजूद थीं।[84]

जातियों का पद उठाने या गिराने का अधिकार इस बात से उत्पन्न हुआ था कि अंग्रेज़ों से पहले भारतीय राजा, चाहे वह हिन्दू हो या मुसलमान, जाति-व्यवस्था के

शीर्ष पर स्थित माना जाता था। अन्ततः राज्य के भीतर जातियों के पदों को राजा की सहमति प्राप्त होती थी और किसी अपराध के लिए जाति से बहिष्कृत व्यक्ति सदा राजा से पुनरावेदन कर सकता था। राजा को अधिकार था कि वह फिर से सब प्रमाणों की जाँच करे और निर्णय को मान ले या बदल दे। उन्नीसवीं शताब्दी के अन्त में पुराने पंजाब में काम करनेवाले एक अंग्रेज़ अधिकारी एच. जे. मेनार्ड को एक बड़े प्रदेश के राजपूत राजा को जाति के मामलों में अपने अधिकार का उपयोग करते देखने का सौभाग्य मिला था। मेनार्ड ने लिखा है,

> "ऐसा लगता है कि मुगल सम्राटों के ज़माने में भी दिल्ली का न्यायालय सारी जाति पंचायतों के ऊपर था, और बड़े क्षेत्र से सम्बद्ध जाति के मामले केवल दिल्ली में ही और तत्कालीन शासक के निर्देशन में ही, तय किये जा सकते थे और कहीं नहीं।"[85]

पद के बारे में झगड़े तय करने और किसी अपराध के लिए उपयुक्त दंड निर्धारित करने में राजा विद्वान् ब्राह्मणों से परामर्श लेता था। पर वे केवल नियम को घोषित या निर्धारित करते थे; उस निर्णय को लागू राजा ही करता था।

[7]

अभी तक मैंने केवल राजनीतिक व्यवस्था से उत्पन्न गतिशीलता पर ही विचार किया है, और अंग्रेज़—पूर्व उत्पादन-व्यवस्था से उत्पन्न गतिशीलता पर ध्यान नहीं दिया। इस सम्बन्ध में इस बात पर जोर देना ज़रूरी है कि अंग्रेज़ों से पहले भारत में आबादी की अधिकता की समस्या न थी; उदाहरण के लिए, किंग्सले डेविस ने कहा है कि भारत की आबादी 1900 से 1800 के बीच स्थिर रही, और 1800 में वह साढ़े बारह करोड़ थी।[86] देश के बहुत-से भागों में ऐसी भूमि मौजूद थी जिसे थोड़े-से प्रयत्न से खेती के योग्य बनाया जा सकता था। इसका अर्थ था कि काश्तकारों और खेतिहर मज़दूरों को अपने भूस्वामी मालिकों के साथ सम्बन्धों में एक सुविधा प्राप्त थी। अगर मालिक अत्यधिक अत्याचारी और निर्दयी हो तो काश्तकार अन्य क्षेत्र में जाकर नए खेत जोतने लगते अथवा अन्य मालिक के साथ काम करने लगते। मज़दूरों और अन्य आश्रितों के भाग जाने का भय वास्तविक था, और उससे मालिकों पर कुछ अंकुश रहता था।[87] यहाँ इस ओर ध्यान दिलाना उपयोगी होगा कि सारी खेती के लिए, विशेषकर ऐसी खेती के लिए, जिसमें सिंचाई ज़रूरी हो, कृषि चक्र के बुवाई, रोपनी, निराई, कटाई और गहराई जैसे कामों में एक साथ और बहुत-से मज़दूरों की ज़रूरत पड़ती है। किसी परिवार के पास जितनी ज्यादा भूमि हो, उतनी ही ज्यादा मज़दूरों की ज़रूरत होगी; और साधारण परिस्थितियों में भी वह सारा काम

परिवार के लोगों से पूरा नहीं हो सकता। यह तो तब है जब यह मानकर चलें कि परिवार के सभी लोग खेत पर काम करेंगे। पर इसकी सम्भावना बहुत कम है। खेत में मेहनत का काम करना कम हैसियत का चिह्न माना जाता है, और जितना बड़ा ज़मींदार हो, यह निषेध उतना ही प्रबल होता है। इसके अतिरिक्त जाति के पद और कृषि सोपान के बीच थोड़े-बहुत सामंजस्य का अर्थ है कि आमतौर पर भूस्वामी ऊँची जाति के हों और काश्तकार, और विशेषकर भूमिहीन मज़दूर, नीची जाति के। इसलिए प्रतिष्ठा और जाति दोनों ही भूस्वामियों को अपने खेतों में काम करने से रोकती हैं और इस प्रकार मज़दूरों की माँग बढ़ जाती है। मेरे कार्य-क्षेत्र रामपुर गाँव में, जहाँ खेतिहर मज़दूरों की सुलभता की दृष्टि से परिस्थितियाँ कई प्रकार से अधिक अनुकूल थीं, धनी-से-धनी और हैसियतदार परिवारों को भी आवश्यक मज़दूरों को जुटाने में कठिनाई होती थी, और इस कारण अपनी खेती में नुकसान से बचने के लिए उन्हें अपनी सारी शक्ति, जान-पहचान और चतुराई का प्रयोग करना पड़ता था।[88]

यदि 1948-52 में, रामपुर जैसे अपेक्षया अनुकूल परिस्थिति वाले क्षेत्र में, धनी भूस्वामियों को पर्याप्त संख्या में मज़दूर पाने में कठिनाई होती थी, तो अंग्रेज़-पूर्व भारत में तो परिस्थिति कहीं अधिक खराब रही होगी, जब मज़दूरों की कमी ही थी। यह बात सुविदित है कि इस शताब्दी के शुरू से खेतिहर मज़दूरों की संख्या में तेजी से वृद्धि हो रही है। इस भाँति जहाँ 1900 में कृषिजीवी जनसंख्या में से कुल 12 फीसदी भूमिहीन मज़दूर थे, वहाँ 1956 में कुल देहाती परिवारों में से 24 फीसदी खेतिहर मज़दूरों के हैं।[89]

बर्टन स्टीन के ये तर्क विश्वसनीय हैं कि "खेती योग्य कम बसी हई भूमि के जिस पर नई बस्तियों बल्कि नए प्रादेशिक समाजों की स्थापना की गुंजाइश थी", सुलभ होने से "स्थानीय योद्धाओं द्वारा अपने अधीन किसान गाँवों से अतिरिक्त उपज के रूप में वसूल किए जानेवाले कर की मात्रा तथा अन्य प्रकार की मनमानी पर," कुछ रोक लगती थी।..."तमिलभाषी दक्षिण भारत की एक प्रतिष्ठित और शक्तिशाली काश्तकार जाति वेल्लाल की विभिन्न शाखाएँ—इसी प्रकार विकसित हुई जान पड़ती हैं। मध्ययुगीन दक्षिण भारत की भूमि-व्यवस्था में इस 'शिथिलता' पर इतिहासकारों का ध्यान गया है, पर उसका कोई विधिवत् अध्ययन नहीं हुआ है। यदि ऐसी 'मुक्तता' की विशेषता वाली विकासशील समाज-व्यवस्था को मध्य युग में दक्षिण भारत के बहुत-से भागों की प्रतिनिधि व्यवस्था मान लिया जाए, तो एक संकीर्ण, स्थानीय पद-व्यवस्था के भीतर उच्चतर पद के लिए मानव-जातीय इकाइयों की समकालीन प्रतिस्पर्धा का आदर्श पूर्ववर्ती युग में गतिशीलता की प्रक्रिया को समझने के लिए अनुपयुक्त जान पड़ता है। मध्ययुगीन सामाजिक व्यवस्था के स्वरूप के विषय में अधिकांश उपलब्ध साक्ष्य यह सूचित करता है कि पूर्ववर्ती काल में व्यक्तिगत गतिशीलता के लिए पर्याप्त अवसर था।"[90]

इस प्रकार स्टीन के अनुसार मध्ययुग में सामाजिक गतिशीलता स्थान-विषयक गतिशीलता के साथ घनिष्ठ रूप में जुड़ी हुई थी; और सम्भाव्य कृषि-योग्य भूमि की सुलभता के साथ-साथ बाढ़, सूखा, महामारी और अत्यधिक करों की माँग जैसे तत्त्व स्थानान्तरण के लिए बढ़ावा देते थे। स्थानान्तरण में बाधाएँ भी थीं, पर वे ऐसी न थीं कि उन्हें दूर न किया जा सके। स्टीन का कृषिरत वेल्लालों में शाखाओं के अस्तित्व का उल्लेख विशेष रूप से उपयुक्त है, और ऐसी शाखाएँ नायर, कम्म, रेड्डी, ओक्कलिग और मराठा-जैसी किसान जातियों में बढ़ी हैं। बाहर चली जानेवाली प्रशाखा कुछ वर्ष बीतने पर अलग अन्तर्गामी जाति हो जाती थी, और जाति परम्परा के अनुरूप ऐसी प्रत्येक जाति दूसरों से श्रेष्ठ होने का दावा करती थी। यह सम्भव था कि एक शाखा अपना धन्धा थोड़ा-सा बदल ले, या कोई नया रिवाज अपना ले। या दूसरों की अपेक्षा अपनी जीवन-शैली का कम या ज्यादा संस्कृतीकरण कर ले। अंग्रेजी राज्य के दिनों में, और बाद में, जो परिस्थितियाँ बनीं, उनके कारण ये जातियाँ मिलकर बड़ी-बड़ी जातियाँ बनाने लगीं। यह प्रक्रिया आज भी चालू है, और एक जाति की विभिन्न प्रशाखाओं पर उसका प्रभाव अलग-अलग होता है। मैं इसे क्षैतिज एकीकरण' में वृद्धि कहता हूँ, पर इस प्रकार नई प्रकट होनेवाली जाति में सम्मिलित जातियाँ वास्तव में समान नहीं होती।

स्टीन का दूसरा कथन भी—कि अंग्रेज़-पूर्व भारत में सामाजिक गतिशीलता को समझने के लिए "एक संकीर्ण, स्थानीय पद-व्यवस्था के भीतर उच्चतर पद के लिए मानव-जातीय इकाइयों की समकालीन प्रतिस्पर्धा का आदर्श अनुपयुक्त है"—महत्त्वपूर्ण है, क्योंकि वह एक ही जाति की विभिन्न क्षेत्रों में रहनेवाली प्रशाखाओं में सांस्कृतिक भिन्नताओं का कारण समझने में सहायक होता है। किसी एक परिवार या परिवारों के समूह को अपने मूल क्षेत्र की अपेक्षा, जहाँ स्थानीय प्रभु जाति उसे जानती हो, ऐसे नये क्षेत्र में संस्कृतीकरण की हुई जीवन-शैली अपनाने में अधिक स्वतंत्रता होगी जहाँ उसे कोई नहीं जानता। दूसरे शब्दों में, स्थानान्तरण के कारण 'उत्तीर्ण होना' सम्भव हो जाता है, और गतिशील समूह नये तथा प्रतिष्ठासूचक सांस्कृतिक वस्त्र धारण कर सकता है। किन्तु एक सीमित क्षेत्र में भी किसी राजनीतिक प्रधान की प्रभुतासम्पन्न जाति के अधिकार सीमाहीन नहीं हो सकते, फलस्वरूप निम्न जातियों को थोड़ी-सी गुंजाइश मिल जाती थी। किन्तु इस कारण इस बात से इनकार नहीं किया जा सकता कि किसी स्थानीय पद-व्यवस्था के भीतर वैसी गतिशीलता, जैसी पोकॉक ने बताई है, अंग्रेज़ी राज्य का परिणाम है।

स्टीन का विचार है कि मध्ययुगीन भारत में "अकेले परिवार की गतिशीलता के लिए" अवसर "बहुत थे", साथ ही तब निगमीय गतिशीलता की आवश्यकता भी कम थी। छापेखाने जैसी सुविधाएँ, जो आधुनिक "निगमीय गतिशीलता" के लिए आवश्यक जान पड़ती हैं, तथा उनकी राजनीतिक आवश्यकता, अभी हाल ही

में पैदा हुई।"[1] सम्भवतः स्टीन ने 'निगमीय' शब्द 'सामूहिक' के अर्थ में व्यवहार किया है, और अगर मेरा ऐसा सोचना ठीक है तो यह निश्चित ही सही है कि सामूहिक गतिशीलता आधुनिक युग की विशेषता है, जबकि "अकेले परिवार की गतिशीलता" मध्य युग की विशेषता थी। पर अकेले परिवार की गतिशीलता को किसी स्थल पर आकर सामूहिक गतिशीलता का रूप लेना होता है और यह बाध्यता उनके लिए जाति पैदा करती है। गतिशील परिवार को अपने बेटों के लिए बहुएँ और बेटियों के लिए वर कहाँ मिलेंगे? दक्षिण भारत में भी, जहाँ ममेरे-फुफेरे भाई-बहनों और मामा-भानजी के बीच विवाह अधिक पसन्द किया जाता है, वर-वधू मिलने के लिए कुछ परिवार तो आवश्यक ही होंगे। अनुलोमगमन भी छोटे समूह को गतिशील बना सकता है, पर उस समूह का भी अकेले परिवार से कहीं अधिक बड़ा होना आवश्यक है।

अध्याय-2

पश्चिमीकरण

[1]

अंग्रेज़ी शासन के कारण भारतीय समाज और संस्कृति में बुनियादी और स्थायी परिवर्तन हुए। यह काल भारतीय इतिहास के पिछले सभी कालों से भिन्न था, क्योंकि अंग्रेज़ अपने साथ नई प्रौद्योगिकी, संस्थाएँ, ज्ञान, विश्वास और मूल्य लेकर पाए थे। नई औद्योगिकी और उसके कारण संचार-साधनों में होनेवाली क्रान्ति की सहायता से अंग्रेज़ों ने देश का ऐसा एकीकरण किया जैसा पहले उसके इतिहास में कभी नहीं हुआ था। मैं बता चुका हूँ कि किस प्रकार अंग्रेज़ी राज की स्थापना से स्थानीय लड़ाइयाँ सदा के लिए खत्म हो गईं जो अंग्रेज़ों से पहले भारत में निरन्तर चलती रहती थीं और जो व्यक्तियों तथा समूहों के लिए सामाजिक गतिशीलता का महत्त्वपूर्ण साधन थीं।

उन्नीसवीं शताब्दी में अंग्रेज़ों ने धीरे-धीरे भूमि का सर्वेक्षण करके, राजस्व निर्धारित किया, आधुनिक अधिकारी-तंत्र, सेना और पुलिस की स्थापना की, अदालतें स्थापित करके क़ानून की संहिताएँ बनाईं, संचार-साधनों—रेलों, डाक और तार, सड़कों और नहरों का विकास किया, स्कूलों और कॉलेजों की स्थापना की और इन सबके द्वारा एक आधुनिक राज्य की नींव डाली। अंग्रेज़ अपने साथ छापेखाने भी लाए और इसने भारतीय जीवन और चिन्तन में जो गम्भीर तथा बहुविध परिवर्तन उत्पन्न किए उन पर अलग से एक ग्रन्थ लिखा जा सकता है। एक स्पष्ट परिणाम यह था कि स्कूलों के साथ-साथ पुस्तकों और पत्रिकाओं ने आधुनिक एवं पारम्परिक ज्ञान को बहुसंख्यक भारतीयों तक पहुँचा दिया और ज्ञान अब कुछ एक पुश्तैनी समूहों का विशेषाधिकार नहीं रहा। समाचार-पत्रों से देश के दूर-से-दूर भाग में लोगों को यह अनुभव होने लगा कि वे सामान्य सूत्रों में बँधे हैं और बाह्य जगत् में होनेवाली घटनाएँ उनके जीवन पर भला या बुरा प्रभाव अवश्य डालती हैं।

यूरोप के ईसाई धर्म-प्रचारक अंग्रेज़ों के आने के बहुत पहले से भारत को जानते थे। किन्तु ईस्ट इंडिया कम्पनी के प्रारम्भिक दिनों में भारत में यूरोपीय धर्म-प्रचारकों

के प्रवेश पर रोक लगा दी गई। यह रोक 1813 में उठाई गई जब ब्रिटिश संसद ने नई लाइसेंस व्यवस्था के अन्तर्गत उन्हें प्रवेश की अनुमति दी। इससे अन्त में सारे उपमहाद्वीप के द्वार धर्म-प्रचारकों के कार्य के लिए खुल गए।

उन्नीसवीं शताब्दी के पूर्वार्द्ध में अंग्रेज़ों ने जागरूक भारतीय जनमत के समर्थन से ऐसी कुरीतियों को मिटाया, जैसे सतीप्रथा (1826), बालिका हत्या, मानव-बलि और दास-प्रथा (1833) किन्तु मेरा उद्देश्य अंग्रेज़ों द्वारा किये गए सभी परिवर्तनों की सूची बनाना नहीं है; संक्षेप में कहना यही है कि अंग्रेज़ों का भारत पर प्रभाव गहरा, बहुमुखी और फलदायी था। 150 वर्षों के अंग्रेज़ी राज के फलस्वरूप भारतीय समाज और संस्कृति में होनेवाले परिवर्तनों के लिए अन्यत्र मैंने 'पश्चिमीकरण' शब्द का प्रयोग किया है और यह शब्द औद्योगिकी संस्थाएँ, विचारधारा और मूल्य आदि विभिन्न स्तरों पर होनेवाले परिवर्तनों को आत्मसात करता है।[1] इस शब्द की उपयुक्तता पर विचार मैं बाद में करूँगा, पर तब तक मैं यह कहना चाहता हूँ कि इसके अस्पष्ट और सर्वग्राही स्वरूप के बावजूद मैं जान-बूझकर इसका प्रयोग कर रहा हूँ। किसी पश्चिमी देश के साथ दीर्घकालीन सम्पर्क के फलस्वरूप किसी ग़ैर-पश्चिमी देश में होनेवाले परिवर्तनों के विश्लेषण में ऐसे शब्द की आवश्यकता है। जब निहित वस्तुओं के साथ-साथ उनसे उद्भूत प्रक्रियाएँ अत्यधिक जटिल हों, तो यह आशा करना यथार्थवादी नहीं है कि किसी सरल, एक-आयामी और सर्वथा स्पष्ट अवधारणा से उनकी पूर्ण व्याख्या हो सकेगी।

अवधारणा के स्तर पर पश्चिमीकरण और उसकी सामान्यतः सहवर्ती दो अन्य प्रक्रियाओं—औद्योगीकरण और नागरीकरण—के बीच अन्तर करना आवश्यक है। एक ओर तो औद्योगिक-पूर्व विश्व में भी नगर मौजूद थे, यद्यपि वे पश्चिम में औद्योगिक क्रान्ति से बननेवाले नगरों से महत्त्वपूर्ण बातों में भिन्न थे। एक तो उन्हें सहारे के लिए बड़ी देहाती आबादी की जरूरत होती थी, जिसके कारण प्राचीन और मध्ययुगीन देश कुछ बड़े-बड़े नगरों के बावजूद मुख्यतः कृषि-प्रधान देश ही बने रहे। फिर यद्यपि औद्योगिक क्रान्ति के परिणामस्वरूप नागरीकरण की गति बढ़ गई और "प्रत्यधिक नागर क्षेत्र आमतौर पर अत्यधिक उद्योग-प्रधान क्षेत्र भी होते हैं, फिर भी नागरीकरण प्रौद्योगीकरण का मामूली कार्य-मात्र नहीं है।"[2] अन्त में, यद्यपि अधिकांश पश्चिमीकृत समूह आम तौर पर बड़े शहरों में ही पाए जाते हैं, फिर भी यह चेतावनी देना ज़रूरी है कि पश्चिमीकरण और नागरीकरण एक ही चीज़ नहीं हैं। भारत जैसे देश में भी देहाती क्षेत्रों में रहनेवाले ऐसे समूह मिल जाएँगे जिनकी जीवन-शैली का बहुत-से नागर समूहों की अपेक्षा अधिक पश्चिमीकरण हो चुका है। ऐसे समूह उन क्षेत्रों में मिलेंगे जहाँ चाय-कॉफ़ी आदि के बागान हैं या व्यावसायिक फसलें उगाई जाती हैं, अथवा जिनसे भारतीय सेना के लिए रंगरूट भरती करने की परम्परा है।

पश्चिमीकरण के परिणामस्वरूप न केवल नई संस्थाओं (उदाहरण के लिए, समाचार-पत्र, चुनाव, ईसाई धर्म-प्रचारक) का समावेश होता है, बल्कि पुरानी संस्थाओं में भी मूलभूत परिवर्तन हो जाते हैं। इस भाँति यद्यपि विद्यालय भारत में अंग्रेज़ों के आने के बहुत पहले से मौजूद थे, पर वे अंग्रेज़ों द्वारा स्थापित स्कूलों से भिन्न थे। केवल दो ही महत्त्वपूर्ण भिन्नतानों का ज़िक्र करें तो पुराने विद्यालय उच्च जातियों के बच्चों तक सीमित थे और अधिकतर पारम्परिक ज्ञान का ही प्रसार करते थे।[3] सेना, सरकारी नौकरी (सिविल सर्विस) और न्यायालय जैसी संस्थाएँ भी ऐसे ही प्रभावित हुई थीं।

पश्चिमीकरण में कुछ मूल्यगत अधिमान्यताएँ निहित थीं। एक सबसे महत्त्वपूर्ण मूल्य, जिसमें कई अन्य मूल्य सम्मिलित हैं, वह है जिसे मोटे तौर पर मानवतावाद कहा जा सकता है, जिससे अभिप्राय है जाति, आर्थिक स्थिति, धर्म, आयु और लिंग-भेद के बिना मनुष्य-मात्र की भलाई के लिए कर्मठ भावना। समानतावाद और लौकिकीकरण दोनों ही मानवतावाद में निहित हैं। (मैं जानता हूँ कि न केवल समस्त मानवता बल्कि जीवमात्र की भलाई की भावना संस्कृत कर्मकांड और चिन्तन में अभिव्यक्त हुई है और प्रायः हुई है, पर यहाँ मैं केवल इस भावना के क़ानूनी, राजनीतिक, शैक्षिक और अन्य सामाजिक संस्थाओं में सन्निविष्ट होने की बात सोच रहा हूँ।)

उन्नीसवीं शताब्दी के पूर्वार्द्ध में अंग्रेज़ों द्वारा किए गए बहुत-से सुधारों की जड़ में मानवतावाद ही था। अंग्रेज़ी दीवानी क़ानून, दंड क़ानून और क्रियाविधि क़ानून लागू करने से वे असमानताएँ खत्म हो गईं जो हिन्दू और इस्लामी न्यायशास्त्र का अंग थीं। उदाहरण के लिए, अंग्रेज़-पूर्व हिन्दू क़ानून में दंड अपराधी और उससे आहत व्यक्ति की जाति के अनुसार बदलता रहता था। इस्लामी क़ानून में ग़ैर-मुस्लिमों की साक्षी स्वीकृत न होती थी। और हिन्दू तथा मुसलमान दोनों अपनी संहिताओं को दैवी मानते थे, यद्यपि प्रारम्भिक हिन्दू विधिशास्त्रियों ने लोक-प्रचलित क़ानून को पर्याप्त महत्त्व दिया था।[4]

ओमैले के अनुसार अंग्रेज़ क़ानून व्यवस्था लागू करने के दो क्रान्तिकारी परिणाम हुए—समानता के सिद्धान्त की स्थापना और निश्चित अधिकारों की चेतना की सृष्टि। अधिकारों की चेतना "धीमे बढ़नेवाला पौधा था, क्योंकि निम्न वर्गों की अत्यधिक दीनता उन्हें समानता क़ानूनों की व्यवस्था से लाभ उठाने और क़ानूनी कार्रवाई द्वारा अपने अधिकारों को मनवाने से रोकती थी।"[5] किन्तु न केवल अपनी 'अत्यधिक दीनता' के कारण बल्कि अपनी अशिक्षा, घोर गरीबी और न्याय व्यवस्था की जटिलता, भारीपन, खर्चीलेपन और धीमी गति के कारण भी अधिकांश गाँववासियों के लिए यह बहुत ही कठिन था कि अपने अधिकारों को मनवाने और अपनी शिकायतें दूर कराने के लिए वे अदालतों का सहारा लें। स्पीअर ने ठीक ही कहा है कि "अदालतें जनता के लिए ऐसी मशीन में सिक्का डालने के समान

थीं जिसकी कार्य-प्रणाली आदमी की समझ में न आती थी और जिससे न्याय के अतिरिक्त अन्य किसी भी वस्तु के निकल आने की सम्भावना थी।"[6]

एकता के सिद्धान्त की अभिव्यक्ति हुई दास प्रथा के अन्त में और कम-से-कम सिद्धान्त की दृष्टि से धर्म, नस्ल और जाति के भेद-भाव बिना, सबके लिए नये स्कूलों और कॉलेजों के खुलने में। सिद्धान्त में, नये आर्थिक अवसर भी सबके लिए थे, यद्यपि परम्परा से बड़े-बड़े नगरों और तटवर्ती क्षेत्रों में रहनेवाले लोगों को दूसरों की अपेक्षा कहीं अधिक सुविधाएँ थीं।

सुधारों और अंग्रेज़ न्याय-व्यवस्था लागू होने में यह निहित था कि उन रीति-रिवाजों को बदला जाए या समाप्त किया जाए जो धर्म का अंग माने जाते थे। इसका अर्थ था कि धार्मिक रिवाजों को बनाए रखने के लिए उनका तर्क-बुद्धि और मानवता की कसौटी पर सन्तोषजनक सिद्ध होना ज़रूरी था। अंग्रेज़ी राज की प्रगति के साथ तर्क-बुद्धि और मानवता अधिकाधिक व्यापक, गहरे और सशक्त होते गए और स्वाधीनता-प्राप्ति के बाद दोनों के ही प्रसार में अपूर्व वृद्धि हुई है, बल्कि वे सचमुच एक बड़ी छलाँग में आगे बढ़ गए हैं। स्वाधीन भारत ने अस्पृश्यता पर जो प्रहार प्रारम्भ किया है वह इस प्रसार का उल्लेखनीय उदाहरण है। किसी विदेशी सरकार को यह साहस न हो सकता था कि वह अस्पृश्यता के प्रचार को किसी भी रूप में अपराध घोषित करे या हरिजनों के हिन्दू मन्दिरों में प्रवेश और गाँव में ऊँची जातियों के कुओं से पानी लेने के अधिकार को लागू कर सके।

मानवतावाद के परिणामस्वरूप अकाल का सामना करने[7], महामारियों को रोकने और स्कूल, अस्पताल तथा अनाथालय स्थापित करने के लिए प्रशासनात्मक उपाय किये गए। मानवतावादी कार्यों में, विशेषकर भारतीय समाज के उन अंशों को, जिन्हें उनकी सबसे अधिक आवश्यकता थी—हरिजनों, स्त्रियों, अनाथों, कोढ़ियों और जनजातियों को—शिक्षा और चिकित्सा के साधन सुलभ कराने में, ईसाई धर्म-प्रचारकों ने उल्लेखनीय योग दिया। जाति, अस्पृश्यता, स्त्रियों की हीन स्थिति, बाल-विवाह, और बहु-विवाह जैसी हिन्दू प्रथाओं की उनकी आलोचना भी कम महत्त्वपूर्ण न थी। अंग्रेज़-पाश्चात्य तीव्र आलोचना के परिणामस्वरूप हिन्दू धर्म की सैद्धान्तिक और संस्थागत दोनों स्तरों पर फिर से व्याख्या हुई, और जाति और अस्पृश्यता के प्रति हिन्दू उच्चवर्गों का दृष्टिकोण बदलने में एक महत्त्वपूर्ण तत्त्व निम्न जातियों (विशेषकर हरिजनों) का मुसलमान या ईसाई बनाया जाना भी था।

[2]

किसी पश्चिमी देश के प्रत्यक्ष या परोक्ष सम्पर्क के कारण किसी ग़ैर-पश्चिमी देश में होनेवाले परिवर्तनों के लिए प्रचलित शब्द है 'आधुनिकीकरण'। उदाहरण के

लिए, डेनियल लर्नर ने, 'पश्चिमीकरण' और 'आधुनिकीकरण' दोनों की उपयुक्तता पर विचार करके 'आधुनिकीकरण' को स्वीकार किया है।[8] उसके अनुसार 'आधुनिकीकरण' में 'सार्वजनिक संस्थाओं और निजी आकांक्षाओं' को स्पर्श करनेवाली एक 'विक्षोभकारी प्रत्यक्षवादी भावना' निहित है। पर प्रत्यक्षवादी भावना ही पर्याप्त नहीं है; संचार-व्यवस्था में क्रान्ति भी आवश्यक है।[9] आधुनिकीकरण की विशेषता बढ़ता हुआ नागरीकरण भी है जिसके परिणामस्वरूप साक्षरता का प्रसार होता है। साक्षरता से 'माध्यमजन्य संघात' बढ़ता है, और अन्त में माध्यमों का बढ़ा हुआ संघात अधिक व्यापक आर्थिक साझेदारी (फ़ी व्यक्ति आमदनी) और राजनीतिक साझेदारी (मतदान) से सम्बद्ध है। आधुनिकीकरण में सामाजिक गतिशीलता भी निहित है : "गतिशील समाज तर्कबुद्धि को प्रोत्साहन देता है, क्योंकि चुनाव की सम्भावनाएँ व्यक्ति के व्यवहार को निर्धारित करती हैं और पुरस्कारों को प्रतिबन्धित करती हैं। लोग समाज के भविष्य को निर्धारित की बजाय परिवर्तनीय और अपनी निजी उन्नति को उत्तराधिकार की बजाय उपलब्धियों से जुड़ी मानने लगते हैं।"[10]

'पश्चिमीकरण' शब्द कई कारणों से अनुपयुक्त है : वह अत्यधिक स्थानीय लेबिल है, और जिस आदर्श का अनुकरण किया जा रहा है वह कोई पश्चिमी देश न होकर रूस, तुर्की, जापान या भारत हो सकता है। लर्नर द्वारा पश्चिमीकरण की बजाय आधुनिकीकरण को स्वीकार करने में एक महत्त्वपूर्ण कारण यह भी था कि मध्यपूर्व में, जो उसका कार्य-क्षेत्र था, शिक्षित लोग 'आधुनिक पैकेज' चाहते हुए भी " 'अमरीका में बना' (या कि 'रूस में बना')लेबिल स्वीकार नहीं करते।"[11] 'पश्चिमीकरण' से यह चिढ़ मध्य-पूर्वीय 'स्वसमूह केन्द्रिता' का परिणाम है जो "राजनीतिक दृष्टि से उग्र राष्ट्रीयतावाद में और मनोवैज्ञानिक दृष्टि से विदेशी भय में अभिव्यक्त होती है। उपनिवेश-विरोध द्वारा बोई गई घृणा की फ़सल होती है विदेशी अभिभावकत्त्व के हर रूप की स्वीकृति में। आधुनिक संस्थाएँ चाहिए आधुनिक विचारधाराएँ नहीं, आधुनिक सत्ता चाहिए आधुनिक उद्देश्य नहीं, आधुनिक धन चाहिए श्राधुनिक मनीषा नहीं, आधुनिक वस्तुएँ चाहिए आधुनिक व्यवसाय भाषा नहीं।"[12] पश्चिम को अस्वीकार करने की तीव्र लालसा कुछ मध्यपूर्वीय नेताओं को ऐसे "कुछ आचरणगत और संस्थागत दबावों" की उपेक्षा के लिए, श्रौर "उनके बदले में नए रास्तों और जोखिम भरी पगडंडियों" की परीक्षा करने के लिए प्रेरित करती है।[13] जो उन सभी देशों (यूरोप, अमरीका और रूस) में समान हैं जहाँ आधुनिकीकरण हो चुका है। इस प्रकार पश्चिम से दीर्घकालीन सम्पर्क का एक परिणाम है एक ऐसे विशिष्ट उच्च वर्ग का उदय जिसका पश्चिम के प्रति दृष्टिकोण उभयभावी है। इस उभयभाविता का विरोधमूलक पक्ष तरह-तरह से और संस्कृति तथा सामाजिक जीवन के कई क्षेत्रों में, अभिव्यक्त हो सकता है। वास्तव में उसमें बुद्धि-विरोधी बल्कि आत्मविध्वंसक, कार्य की सम्भावनाएँ निहित हैं। ग़ैर-पश्चिमी

देशों में साम्यवाद के बड़े भारी आकर्षण का एक कारण है उसका पश्चिम-विरोध जो साम्यवादी साम्राज्यवाद विरोध और पूँजीवाद—विरोध में प्रकट होता है। दलितों, मज़दूरों और प्राचीन राष्ट्रों के हित का समर्थन करने के कारण उसे मानवतावादी सिद्धान्त समझा जाता है; और उसकी यह भविष्यवाणी कि पूँजीवाद तथा साम्राज्यवाद का अन्त श्रौर वर्गहीन समाज की स्थापना अनिवार्य है, विज्ञान का भ्रम उत्पन्न करती है। वह ग़ैर-पश्चिमी बुद्धिजीवी को, विज्ञान और मानवता के नाम पर, न केवल आक्रामक पश्चिम को, बल्कि स्वयं अपने समाज और उसकी परम्परानों को अस्वीकार करने में सहायक होती है। वह उसके लिए भविष्य के साथ, प्रगति, विज्ञान और मानवतावाद के साथ तादात्म्य कर सकना सम्भव बनाती है।

कोई समाज-वैज्ञानिक इस बारे में कैसे निश्चिंत हो सकता है कि अमुक परिवर्तन आधुनिकीकरण की प्रक्रिया का ही अंग है? यह कठिनाई केवल तर्क और दर्शन सम्बन्धी ही नहीं है, बल्कि परिवर्तन की अनुभवसिद्ध प्रक्रियाओं के वास्तविक विश्लेषण में उससे बचना सम्भव नहीं। राबर्ट बेल्लाह ने ठीक ही कहा है, "जहाँ आधुनिकीकरण का अर्थ लक्ष्य निर्धारण प्रक्रिया के अधिक बुद्धिसंगत होने के बजाय केवल लक्ष्य प्राप्ति में अधिक प्रभावी होना है, वहाँ बड़ी गम्भीर विकृतियाँ उत्पन्न हो सकती हैं। प्रत्यक्षत: आधुनिकीकरण की ऐसी विकृतियाँ घटित हुई हैं, पर वे आंशिक अथवा बाधित आधुनिकीकरण की उपज हैं, स्वयं आधुनिकीकरण का अनिवार्य परिणाम नहीं।[14] इस भाँति बेल्लाह के अनुसार आधुनिकीकरण में "लक्ष्यों की बुद्धिसंगित" निहित है, जिसका अर्थ है कि समाज द्वारा चुने गए लक्ष्य 'बुद्धिसंगत' और विचार-विमर्श के विषय होने चाहिए।[15] किन्तु यहाँ इस बात की ओर इशारा करना जरूरी है कि अन्तिम विश्लेषण में सामाजिक लक्ष्य मूल्यगत वरेण्यताओं को प्रकट करते हैं और इसलिए अ-बुद्धिसंगत होते हैं। लक्ष्यों पर सार्वजनिक विचार-विमर्श से किसी प्रकार भी उनके बुद्धिसंगत होने का आश्वासन नहीं मिल सकता। बुद्धि-संगति का दृढ़ निर्देश सामाजिक कार्य के केवल साधनों के विषय में हो सकता है, साध्यों के विषय में नहीं।

'आधुनिकीकरण' से भिन्न 'पश्चिमीकरण' शब्द नैतिक दृष्टि से तटस्थ है। उसका प्रयोग उसके अच्छे या बुरे होने को नहीं सूचित करता, जबकि आधुनिकीकरण साधारणत: इस अर्थ में प्रयुक्त होता है कि वह अच्छा है। पर पश्चिमीकरण में अन्य कठिनाइयाँ हैं; जैसा हम देख चुके हैं, पश्चिमीकरण से प्रभावित व्यक्तियों में अक्सर पश्चिम के प्रति राजनीतिक अथवा सांस्कृतिक विरोध पाया जाता है। इसके अतिरिक्त अठारहवीं और उन्नीसवीं शताब्दियों में पश्चिमी संस्कृति के सभी तत्त्वों का उद्‌गम पश्चिम में नहीं हुआ था। अठारहवीं और उन्नीसवीं शताब्दी में पश्चिम की प्रौद्योगिकी सम्बन्धी श्रेष्ठता के कुछ अवयव प्राचीन सुदूर पूर्व और मध्ययुगीन भारत से आए थे। बारूद, छापे के टाइप और काग़ज़ का आविष्कार चीन में हुआ

था। लिन ह्वाइट जूनियर ने कहा है कि "प्राकृतिक ऊर्जा और मानव-उद्देश्यों के लिए उसके उपयोग की सजग और सामान्यीकृत लालसा तेरहवीं शताब्दी के यूरोप द्वारा एक ऐसी धारणा का उत्साहपूर्ण अंगीकार है जिसका उद्गम बारहवीं शताब्दी के भारत में हुआ था—शाश्वत गति।[16] शाश्वत गति की धारणा को अरबों ने उसी प्रकार यूरोपवासियों तक पहुँचाया जैसे उन्होंने हिन्दू अंकों और दशमलव प्रणाली को पहुँचाया था। भारतीयों तथा अरबों और मध्ययुगीन यूरोपवासियों में फर्क यह था कि यूरोपवासियों ने शाश्वत गति की धारणा में गहरी दिलचस्पी ली और वे "उसकी चालक शक्तियों के विविधीकरण के तथा उससे कुछ उपयोगी काम लेने के प्रयास में जुट गए।"[17]

इसी प्रकार, प्रचारवादी ईसाई धर्म को पश्चिमी विशेषता माना जाता है और यह निर्विवाद है कि ईसाई धर्म प्रचारकों ने भारत के 'आधुनिकीकरण' में निर्णायक योग दिया है। पर संसार के अन्य धर्मों की भाँति ईसाई धर्म का उदय भी एशिया में हुआ था।

पश्चिमीकरण में कुछ तत्त्व सामान्य होने पर भी, प्रत्येक यूरोपीय देश और साथ ही अमरीका, कनाडा, आस्ट्रेलिया और न्यूजीलैंड एक सामान्य संस्कृति के विशेष रूपान्तर के प्रतिनिधि हैं और विभिन्न देशों के बीच महत्त्वपूर्ण अन्तर पाए जाते हैं। भारत में सामाजिक और सांस्कृतिक परिवर्तन के विश्लेषण में स्पष्ट ही पश्चिमीकरण का अंग्रेज़ आदर्श ही सबसे महत्त्वपूर्ण है, यद्यपि 1947 से अमरीकी और रूसी आदर्श भी अधिकाधिक सार्थक होते जा रहे हैं। मैंने अंग्रेज़ आदर्श को स्थिर, सम्पूर्ण और उन्नीसवीं शताब्दी के मध्य तक भारत में वितरण के लिए तैयार और भलीभाँति 'पैट' किया हुआ माना है। मैं जानता हूँ कि ऐसी धारणा इतिहास की दृष्टि से अमान्य होगी, पर शोध की दृष्टि से उससे छुटकारा नहीं।

पश्चिमीकरण एक अन्तर्भूतकारी संश्लिष्ट और बहुस्तरीय अवधारणा है। उसमें एक छोर पर पश्चिमी प्रौद्योगिकी से लगाकर दूसरे छोर पर आधुनिक विज्ञान और आधुनिक इतिहास-लेखन तक विस्तृत क्षेत्र सम्मिलित है। उसकी अविश्वसनीय संश्लिष्टता इस बात में देखी जा सकती है कि पश्चिमीकरण के विभिन्न पक्ष कभी तो एक होकर किसी प्रक्रिया—विशेष को पुष्ट करते हैं, कभी एक-दूसरे के विपरीत पड़ते हैं और कभी-कभी एक-दूसरे से अलग रहते हैं। कुछ उदाहरण देकर मैं अपनी बात स्पष्ट करने का प्रयत्न करूँगा।

भारत में फर्श पर बैठकर भोजन करने की परम्परा थी। भोजन या तो पत्तों पर या धातु (पीतल, काँसे या चाँदी) की थालियों में परोसा जाता था। उच्च जातियों, विशेषकर ब्राह्मणों, में भोजन एक धार्मिक कृत्य था। भोजन बनाते समय स्त्रियों का कर्मकांड की दृष्टि से पवित्र होना आवश्यक था क्योंकि परिवार के सदस्यों को देने के पहले भोजन का पारिवारिक देवता को भोग लगाया जाता था। पुरुष और बच्चे

पहले खाते थे और वयस्क पुरुष भोजन के समय पवित्र होकर बैठते थे। इसका अर्थ था कुरता-क़मीज़ उतारकर या तो रेशमी धोती और चादर पहना (रेशम कर्मकांडीय दृष्टि से सूत की अपेक्षा पवित्र माना जाता है) या ताज़ा धुली हुई सूती धोती और चादर। भोजन के बाद पत्तलें अपवित्र हो जाती थीं और उन्हें फेंक दिया जाता था। जूठी पत्तलों के स्थान को गोबर से लीपकर पवित्र किया जाता था।

अब बड़े-बड़े कस्बों और शहरों में शिक्षित और पश्चिमीकृत समूह अधिकाधिक मेज़ों पर खाना पसन्द करते हैं।[18] परिवर्तन की सबसे स्पष्ट विशेषता है नई प्रविधि—कुर्सियाँ और मेज़, अविकारी इस्पात (स्टेनलेस स्टील) के बर्तन, चम्मचें—पर उसमें और भी बातें निहित हैं। उसका अर्थ है किसी हद तक लौकिकीकरण, और पारम्परिक शैली से भिन्न शैली को जान-बूझकर अपनाना, क्योंकि यह प्रतिष्ठासूचक अथवा सुविधाजनक अथवा दोनों ही है। जिस बात पर मैं ज़ोर देना चाहता हूँ वह यह है कि भोजन का नया ढंग लौकिकीकरण की वृद्धि में योग देता है, क्योंकि भोजन के बाद मेज़ को गोबर से पवित्र नहीं किया जा सकता और भोजन के पहले और बाद के पारम्परिक कर्मकांड को छोड़ देने की प्रवृत्ति बढ़ती है।

शहरी क्षेत्रों में तो स्कूलों और दफ्तरों के समय से भोजन का समय निर्धारित होता है और घर की भोजन परोसने अथवा देखभाल करनेवाली बड़ी-बूढ़ी स्त्री को छोड़कर परिवार के सभी लोग एक साथ खाने बैठते हैं। भोजन-सम्बन्धी परम्परागत निषेधों के शिथिल पड़ने से उन सब तरकारियों का खाना बढ़ जाता है जिन पर अभी तक रोक थी, जैसे टमाटर, चुकन्दर, गाजर, प्याज, मूली। अंडे तो धीरे-धीरे शहरी मध्यवर्गीय शाकाहारी जातियों के भोजन का अंग ही बनते जा रहे हैं।

संक्षेप में, शिक्षा, ऊँची आमदनी और नागरीकरण से जीवन-शैली का लौकिकीकरण होता है, जिसमें भोजन की प्रविधि के साथ-साथ भोजन के समय और भोजन की वस्तुओं में भी मूलभूत परिवर्तन शामिल हैं। मेज़ पर खाना भी, जो लौकिकीकरण की उपज है, लौकिकीकरण को और आगे बढ़ाता है। दूसरे शब्दों में, नई प्रविधि से लौकिकीकरण को और भी सहारा मिलता है। भोजन के सम्बन्ध में एक नया दृष्टिकोण उभरने लगता है; उसे इस दृष्टि से अधिकाधिक देखा जाने लगता है कि उससे स्वास्थ्य और क्षमता में वृद्धि होती है या नहीं, और इस दृष्टि से उस पर विचार निरन्तर घटता जाता है कि वह परम्परा से सम्मत है अथवा वर्जित।

किन्तु इससे भिन्न ऐसे भी उदाहरण हैं जिनमें आचरण के एक क्षेत्र या स्तर में पश्चिमीकरण के परिणामस्वरूप किसी अन्य सम्बद्ध क्षेत्र या स्तर में पश्चिमीकरण नहीं होता। दोनों अलग-अलग रहते हैं। 1952 की गर्मियों में, मैसूर के अपने कार्य-क्षेत्र रामपुर गाँव में, मैंने एक सरकारी बुलडोज़र के चालक को देखा जो मुखिया के एक खेत में कुछ एकड़ जमीन समतल कर रहा था। चालक राज्य के सबसे बड़े नगर बंगलर का तमिलभाषी था, और गाँव में वह मनोरंजन के लिए जादू-टोने

के पारम्परिक खेल दिखाया करता था। उसे आजीविका के लिए बुलडोज़र चलाने और मनोरंजन के लिए जादू-टोने के खेल दिखाने में कोई असंगति नहीं दीखती थी। यहाँ यह कहना उचित होगा कि उपर्युक्त उदाहरण विचारणीय होने पर भी न तो अनोखा है न असाधारण। कारखानों में काम करनेवाले भारतीय मज़दूर, जो आमतौर पर अत्यन्त अल्पशिक्षित होते हैं, अपने धार्मिक-ऐन्द्रजालिक रुझान उस प्रौद्योगिकी तक ले आते हैं जिसके बीच वे काम करते हैं। इस भाँति यह सम्भव है कि कोई छापेखाने वाला दिन का कार्य प्रारम्भ करने के पहले अपना मशीन पर रोली का टीका लगाए। भारत-भर में दशहरे के वार्षिक त्योहार के अवसर पर, अपने धंधे के औजारों की सफाई करने और उनके आगे सिंदूर, धूप तथा फूल चढ़ाने का आम रिवाज है। यह न केवल गाँव के बढ़ई, सुनार और कुम्हार के बारे में, बल्कि मिलों और कारखानों के शहरी मज़दूरों के बारे में भी सही है। मोटरों को धोकर उन पर सिंदूर लगाया जाता है, उन्हें फूलों के हारों से सजाया जाता है। सिलाई की मशीनों, टाइपराइटरों और पुस्तकों के साथ भी यह होता है। (पुस्तकें तो परम्परा से ज्ञान की देवी सरस्वती की प्रतीक हैं।)

इस प्रकार पश्चिमी प्रौद्योगिकी के उपयोग का यह अर्थ नहीं कि उपयोग करनेवालों ने बुद्धिवादी और वैज्ञानिक विश्व-दृष्टि स्वीकार कर ली है। बिल्कुल नहीं। रामपुर के बुलडोजर चालक ने उसे चलाने के लिए आवश्यक याँत्रिक गतियों को भलीभाँति सीख लिया था और वह छोटी-मोटी मरम्मत भी कर लेता था। पर वह न केवल अपने धार्मिक विश्वासों में परम्परावादी था, बल्कि उसने जादू-टोना भी सीख लिया था, जिसका ज्ञान आम तौर पर छोटे समूहों तक ही सीमित है। उसे बुलडोजर चलाने और जादू-टोने के खेल दिखाने में कोई असंगति न दीखती थी। दोनों क्षेत्र पूरी तरह एक-दूसरे से अलग रखे गए थे। किन्तु दशहरे के त्योहार पर औजारों और मशीनों की पूजा 'अलग रखने' से कुछ अधिक है; वह पारम्परिक धार्मिक-ऐन्द्रजालिक विश्वासों को आधुनिक प्रौद्योगिकी के नये जगत् में ले आने का सूचक है।

इसके अतिरिक्त ऐसे उदाहरण भी मिलते हैं जहाँ पश्चिमीकरण ने ऐसी शक्तियों को उत्पन्न किया है जो एक-दूसरे के विपरीत दिखाई पड़ती हैं। यह शायद उसके परवर्ती चरणों की अपेक्षा आरम्भिक चरणों में अधिक दिखाई पड़ता है, यद्यपि इस बात का कोई आश्वासन नहीं है कि अल्पकालीन असंगतियाँ बाद में दूर हो ही जाएँ। उदाहरण के लिए, छपाई के प्रारम्भ होने से न केवल आधुनिक ज्ञान का, बल्कि पारम्परिक महाकाव्यों, पुराणों, संतों की जीवनियों और अन्य धार्मिक साहित्य का भी, प्रसारण सम्भव हो गया। शान्ति टांगरी ने लिखा है कि "1877 तक 3064 पुस्तकें देशी भाषाओं में, 726 प्राचीन भाषाओं में और 544 अंग्रेज़ी में प्रकाशित हुई थीं; इनमें से 2451 मौलिक थीं, 2003 पुन: प्रकाशित थीं और 436 अनूदित थीं। **और यद्यपि इस सामान्य साहित्य का बड़ा अंश निम्नकोटि का था, और**

परम्परागत कट्टरपंथी दृष्टिकोण से पुराण या धर्म से सम्बन्धित था, फिर भी सम्प्रेषण की क्रान्ति का श्रीगणेश हो चुका था।[19] (मेरे द्वारा)।

राजनीतिक और सांस्कृतिक क्षेत्र में, पश्चिमीकरण ने न केवल राष्ट्रीयतावाद को, बल्कि पुनरुत्थानवाद, साम्प्रदायिकता, 'जातिवाद', तीव्रतर भाषायी चेतना और प्रादेशिकता को जन्म दिया है। परिस्थिति इसलिए और भी हैरानी में डालती है कि पुनरुत्थानवादी आन्दोलन अपने विचारों के प्रचार के लिए पश्चिमी ढंग के स्कूल, कॉलेजों, पुस्तकों, पुस्तिकाओं और पत्रिकाओं का उपयोग करते हैं।

जब पश्चिमी प्रेरणा और भारतीय प्रतिक्रिया के बीच कड़ियाँ थोड़ी ही हों तो इस प्रक्रिया की पहचान के बारे में कोई सन्देह सम्भव नहीं। पर जब कड़ियाँ बहुत हों अथवा सतह पर दिखाई पड़ती हों तो सन्देह हो सकता है। इस भाँति मुद्रण और नगरों के विकास के परिणामस्वरूप साक्षरता में वृद्धि को देख सकना आसान है, पर पश्चिमीकरण और पिछड़े वर्ग, आन्दोलन अथवा आर्य समाज, अथवा बीसवीं शताब्दी में भाषायी चेतना के बीच सम्बन्ध पहचानना कठिन होता है। मैं सोचता हूँ कि 'पश्चिमीकरण' शब्द के साथ 'प्रारम्भिक', 'माध्यमिक' अथवा 'तृतीयक' विशेषण लगाना अधिकाधिक आवश्यक होगा; माध्यमिक और तृतीयक की बजाय प्राथमिक पश्चिमीकरण में पारस्परिक सम्बन्ध सरल और सीधा होता है।

[3]

उपर्युक्त विवेचन से पश्चिमीकरण में निहित प्रक्रियाओं की जटिलता और विविधता का कुछ अनुमान हो सकता है। मैंने यह बात भी कही है कि प्रत्येक पश्चिमी देश पश्चिमीकरण के एक विशेष आदर्श का सूचक है और विभिन्न आदर्शों में महत्त्वपूर्ण भिन्नताएँ मौजूद हैं। इसके अतिरिक्त प्रत्येक देश में उसकी आबादी के अलग-अलग समुदाय उस देश की संस्कृति के सामान्य पक्षों में सहभागी होने के साथसाथ उसके किन्हीं विशेष पक्षों को भी वहन करते हैं। 'आदर्श' देश और 'ग्रहणकर्ता देश, दोनों की आबादी के विभिन्न समुदायों की सामाजिक पृष्ठभूमि की जानकारी से पश्चिमीकरण के विभिन्न पहलुओं को समझने में बहुत आसानी होगी, कि किस तरह विशेष तत्त्वों का स्थानान्तरण हुआ और स्थानान्तरण के दौरान उनमें क्या परिवर्तन हुए। मैं अंग्रेज़ समाज के विभिन्न समुदायों के बारे में केवल संक्षेप में उल्लेख करके भारतीय समाज के समुदायों के बारे में कुछ विस्तार से चर्चा करूँगा। भारतीयों को केवल 'स्याहीसोख का दर्जा' देना तो स्पष्ट ही वाहियात है। यह कहना ठीक नहीं कि जिस किसी बात के सम्पर्क में वे आए वे सब उन्होंने आत्मसात कर लीं और जो कुछ आत्मसात किया उसे दूसरों तक सम्प्रेषित कर दिया—यद्यपि कुछ एक व्यक्तियों के साथ निस्सन्देह ऐसा हुआ। वास्तव में पश्चिम

से कुछ बातें ग्रहण की गईं और कुछ अस्वीकार कर दी गईं और ग्रहण की गई बातों में भी भारत में रूपान्तर हुआ। जहाँ अंग्रेज़ संस्कृति और जीवन-शैली के कुछ तत्त्वों ने सभी भारतीयों को आकर्षित किया, वहीं अंग्रेज़ संस्कृति के विभिन्न पक्ष भारतीय जनता के विभिन्न समुदायों को विशेष रूप से आकर्षक लगे। इस भाँति कुर्गों को, जिनकी उदार आहार सूची में गोमांस के अतिरिक्त लगभग सभी प्रकार का मांस था और जो शराब, नृत्य, खेलकूद और शिकार के प्रेमी थे, कुर्ग में यूरोपीय बागान-मालिक की जीवन-शैली का अनुकरण आसान लगा, जबकि दक्षिण भारतीय ब्राह्मण या लिंगायत को वह बहुत कठिन लगता। हुआ यह कि दक्षिण भारतीय ब्राह्मणों ने बड़ी संख्या में अंग्रेज़ी शिक्षा ली और विभिन्न पेशों में और हर स्तर पर सरकारी नौकरियों में प्रवेश किया। पश्चिमीकरण के पहले चरण में उनका पेशे का जीवन तो पश्चिमी जगत् में बीतता, पर उनका पारिवारिक तथा सामाजिक जीवन अधिकतर पारम्परिक ही बना रहा। (यहाँ 'सांस्कृतिक मनोभाजन' शब्द स्वभावतः मन में आता है, पर इस स्थिति को विकृतिमूलक मानने के विरुद्ध चेतावनी देना आवश्यक है।) केवल वे दक्षिण भारतीय ब्राह्मण, जिन्हें भारत से बाहर दीर्घकाल तक, चाहे विद्यार्थी के रूप में चाहे सेना के सदस्य के रूप में, पश्चिमी जीवन का संघात झेलना पड़ा, अंग्रेज़ आहार, शराब और नृत्य को अपनाना सम्भव पा सके।

यद्यपि अंग्रेज़ संस्कृति के तत्त्वों का चुनाव-विस्तार और रूपान्तर होता अवश्य है, फिर भी यह कहना आवश्यक होगा कि वह कोई सचेत प्रक्रिया नहीं है जिसमें हर चरण में बुद्धिसंगत चुनाव हो पाता हो। ग्रहण करने में ऊपरी स्वतःस्फूर्तता है, और विस्तार अन्तर्वर्ती विकास-जैसा दीख पड़ता है। पर इस स्थल पर भारत-अंग्रेज़ सम्पर्क की ऐतिहासिक पृष्ठभूमि की याद कर लेना उपयोगी होगा। उन्नीसवीं शताब्दी का प्रारम्भ होते-होते अंग्रेज़ भारत के बड़े भाग पर अधिकार कर चुके थे, और उनके पास इतनी विशाल और संगठित शक्ति मौजूद थी कि अपनी मर्जी भारतीय जनता पर लाद सकें। इसने उनके भीतर भारतीयों से श्रेष्ठ होने का भाव उत्पन्न किया। शासकों के रूप में उनके अपने लक्ष्य और नीतियाँ थीं जिनको उन्होंने हर चरण में भारत में अपने अंग्रेज़ प्रतिनिधियों के द्वारा लागू करने का प्रयास किया। इस सम्बन्ध में नीति के स्थानीय लागू करनेवाले, कार्यस्थल पर मौजूद, लोगों के व्यक्तित्व बुनियादी महत्त्व के थे, क्योंकि उन्हें लम्बी दूरी और अविकसित संचारसाधनों के कारण, विशेषकर भाप से चलनेवाले जहाज़ लोकप्रिय होने और स्वेज़ नहर बनने के पहले, पर्याप्त अधिकार मिला हुआ था।

भारत में आनेवाले अंग्रेज़ कई सुस्पष्ट व्यावसायिक और सामाजिक श्रेणियों के व्यक्ति थे। बर्नार्ड कोहन ने कहा है, "बनारस-जैसी दूर जगह में भी एक अंग्रेज़ समाज नहीं, कई अंग्रेज़ समाज थे। बुनियादी विभाजन अफ़सरों और ग़ैर-अफ़सरों के बीच था। भारत और इंग्लैंड पर प्रभाव की दृष्टि से, और अधिकार तथा पद की

दृष्टि से, उन्नीसवीं शताब्दी के पूर्वार्द्ध में, अफ़सरों का समुदाय कहीं अधिक भारी था। असैनिक अफ़सर का पद और वेतन आमतौर पर सैनिक अफ़सर से ज्यादा होता था। सरकार का प्रधान आमतौर पर असैनिक ही होता था और ईस्ट इंडिया कम्पनी के मालिक भी असैनिक ही थे।"[20]

असैनिक अफ़सरों के बाद सौदागर और व्यापारी थे जो, प्रेसिडेंसी नगरों के कुछ धनी और शक्तिशाली लोगों को छोड़कर, सामाजिक दृष्टि से अफ़सरों से अलग रहते थे। बागानों के मालिक अन्य व्यवसायी समूहों से कुछ भिन्न थे, और अपने बागानों के पास अथवा उन नगरों में रहते थे जहाँ उनकी उपज (नील, सन, चाय) को पण्योपयोगी बनाया जाता था। अन्त में, बन्दरगाही शहरों में यूरोपीय दस्तकार, नौकर, तरती आदि होते थे जो फौजियों में से या ईस्ट इंडिया कम्पनी के जहाज़ियों में से भरती किए जाते थे। यह समूह यूरेशियनों में मिल जाता था, जो श्वेत सोपान के तल में स्थित थे।

ये व्यावसायिक श्रेणियाँ किसी हद तक अंग्रेज़ समाज की सामाजिक श्रेणियों के अनुरूप थीं। सैनिक और असैनिक अफसर अंग्रेज़ समाज के कमोबेश एक ही स्तर से आते थे : भूस्वामी रईस, लन्दन के बड़े-बड़े व्यापारी और पेशों के लोग।[21] सैनिकों की संख्या असैनिकों से अधिक थी और वे आमतौर पर असैनिकों से अलग रहते थे। संख्या में कम होने पर भी, असैनिक अफसर "अंग्रेज़ औपनिवेशिक समाज में प्रधान वर्ग" थे।[22] वे पारिवारिक सम्बन्धों और रिश्तेदारियों द्वारा, एक सामान्य सामाजिक पृष्ठभूमि द्वारा, और हेलीबरी स्कूल के पुराने बन्धनों से, एक-दूसरे से जुड़े हुए थे।[23]

दूसरी ओर व्यापारी, सौदागर और बागान-मालिक निचले सामाजिक स्तर के लोग होते थे; वे सौदागरों और अफसरों के बेटे होते थे। बागान-मालिक अपने-आपको सौदागरों और व्यापारियों से कुछ ऊँचा समझते थे, और उनकी सबसे बड़ी महत्त्वाकांक्षा यही होती थी कि असैनिक अफसरों के समाज में किसी तरह प्रवेश पा जाएँ।[24]

धर्म-प्रचारकों का समूह उन्नीसवीं शताब्दी के प्रारम्भ में बहुत छोटा और महत्त्वहीन था और जैसा पहले कहा गया, उन्हें अंग्रेज़-शासित भारतीय प्रदेश में 1813 के बाद ही काम करने की अनुमति मिली और वह भी एक लाइसेंस प्रणाली के अन्तर्गत। किन्तु शताब्दी के परवर्ती वर्षों में उनका महत्त्व निश्चित रूप से बढ़ता गया।[25] भारत में अंग्रेज़ धर्म-प्रचारकों के कई वर्ग-सम्बन्धों में से केवल बैप्टिस्टों और मैथोडिस्टों के बारे में ही हम निश्चित रूप से यह कह सकते हैं कि उनमें से बहुत से निम्न वर्ग के थे और दस्तकारों और व्यापारियों के लड़के थे।[26]

भारतीय समाज के अध्येता यदि भारत में अंग्रेज़ों को भी वर्ण के मुहावरे में देखें तो उन्हें क्षमा मिलनी चाहिए। सामाजिक स्तूप के शीर्ष पर असैनिक अफसर, सेना के बड़े अफसर और सौदागरों और महाजनों में से सबसे बड़े और सबसे

धनी लोग थे। वे क्रमशः ब्राह्मण, क्षत्रिय और वैश्य कोटियों के अनुरूप थे। उनके नीचे थे यूरोपीय दस्तकार, नौकर-चाकर और 'तरती' लोग, जो शूद्रों के अनुरूप थे। किन्तु अधिकांश भारतीयों के लिए सारे यूरोपीय लोग एक अविभक्त जन-समूह की भाँति थे जो पद की नितान्त लौकिक कसौटी की दृष्टि से तो भारतीयों से ऊपर थे, पर कर्मकांड की दृष्टि से अत्यन्त निचले पद पर समझे जाते थे।[27]

फाइकेनबर्ग ने लिखा है कि भारत में अंग्रेज़ों का भारतीयकरण हुआ और वे भी भारत की अनेक जातियों में से एक की भाँति रहने लगे थे। दक्षिण भारत में आंध्र प्रदेश के एक जिले के नगर "गुंटूर में भी, सामान्यतः सारे देश की भाँति, एकरूप समाज नहीं था। उसकी आबादी समुदायों में बँटी हुई और स्तरबद्ध थी। गुंटूर में अंग्रेज़ भी बहुत-से आत्मसीमित और अर्ध-विलग समुदायों में से एक थे।"[28] किन्तु अंग्रेज़ अफ़सर अपने सरकारी काम के सिलसिले में मराठी-भाषी ब्राह्मण देशस्थों के घनिष्ठ सम्पर्क में आए, जो लगभग तीन शताब्दियों से गुंटूर जिले का प्रशासन चला रहे थे, और जिनसे अंग्रेज़ों को बहुत-से निम्न अधिकारी प्राप्त हुए थे। अंग्रेज़ शासकों का उस क्षेत्र के पूर्ववर्ती मुस्लिम शासकों से और कई अन्य जातियों और समुदायों से घनिष्ठ सम्पर्क रहा था।[29]

अंग्रेज़ अफसरों और देशस्थों के बीच घनिष्ठ सरकारी सम्पर्क के फलस्वरूप बहुत बार उनके बीच गहरी मैत्री भी पैदा हुई। "अंग्रेज़ व्यापारी स्थानीय व्यापारी वर्गों (कोमटी, चेट्टी, आर्मेनी और मुस्लिम) से सम्पर्क स्थापित करते थे; और धर्मप्रचारक अपने काम के ही कारण अक्सर सबसे निचली और ग़रीब (जैसे माल और मादिग) जातियों के बीच पहुँचते थे।"[30] भारतीयों और अंग्रेज़ों के बीच सम्पर्क धन्धा, प्राय: और वर्ग के आरपार भी होता था; उदाहरण के लिए, अंग्रेज़ अफ़सर और न्यायाधीश अपने सरकारी कामकाज के सिलसिले में बहुत तरह के भारतीयों के सम्पर्क में आते थे। वास्तव में, कोहन ने इस बात की पक्की दलीलें पेश की हैं कि भारत और भारतीयों के बारे में अंग्रेज़ के विचार उसके अपने विशेष धंधे और अंग्रेज़-भारत इतिहास के उस दौर के अनुसार, जिसमें उसने भारत में काम किया, भिन्न-भिन्न होते थे। इस भाँति 1840 के बाद, अंग्रेज़ अफ़सरों के भूमि-सम्बन्धी बन्दोबस्त के काम के अनुभव के फलस्वरूप उनमें किसान की सराहना और शिक्षित शहरी मध्यवर्गीय भारतीय के प्रति तिरस्कार का भाव पैदा हुआ जो स्वाधीनता प्राप्ति तक चलता रहा।[31]

[4]

अब मैं भारतीय पक्ष की ओर ध्यान दूँगा ताकि पारम्परिक समाज के उन समुदायों को पहचाना जा सके जो पश्चिमीकरण में दूसरों से आगे थे, और उनके कुछ एक

लक्ष्यों, विचारों और संघर्षों का भी वर्णन करूँगा। मैं उन्हें 'नये अभिजन' कहूँगा, क्योंकि इसमें तो कोई सन्देह ही नहीं कि उनका एक विशिष्ट अभिजात समूह था, और नये भारत को लाने में उनका योग प्राथमिक था। मैं उन्हें 'मध्यवर्ग' नहीं कहूँगा, क्योंकि इस शब्द का विभिन्न विद्वानों ने अलग-अलग अर्थों में उपयोग किया है, और मैं निश्चयपूर्वक यह कह भी नहीं सकता कि ये नये अभिजन—उदाहरण के लिए राममोहन राय, ठाकुर परिवार के सदस्य और स्वामी विवेकानन्द—सदा 'मध्यवर्ग' के ही होते थे।

भारतवासियों का बहुत ही छोटा-सा अंश अंग्रेज़ों या अन्य यूरोपवासियों के सीधे प्रत्यक्ष सम्पर्क में आया, और जो ऐसे सम्पर्क में आए भी, वे सदा परिवर्तन में सहायक नहीं हुए। उदाहरण के लिए, अंग्रेज़ों के भारतीय नौकर-चाकरों का सम्भवतः अपने रिश्तेदारों या स्थानीय जाति-समूहों में कुछ प्रभाव होता था, पर दूसरों पर नहीं। वे आमतौर पर निचली जातियों के लोग होते थे, उनका पश्चिमीकरण सतही ढंग का था, और उच्च जातियों के लोग उनकी खिचड़ी अंग्रेज़ी, उनकी अपने मालिकों के लिए असंगत भक्ति, और उनकी शेखी बघारने की हँसी उड़ाते थे। इसी प्रकार हिन्दू धर्म छोड़कर ईसाई बननेवालों का भी सम्पूर्ण भारतीय समाज पर कोई विशेष प्रभाव न था क्योंकि एक तो ये लोग भी आमतौर पर निचली जातियों के थे, और दूसरे, धर्म-परिवर्तन उन्हें अधिकांश हिन्दू समुदाय से पृथक् कर देता था। अन्त में, ईसाई बनने से अक्सर केवल उनका धर्म ही बदलता था, रीति-रिवाज, सामान्य संस्कृति अथवा धर्म-परिवर्तन करनेवालों की सामाजिक स्थिति नहीं।

जहाँ तक बहुसंख्यक जनसमुदाय का प्रश्न है, पश्चिमीकरण परोक्ष रूप से और धीरे-धीरे हुआ; यह प्रक्रिया 1947 में भारत के स्वतंत्र होने के बाद से, कई प्रकार से बहुत तीव्र हो गई है। पश्चिमीकरण की दिशा में पहला और सबसे महत्त्व का कदम था अंग्रेज़ी राज्य के अन्तर्गत कोई युद्ध न होने के सिद्धान्त की स्थापना और उसके बाद होनेवाली संचार-साधनों में क्रान्ति। प्रशासन और व्यापार की सीमाओं के विस्तार ने जंगलों-भरे पहाड़ों में रहनेवाले समूहों का सदियों पुराना निर्वासन तोड़ दिया और उनके लिए नए सम्पर्क तथा अवसर सुलभ बनाए। संचार-साधनों के विकास और आन्तरिक चुंगी के हटने से देश के विभिन्न प्रदेशों की अर्थव्यवस्था एक हो गई। भाप से चलनेवाले जहाजों के चलन और स्वेज नहर के बनने (1866) से ब्रिटेन को न केवल भारत और अपने पूर्वी साम्राज्य के अन्य भागों पर नियंत्रण बढ़ाने में, बल्कि भारतीय अर्थव्यवस्था को बाहरी दुनिया के साथ जोड़ने में भी, सहायता मिली। नील, सन, कपास, तम्बाकू, चाय और काफ़ी को यूरोपीय बागान-मालिक विदेशों में खपत के लिए भारत में पैदा करने लगे। इन वस्तुओं के दुनिया के बाज़ार में मूल्यों का देश के विभिन्न भागों में हजारों लोगों के रहन-सहन के लिए महत्त्व हो गया। बागानों के प्रारम्भ से दो बागान क्षेत्रों में—आसाम और बंगाल के

पहाड़ी इलाकों और पश्चिमी घाट के दक्षिणी इलाकों में—मज़दूरों का स्थानान्तरण प्रारम्भ हुआ। इनमें भी काम करनेवाले मज़दूरों की संख्या और फसलों के मूल्य, दोनों ही दृष्टियों से आसाम क्षेत्र अधिक महत्त्वपूर्ण था। आसाम ने न केवल पड़ोस के राज्यों से, बल्कि आधुनिक मध्य प्रदेश, महाराष्ट्र और मद्रास से, मज़दूरों को आकर्षित किया, जबकि पश्चिमी घाटों में आसपास के घने बसे हुए क्षेत्रों से ही मज़दूर आए। चाय-बागान 1840 में शुरू हुए और उनमें काम के लिए मज़दूरों का आयात तेरह वर्ष बाद। मज़दूरों के आने-जाने में 1843 में दास-प्रथा के अन्त से बड़ी आसानी हुई, क्योंकि उससे आसामियों और दासों को, जो आमतौर पर बहुत नीची हरिज़न जातियों के होते थे, उच्च जातियों के भूस्वामियों से बाँधे रखनेवाले क़ानूनी बन्धन खत्म हो गए। इस सम्बन्ध में यह बात दिलचस्प है कि दक्षिण भारतीय बागानों के मज़दूर अधिकांशतः हरिजन जातियों से आए थे, जबकि आसाम के बागानों के मज़दूर 'कुलीन' जातियों, हरिजनों, और मुँडा तथा संथाल जैसी जनजातियों से आए थे।[32]

भारत का बाहरी दुनिया के साथ अधिकाधिक समीपी एकीकरण इस बात में भी देखा जा सकता है कि 1850 के बाद से 'करार व्यवस्था' के अन्तर्गत भारतीय मज़दूर लंका, मलयेशिया, फीजी, दक्षिण अफ्रीका, मॉरिशस, कैरीबियन द्वीप समूह और ब्रिटिश गियाना जैसे अंग्रेज़ों के अन्य अधीन देशों में भेजे जाने लगे। 1834 से 1908 के बीच, जब भारतीय मज़दूरों के विदेश उत्प्रवास पर कोई प्रतिबन्ध न थे, कोई एक करोड़ चालीस लाख लोग भारत से गए; बाद में कोई एक करोड़ करार व्यवस्था तथा कार्य-परिस्थितियों की कठोरता और जातीय भेदभाव के कारण लौट आए।[33]

संक्षेप में, भारत के राजनीतिक और प्रशासनिक एकीकरण ने—ऐसी प्रक्रिया जो बीसवीं शताब्दी के सातवें दशक में भी चालू है—जिसके लिए संचार-साधनों का विकास, औद्योगीकरण का प्रारम्भ और कृषि-सम्बन्धी विकास आवश्यक था, स्थानमूलक और सामाजिक गतिशीलता को, न केवल विशिष्ट वर्ग बल्कि देहातों के गरीब लोगों के लिए भी, बढ़ा दिया और परवर्ती राष्ट्रव्यापी पश्चिमीकरण की नींव डाली।

किन्तु यहाँ मेरी चर्चा का मुख्य सम्बन्ध उन लोगों से है जिन्होंने अधिक तात्कालिक अर्थ में पश्चिमीकरण की प्रक्रियाओं में भाग लिया, नई शिक्षा-संस्थानों में शिक्षा ली, पेशों में प्रवेश किया, सरकारी नौकरियाँ लीं, और बड़े-बड़े तथा विकासशील नगरों में व्यापार, व्यवसाय और उद्योगों में लगे। इससे भी कहीं अधिक संख्या में लोगों का पश्चिमीकरण माध्यमिक अर्थ में हुआ—उदाहरण के लिए, अस्पतालों में रोगियों का, अदालतों में मुकदमेबाज़ों का[34] और भारतीय भाषाओं में समाचार-पत्रों और पुस्तकों के पाठकों का।

भौगोलिक दृष्टि से तटवर्ती क्षेत्रों के निवासी, विशेषकर तेजी से बढ़नेवाले बन्दरगाही नगरों के पास रहनेवाले, प्रारम्भिक पश्चिमीकरण के लिए बड़ी अनूकल परिस्थिति में थे। कलकत्ता, बम्बई और मद्रास के आसपास के क्षेत्रों को पश्चिमीकरण का अनुभव पंजाब-जैसे अन्तर्वर्ती क्षेत्रों से सौ वर्ष या उससे भी अधिक पहले से मिला। इसी तरह अंग्रेज़ी इलाकों की अपेक्षा देशी रियासतों के निवासी परिवर्तन की नई हवाओं से अधिक सुरक्षित थे। किन्तु मैसूर, त्रिवांकुर और बड़ौदा-जैसी कुछ रियासतें इसका अपवाद थीं, जिनमें पश्चिमीकरण की प्रक्रिया ने, अथवा उसके कुछ पक्षों ने, मुख्यत: उनके निरंकुश किन्तु प्रबुद्ध शासकों की शक्ति, प्रतिष्ठा और पहल के कारण, अधिक उन्नति की।

कलकत्ता, बम्बई और मद्रास के तीन प्रेसिडेंसी नगरों ने भारतीय जनता के उन अंशों को आकर्षित किया जिनमें शुरू से ही नए व्यावसायिक, शैक्षिक तथा अन्य अवसरों के प्रति अधिक सजगता थी। व्यापारियों और महाजनों को अंग्रेज़-शासित क्षेत्रों में न केवल जान-माल की सुरक्षा का भरोसा मिला, बल्कि राजनीतिक शक्ति के निरंकुश उपयोग से भी छुटकारा मिला। टांग्री के अनुसार, "इस भाँति बन्दरगाही नगरों में बढ़ते हुए मध्यवर्ग में मुख्यत: ग़ैर-मुस्लिम लोग थे। पश्चिमी शिक्षा ने उन्हें शासक अभिजनों के साथ मिलने-जुलने का अवसर दिया, उनके लिए सरकारी और व्यावसायिक दफ्तरों में नौकरी की सम्भावनाएँ प्रस्तुत की, उनका सामाजिक स्तर उठाया और बढ़ती हुई विदेशी कारोबारी फर्मों से बेहतर व्यावसायिक सम्पर्क जुटाए।"[35]

किन्तु अभिजनों के स्थान के बारे में विशुद्ध भौगोलिक दृष्टिकोण ठीक नहीं होगा। उदाहरण के लिए, पंजाब पश्चिमीकरण के प्रभाव में यद्यपि तटवर्ती क्षेत्रों की अपेक्षा कहीं बाद में आया, पर वहाँ के कुछ जाति समूह—जैसे खत्री, अरोरा और अग्रवाल, परम्परा से व्यापार और वाणिज्य करते आए हैं और मुनाफे की सम्भावना से बहुत सहज ही प्रोत्साहित होते हैं। राजस्थान का सूखा अन्तर्वर्ती प्रदेश अपनी व्यापारी जाति मारवाड़ियों के लिए प्रसिद्ध ही है जो भारत के हर बड़े नगर में व्यापार, उद्योग और बैंकों में जमे हुए हैं। अंग्रेज़ी शासन के दिनों में इन विभिन्न समूहों ने न केवल अपने-अपने प्रदेशों में बल्कि बाहर भी व्यापार और वाणिज्य के अवसरों का लाभ उठाया। कुछ लोग विदेशों में अन्य अंग्रेज़ी उपनिवेशों में भी पहुँचे और वहाँ के व्यापार-वाणिज्य में जम गए।

[5]

साधारणत: शहरों में रहनेवाले लोगों पर देहातों में रहनेवालों की अपेक्षा पश्चिमी प्रभावों का संघात अधिक होता है। नगर जितना बड़ा हो, उतनी ही अधिक इस

संघात की सम्भावना रहती है। छोटे गाँवों में ऐसी सम्भावनाएँ स्वाधीनता प्राप्ति के पहले से अधिक होने के बावजूद आज भी अल्पतम हैं। पर नागरीकरण का परिणाम सदा पश्चिमीकरण ही नहीं होता। टांग्री ने बताया है कि 1842 में 50,000 की आबादी वाले दो उत्तर भारतीय नगर पारा और छपरा में स्कूल छात्रों के अभाव में बन्द करने पड़े थे। टांग्री के अनुसार, मात्र नागरीकरण नहीं, बल्कि तटवर्ती क्षेत्रों में विदेशी प्रभावों से अधिक सम्पर्क ही निर्णायक तत्त्व था। टांग्री ने यह भी बताया है कि 1931 में 10.5 फीसदी हिन्दू नगरों में रहते थे, पर उनमें साक्षरता 8.4 फीसदी थी, जबकि मुसलमानों में शहरी आबादी 13.5 फ़ीसदी होने पर भी साक्षरता केवल 6.4 फीसदी थी।[36]

अल्पसंख्यक धर्मों के माननेवालों में हिन्दुओं या मुसलमानों की अपेक्षा नागरीकरण अधिक हुआ है। यदि हम 1931 के आँकड़ों पर विचार करें तो पता चलता है कि 89 फीसदी पारसी, 69.2 फीसदी यहूदी, 34.6 फीसदी जैन और 20.2 फीसदी ईसाई नगरवासी हैं। (किन्तु सिख इस सामान्य नियम के अपवाद हैं जिनकी केवल 7.8 फीसदी आबादी शहरों में है।) पर हिन्दुओं और मुसलमानों की कुल संख्या इतनी बड़ी है कि 1931 में भी शहरी आबादी में हिन्दू 66.46 फीसदी और मुसलमान 27.68 फीसदी थे, और ईसाई (3.22 फीसदी), जैन (1.16 फीसदी), सिख (0.91 फीसदी), यहूदी (0.04 फीसदी) और पारसी (0.03 फीसदी) उनके बहुत पीछे छूट जाते थे।[37]

जहाँ तक हिन्दुओं का सवाल है, पारम्परिक जाति सोपान और नए पश्चिमी धन्धों के सोपान के बीच एक बहुत मोटा और सामान्य-सा अन्तर्सम्बन्ध उस समय था, और बहुत सीमित रूप में आज भी मौजूद है। इस भाँति ऊँची जातियों के लोग डॉक्टरी-वकालत जैसे पेशों में, ऊँची सरकारी नौकरियों में, वास्तव में सभी सफेदपोशों के कामों में, प्रमुख थे, और नीची जातियाँ ज़रूरी सेवाएँ और सामान जुटाने का काम करती थीं। पारम्परिक और आधुनिक के बीच एक प्रकार की निरन्तरता मौजूद थी; ब्राह्मण, वैद्य, कायस्थ और बनियों ने पश्चिमी शिक्षा पाने का प्रयास किया और उसका पुरस्कार भी पाया, जबकि दस्तकार, सेवक और भूमिहीन श्रमिकों की निचली जातियों के लोग धोबी, नाई, घरेलू नौकर, चपरासी, टोकरी बनानेवाले, तेली, कुम्हार और सब्जी, फल तथा दूध बेचनेवाले बन गए। किन्तु एक चेतावनी मैं अवश्य देना चाहूँगा कि इस निरन्तरता को अतिरंजित कर लेना बड़ा आसान है। उसमें प्रारम्भ से हो दरारें रही हैं, और जैसे-जैसे समय बीतता गया ये दरारें चौड़ी और अधिक महत्त्वपूर्ण होती गई हैं।

इसमें सन्देह है कि ऐसी निरन्तरता उद्योगों में भी मौजूद है, यद्यपि पूर्ववर्ती सामान्य निष्कर्ष, जो सावधानी से किए गए अनुभवमूलक अध्ययनों पर आधारित न थे, इस धारणा के फैलने में सहायक हुए थे। औद्योगिक मज़दूरों के निम्नतम स्तरों

में हरिजनों तथा अन्य निम्न जातियों की बहुतायत है।[38] भारतीय श्रमिक समस्याओं के सजग अध्येता के रूप में मॉरिस डी. मॉरिस ने लिखा है :

"जाति की सर्वव्यापकता और विद्वानों में इस परिस्थिति के कारण उत्पन्न गहरी दिलचस्पी के बावजूद, भारत में औद्योगीकरण की प्रक्रिया के जाति के साथ सम्बन्ध पर प्राय: कोई ध्यान नहीं दिया गया है। उद्योगों में आनेवाले कुछ जाति-समूहों के बारे में, प्रौद्योगिक रोजगार के जातिगत संसक्ति पर प्रभाव के बारे में, और उद्योगपतियों की जातिरचना के बारे में कुछ सामान्य स्थापनाएँअवश्य की गई हैं। यद्यपि कुछ धारणाएँ बहु-प्रचलित हैं, किन्तु यह जानकर बड़ी हैरत होती है कि ये निष्कर्ष किसी विस्तृत अनुभवमूलक सामग्री पर आधारित नहीं हैं।"[39]

चालू सामान्य स्थापनाओं के समीक्षात्मक परीक्षण के बाद मॉरिस का निष्कर्ष है :

"बहुत मोटे तौर पर कहा जाए तो उपलब्ध सामग्री से यह संकेत मिलता है कि सब जातियों के हिन्दू प्रौद्योगिक क्षेत्र की सब प्रकार की नौकरियाँ खोजते और स्वीकार करते हैं। और यह ऐतिहासिक दृष्टि से भी सच है।"[40]

इतिहास के अतिरिक्त, रिचर्ड लैम्बर्ट द्वारा पूना नगर के पाँच कारखानों के हाल के सर्वेक्षण से भी मॉरिस के निष्कर्ष की पुष्टि होती है। लैम्बर्ट ने पाया कि श्रमजीवियों में 15 फीसदी ब्राह्मण, 35.2 फीसदी मराठा, 8.5 फीसदी 'मध्यवर्ती जातियों' के लोग, 6.8 फीसदी देहाती सेवक, और 16.8 फीसदी 'पिछड़ी हुई जातियों के लोग हैं। ('अन्य धर्मवाले' 6.3 फीसदी थे।) अन्त में लैम्बर्ट ने कहा है :

"एक अन्य धारणा को भी—कि ब्राह्मण कारखानों में काम जैसा शारीरिक कार्य स्वीकार करने में हिचकते हैं—यहाँ कोई समर्थन नहीं मिलता। और पिछड़ी हुई जातियों को भी न तो कारखानों में काम से बाहर रखा जाता है और न वे अनुपात से अधिक संख्या में उसकी ओर आकर्षित दिखाई पड़ती हैं।"[41]

कारखाने पारम्परिक समाज के सभी स्तरों से श्रमिकों को आकर्षित करते हैं, क्योंकि उनमें वेतन अपेक्षया अधिक होता है।[42]

पूना के कारखानों में जाति सोपान और कारखाने के सोपान के बीच सम्बन्ध के बारे में लैम्बर्ट ने लिखा है :

"क्लर्क और निरीक्षक वर्गों में ब्राह्मण अनुपात से कहीं अधिक संख्या में हैं और इन वर्गों की सबसे ऊँची जगहें घेरे रहते हैं। निरीक्षक स्तर

से नीचे के ग़ैर-क्लर्क श्रमिकों में उनकी आपेक्षिक स्थिति कारखाने पर निर्भर है, और अधिकांश कारखानों में वह बहुत ऊँची नहीं है। पिछड़े वर्गों के लोग निरीक्षकों और क्लर्कों में नहीं के बराबर हैं और सभी कारखानों में माध्य मज़दूरी में या तो आते ही नहीं या बहुत नीचे हैं। ब्राह्मणों और पिछड़ी हुई जातियों के अलावा, जातियों का सामान्य पद-क्रम, कारखानों में सोपानीय स्थितियों में महत्त्वपूर्ण अन्तर के रूप में झलकता नहीं दिखाई पड़ता।"[43]

यह असम्भव नहीं कि उन राज्य सरकारों द्वारा संचालित कारखानों को छोड़कर सारे प्रायद्वीपीय भारत में यही स्थिति हो, जिनमें सभी स्तरों की, विशेषकर उच्च स्तरों की, नियुक्तियों में कुछ ही समय पहले तक ग़ैर-ब्राह्मण जातियों को प्राथमिकता दी जाती थी।

नागरीकरण की प्रक्रिया को देहाती छोर से देखने पर हैरोल्ड गोल्ड ने कहा है कि उत्तर प्रदेश में ब्राह्मण और राजपूत जैसी ऊँची जातियों का ही पश्चिमीकरण हो रहा है जिसमें नागरीकरण भी सम्मिलित है, और निम्न जातियों के पास आधुनिक जगत् में प्रवेश के लिए न तो साधन हैं न प्रेरणा। वे ग़रीब हैं, अशिक्षित हैं और शहरों में उनकी रिश्तेदारियाँ भी नहीं हैं और इन सबसे उनकी गतिशीलता में रुकावट पड़ती है।[44] और जब कोई निम्नजातीय परिवार धनी हो भी जाता है, जो कि बहुत कम ही हो पाता है, तो वह अपना अधिकतर धन अपना 'पारम्परिक स्थान' बढ़ाने में लगाता है, जबकि ब्राह्मण और राजपूत उसे निश्चित रूप से पश्चिमीकरण में लगाना चाहते हैं, क्योंकि वे द्रुतगति से संस्कृतीकरण करती हुई निम्न जातियों से भिन्न बने रहने के लिए नये उपायों की तलाश में रहते हैं। गोल्ड ने अपने कार्यक्षेत्र के अतिरिक्त उत्तर प्रदेश के दो अन्य गाँवों से भी अपनी इस धारणा के समर्थन में प्रमाण प्रस्तुत किये हैं कि पश्चिमीकरण और नागरीकरण ब्राह्मण, राजपूत (ठाकुर) और जाट जैसी उच्च जातियों में हो रहा है, सबसे निचली और सबसे गरीब जातियों में नहीं : "ऐसा जान पड़ता है कि आधुनिक होते हुए समाजों में गतिशीलता की वास्तविक स्थिति इस धारणा से बहुत भिन्न है कि भूमिहीन और गरीब लोग ही नकद मज़दूरी की तलाश में शहरों की ओर जाने को बाध्य होते हैं, जबकि भूस्वामी और धनी लोग अपेक्षया देर तक अपने देहाती परिवेश में संतोषपूर्वक रहे आते हैं।"[45]

गोल्ड ब्राह्मणों, राजपूतों और जाटों को उच्च जातियों में शुमार करता है, और अहीर, मुराउ, कुर्मी, कोरी और चमारों को निम्न जातियों में। किन्तु उसकी एक 'नीची' जाति अहीरों ने कम-से-कम इस शताब्दी के प्रारम्भ से पर्याप्त सक्रियता दिखाई है और इस समय भारतीय सेना में वे बड़ी संख्या में हैं।[46] और अब वे एक अलग अहीर रेजिमेंट बनाने की माँग कर रहे हैं। उत्तर प्रदेश की एक अन्य 'नीची' जाति, नौनिये, उन्नीसवीं शताब्दी के उत्तरार्द्ध से नई आर्थिक सुविधाओं का

लाभ उठाकर धनी हो गए हैं, और क्षत्रिय की हैसियत का दावा करने के प्रयास में अब अपने को चौहान कहने लगे हैं।[47] उत्तरी भारत की सुपरिचित हरिजन जाति चमार भी आगरा, अलीगढ़, लखनऊ, कानपुर, दिल्ली जैसे नगरों में बड़ी संख्या में रहते हैं और उन्होंने भी न केवल पारम्परिक संस्कृतीय धुरी पर बल्कि आधुनिक पश्चिमी धुरी पर भी आगे बढ़ने की रुझान दिखाई है। बर्नार्ड कोहन ने पूर्वी उत्तर प्रदेश में सेनापुर के चमारों का सूक्ष्म क्षेत्र अध्ययन किया है, जो सारे भारत का नहीं तो कम-से-कम उत्तर प्रदेश का अवश्य ही विशेष रूप से दलित क्षेत्र है। कोहन ने लिखा है कि 1952 में गाँव के 636 चमारों में से 36 गाँव के बाहर रोज़गार करते थे। किन्तु गाँव के बाहर रोज़गार उनके लिए नया नहीं, उन्नीसवीं शताब्दी के मध्य से परिचित था। गाँव के बाहर काम करनेवाले चमारों की संख्या 36 से गाँव के बाहर उनके अनुभव का सही अनुमान नहीं होता। अधिकांश बालिग पुरुष चमार कभी-न-कभी गाँव से बाहर किसी शहर में काम कर चुके हैं। किन्तु शहरी रोजगार इन लोगों की जीवन-पद्धति नहीं है; 'कुछ एक नौजवान इच्छा से शहरों में काम करते हैं, कुछ यह भी कहते हैं कि वह उन्हें पसन्द है, पर अधिक वयस्क लोग, अर्थात तीस की आयु से ऊपर वाले, गाँव को ही अधिक पसन्द करते हैं।"[48] 1952 में पाँच वर्ष से अधिक आयु वाले 583 चमारों में से 72 व्यक्ति (71 पुरुष और एक स्त्री) साक्षर थे![49]

सारे भारत को ध्यान में रखते हुए यह मानना असम्भव है कि 'नीची' जातियों की तो बात ही क्या, हरिजन जातियाँ भी नागरीकरण की प्रक्रिया में खिंचकर नहीं आई हैं। मैं मॉरिस के इस कथन से सहमत हूँ कि "यद्यपि गाँवों के कुछ ऐसे अध्ययन हुए हैं जो जाति-पद और आय में कुछ सह-सम्बन्ध होने के प्रमाण प्रस्तुत करते हैं, किन्तु मेरी जानकारी में इस बात के कोई प्रमाण नहीं हैं कि विशेष जातियों का देहातों से स्थानान्तरण अनुपात से बहुत अधिक है। जहाँ यह बात निश्चित है कि अछूतों-सहित निम्न जातियों का अनुपात शहरी क्षेत्रों में स्थानांतरण करनेवालों में बहुत अधिक होता है, वहीं यह लगता है कि यह केवल इस बात का परिणाम है कि ईश्वर (!) ने देहाती क्षेत्रों में इन श्रेणियों में इतने सारे भारतीयों को रख छोड़ा।[50] साधारण भाषा में कहें तो इसका यही अर्थ हुआ कि चूँकि नीची जातियाँ ऊँची जातियों से संख्या में इतनी अधिक हैं, इसलिए हर जगह, शहरों में भी, वे ही अधिक संख्या में दिखाई पड़ती हैं।

[6]

भारत के विषय में लिखनेवालों में यह आम धारणा है कि आधुनिक भारतीय अभिजन में जनसंख्या के कुछ अंशों से अनुपात से कहीं अधिक लोग आए हैं। उदाहरण के

लिए, एडवर्ड शिल्स ने नये अभिजनों में ब्राह्मणों की प्रमुखता पर टिप्पणी करते हुए लिखा है :

> "जिस भाँति पंडितों ने अंग्रेज़ों का अभिनन्दन किया, यद्यपि उन्हें वैसे उच्चतम स्थान न मिले थे जैसे उन्हें अंग्रेज़ों से पहले के शासकों के समय मिला करते थे, उसी तरह आधुनिक शिक्षा प्राप्त ब्राह्मणों ने सिविल सर्विस में अंग्रेज़ों की सेवा की। बहुत दिनों तक मद्रासी और बंगाली ब्राह्मण ही अंग्रेजों की सेवा में अग्रणी थे और वे भारतीय सिविल सर्विस में नियुक्त भारतीयों में प्रमुख थे। इसी प्रकार, जब धारा स्वाधीनता की ओर तथा आधुनिकीकरण करनेवाले सामाजिक सुधारों की ओर मुड़ी, तो ब्राह्मणों ने उसमें भी नेतृत्व किया।"[51]

बी. बी. मिश्र[52] और सेलिग हैरीसन[53] जैसे अन्य लोगों ने भी ऐसे ही शब्दों में प्रशासन, पेशों और राजनीतिक आन्दोलन में ब्राह्मणों की प्रमुखता के बारे में लिखा है। इन लेखकों ने जिन ब्राह्मणों का जिक्र किया है वे एक अखिल भारतीय श्रेणी के रूप में हैं, स्थानीय, अन्तर्गामी जाति के रूप में नहीं। अखिल भारतीय वर्ण के रूप में ब्राह्मण जातियों के एक ऐसे समुदाय का नाम है, जो भाषा, आहार, वेशभूषा, धन्धे और जीवन-शैली में एक-दूसरे से भिन्न हैं। इस भाँति कुछ स्थानों में ब्राह्मण न केवल पुरोहित या विद्वान् नहीं हैं, बल्कि कर्मकांडीय दृष्टि से अपने से नीची जातियों से अधिक गरीब और सामाजिक दृष्टि से अधिक पिछड़े हुए हैं। उत्तर प्रदेश और राजस्थान के कुछ हिस्सों में वे कभी-कभी राजपूत या जाट भूस्वामियों के काश्तकारों के रूप में काम करते पाये जाते हैं। पजाब में ब्राह्मणों की नीची स्थिति और उनमें विद्या के अभाव की चर्चा प्रकाश टंडन ने की है।[54]

एक ही भाषायी क्षेत्र में भी, सारे भारत की तो बात ही अलग, ब्राह्मण बहुत-सी अन्तर्गामी जातियों में बँटे हुए हैं और उनकी अन्तर्जातीय भिन्नताओं की उपेक्षा नहीं की जा सकती। इस भाँति गुजरात में, कुछ ही दिन पहले तक, नागर और अनाविल ब्राह्मण लौकिक-पश्चिमी सन्दर्भों में प्रमुख थे, जबकि औदीच सहस्र जैसे अन्य नहीं थे। और जैसा कि हम देख चुके हैं, एक ही जाति की एक स्थानीय प्रशाखा के भीतर भी बहुत सांस्कृतिक और आर्थिक विविधता सम्भव है, और यह कभी-कभी 'श्रेष्ठतर' प्रशाखा के बाकी से टूटकर अलग हो जाने का आधार बन जाती है।

जो बात मैं कहना चाहता हूँ वह यह है कि एक सम्पूर्ण वर्ण श्रेणी नए सोपान में केवल एक ही विशेष स्तर अथवा कुछ एक स्तरों पर कदाचित ही पाई जाती हो। होता यह है कि कुछ स्तरों और धन्धों में किसी स्थानीय जाति के लोग उसी तरह की अन्य जाति के लोगों की अपेक्षा अधिक पाए जाते हैं। कभी-कभी मोटे तौर पर समान और सम्बद्ध जातियों का झुंड भी किन्हीं धन्धों में बहुतायत से हो सकता है।

जाति को वर्ण के रूप में देखने में जोखिम है, यद्यपि सारे भारत पर विचार करते समय इससे कोई छुटकारा नहीं। किसी प्रक्रिया विशेष में सम्मिलित सभी जातियों की सूची बनाने से न केवल पठनीयता कम होगी, बल्कि उसमें यह मान्यता भी निहित होगी कि उसके लिए आवश्यक जानकारी हमें प्राप्त है। अस्पष्ट शब्दावली की भी अपनी उपयोगिता है।

नए अभिजन की रचना न केवल प्रदेश के अनुसार भिन्न होती है, बल्कि समयानुसार भी भिन्न होती रहती है। इस भाँति 1964 में भारतीय अभिजन में जो तत्त्व मौजूद थे उन्हें 1904 में, बल्कि 1934 में भी, 'पिछड़ा हुआ' माना जाता। वक्त के साथ 'पिछड़े हुए' कहलाने वाले जन-समुदायों का भी अधिकाधिक पश्चिमीकरण हुआ है; यह दक्षिण भारत-जैसे देश के कुछ भागों के बारे में अधिक सही है, और कुछ के बारे में कम। किन्तु अपने विवेचन में मैं प्रथम महायुद्ध के ठीक पहले के काल को ध्यान में रखूँगा, जबकि नए अभिजन का स्वरूप मूलतः बदलना प्रारम्भ हुआ। इनमें से कुछ परिवर्तनों का जिक्र मैं बाद में करूँगा।

मैं इस बात का उल्लेख पहले ही कर चुका हूँ कि पारम्परिक अभिजन और नए अथवा पश्चिमीकृत अभिजन के बीच कुछ निरन्तरता है। यह निरन्तरता दोहरे अर्थ में मौजूद है : एक, पारम्परिक अभिजन के कुछ सदस्यों अथवा समुदायों ने अपने-आपको नए अभिजन के रूप में ढाल लिया और दूसरे, पुराने और नए धन्धों में भी कुछ निरन्तरता है।[55] निरन्तरता के सरल उदाहरण ये हैं कि किसी ब्राह्मण पंडित के बेटे पेशों में प्रवेश करें, या किसी सरदार का बेटा भारतीय सेना में उच्च स्थान प्राप्त कर ले, या किसी बनिये का बेटा प्रमुख आयात-निर्यात करनेवाला बन जाए। यह सर्वथा स्वाभाविक है कि पश्चिमीकरण के पहले चरण में भारतीय अभिजन का प्रत्येक अंश पश्चिमीकरण का वह आदर्श चुने जो परम्परा से उसके सबसे समीप हो। किन्तु यह बहुत मोटे तौर पर ही सही है, और इसके अपवाद भी थे ही। उदाहरण के लिए, बम्बई के पारसी[56] नई परिस्थितियों का लाभ उठानेवाले सर्वप्रथम लोगों में थे; उन्होंने पेशों में, सरकारी नौकरियों में, उद्योग में, वाणिज्य और व्यवसाय में, विशेषकर शराब के व्यापार में, प्रवेश किया और नागरिक तथा राष्ट्रीय जीवन में भी प्रमुख रहे। पर सूरत के पास रहनेवाले देहाती पारसियों का एक वर्ग आर्थिक, शैक्षिक और सामाजिक सभी दृष्टियों से पिछड़ा रहा और आज भी पिछड़ा हुआ है। इसी तरह महाराष्ट्रीय ब्राह्मणों ने न केवल पेशों और सरकारी नौकरियों में बल्कि सेना में भी प्रवेश किया।

अब मैं उन कुछ जातियों की चर्चा करूँगा जिन्होंने पश्चिमीकरण करने में नेतृत्व किया—यद्यपि किसी जाति के उल्लेख का यह अर्थ नहीं कि उसके सभी सदस्यों का एक ही सीमा तक पश्चिमीकरण हुआ, अथवा जिन समूहों का उल्लेख नहीं किया जा रहा उनमें कोई पश्चिमीकरण नहीं हुआ। भारत के अधिकांश भागों में

ब्राह्मण समूह, उत्तर भारत में कायस्थ[57] (लेखक और सरकारी अधिकारी), बंगाल में बैद्य,[58] पश्चिमी भारत में पारसी और बनिये, उत्तर प्रदेश और पश्चिमी भारत में कुछ मुस्लिम समूह और केरल में नायर और सीरियाई ईसाई पश्चिमी शिक्षा की ओर उन्मुख हुए और उसके कारण मिलनेवाले रोज़गार में गए। देश के विभिन्न भागों में बहुत-सी ब्राह्मण जातियाँ—नम्बूद्रियों के अतिरिक्त सभी दक्षिण भारतीय ब्राह्मण, गुजरात में नागर और अनाविल ब्राह्मण और कश्मीरी, बंगाली तथा महाराष्ट्रीय ब्राह्मण—पेशों और सरकारी नौकरियों में प्रमुख थीं। अंग्रेज़ी शासन से व्यापार और वाणिज्य के जो नए अवसर प्रकट हुए उनका लाभ व्यापारी जातियों ने उठाया, जैसे पंजाब के खत्री और अरोड़ा; राजस्थान की व्यापारी जातियाँ; गुजरात के हिन्दू और जैन बनिये, मुसलमान बोहरा, खोजा और मेमन; आंध्र प्रदेश के कोमटी; मद्रास के चेट्टियार और मुसलमान लब्बइ; और केरल के सीरियाई ईसाई और मुसलमान मापिल्ल। किन्तु नए अवसरों का लाभ लेनेवालों में केवल वे ही जाति-समूह न थे जिनका पुश्तैनी धन्धा व्यापार था। गुजरात के पाटीदार किसान थे जिन्होंने उन्नीसवीं शताब्दी के अन्तिम दशकों में व्यापार और वाणिज्य में हाथ डाला।[59] उड़ीसा के बोअड कलवार भी ऐसे ही परिवर्तन का उदाहरण प्रस्तुत करते हैं। उड़ीसा के कोंडमल्स क्षेत्र में 1870 तक कोंड और अन्य सभी अपनी शराब अपने-आप बना सकते थे : "1870 में कोंडमल्स के दक्षिण के प्रदेश में सारे शराबधर बन्द कर दिये गए और शराब बेचनेवाले बड़ी संख्या में गंजम से सीमा पार करके कोंडमल्स में जा बसे। इसके कुछ ही समय बाद सरकार ने कोंडों के लिए भी अपनी शराब अपने-आप बनाना ग़ैर-क़ानूनी कर दिया। घरेलू भट्ठियाँ बन्द कर दी गई और कोंड बाहरी भट्ठियों का सहारा लेने को बाध्य हो गए, जो कलवार जाति के लोग चलाते थे। इनमें दोनों ही तरह के लोग थे—वे जो हाल में गंजम से आए थे और बोअड के निवासी जो बहुत दिनों से गाँव में ही रहते थे।"[60] अपनी शराब की तलब के कारण बहुत-से कोंड भूमि से हाथ धो बैठे और नए भूस्वामियों के यहाँ मज़दूरी करने लगे। बोअड कलवारों की समृद्धि 1910 तक चली, जब बंगाल सरकार ने—उड़ीसा उस समय जिसका एक हिस्सा था—कोंडमल्स के तमाम शराबघरों को बन्द करने का निश्चय किया।

1857 के भारतीय विद्रोह के पहले, बंगाल की सेना में अवध के ब्राहाणों और राजपूतों का ज़ोर था। किन्तु विद्रोह में इन दोनों समूहों के कार्य-कलाप के कारण, नई भारतीय सेना में उनको नहीं रखा गया और "पंजाब से हिन्द्र तथा मुसलमानों को, उसी क्षेत्र से अब शान्त सिखों को, सीमान्त प्रदेश से पठानों को और नेपाल से गुरखों को लाया गया।"[61] किन्तु अवध से बाहर के राजपूतों और मराठी ब्राह्मणों को भरती किया जाता रहा। जाट, अहीर, डोगरा और कुर्ग कुछ अन्य समूह थे जो सेना में नौकरी पसन्द करते थे। दो महायुद्धों में, विशेषकर दूसरे महायुद्ध में,

सैनिक नौकरियों में आबादी के ऐसे वर्गों से लोग पाए जो परम्परा से उनसे विमुख रहते थे। शिक्षा का प्रसार, बढ़ी हुई स्थानमूलक गतिशीलता और बेकारी-जैसे तत्त्व भी पारम्परिक धन्धों में बुनियादी परिवर्तन के लिए जिम्मेदार थे। दूसरे महायुद्ध में भारतीय सेना की संख्या 1936 में 1,75,000 से कुछ ही वर्षों में बढ़कर बीस लाख से भी अधिक हो गई। स्पीअर के अनुसार, "यद्यपि कुल सैनिकों में से बहुत थोड़े ही विदेश गए, पर अपने देहाती घरों में से तो सभी उखड़ गए, अनुशासन और विचित्र आदतों के अधीन हुए और बहुतों को व्यापार और आधुनिक विधियाँ सीखने को मिलीं। परम्पराबद्ध समाज के लिए यह अपने-आप में एक बड़ा धक्का था। अफसर श्रेणियों और बढ़े हुए अधिकारी तंत्र में मध्यवर्गों के लिए बड़े अवसर खुले जिनसे उनका जिम्मेदारी और आत्मसम्मान का भाव बढ़ा।"[62]

इस बात ने, कि पारम्परिक अभिजन अपनी प्रभुता नई पश्चिमी परिस्थितियों में भी स्थापित करने में समर्थ हो गए, देश के कुछ भागों में पिछड़े वर्ग आन्दोलन को जन्म दिया। निम्न जातियाँ नए अवसरों में साझा चाहती थीं और वे भारत में नई समानतावादी धाराओं से भी प्रभावित हो रही थीं। इस आन्दोलन ने प्रायद्वीपी भारत में विशेष प्रबल रूप धारण किया जहाँ ग़ैर-ब्राह्मण जातियाँ अपने लिए सुविधाएँ और विशेषाधिकार प्राप्त करने में सफल हो गई थीं और साथ ही ब्राह्मणों पर शिक्षा और सरकारी नौकरियों के मामले में कुछ प्रतिबन्ध लगवा सकी थीं। आन्दोलन बंगाल सहित देश के अन्य भागों में भी हुआ, पर वहाँ वह दक्षिण-जैसा रूप नहीं धारण कर सका। मद्रास[63], बम्बई[64] और बंगाल[65] में पिछड़े वर्ग आन्दोलन के नेता राष्ट्रीय आन्दोलन से अलग रहे और अंग्रेज़ शासकों के समर्थन के लिए लालायित रहते थे। पिछड़े वर्ग आन्दोलन में सभी जगह थोड़ा-बहुत ब्राह्मण-विरोध मौजूद रहा; इसे सारे दक्षिण भारत, विशेषकर मद्रास में राजनीतिक और सांस्कृतिक अभिव्यक्ति भी मिली। हरिजन आन्दोलन पिछड़े वर्ग आन्दोलन के एक अंग के रूप में ही प्रारम्भ हुआ, यद्यपि वक्त के साथ उसका अपना अलग रूप निकल आया।

यद्यपि पारम्परिक और नए अभिजनों के एक हो जाने के कारण उच्च और निम्न जातियों के बीच संरचनात्मक नहीं तो सांस्कृतिक दूरी बढ़ गई, किन्तु परोक्ष रूप से उसके कारण पिछड़े वर्ग आन्दोलन को प्रेरणा मिली, जिसका उद्देश्य है जातियों के बीच दूरी को मिटाना। यह स्वाभाविक है कि जहाँ पुराने और नए अभिजन का मिश्रण सबसे अधिक था वहीं यह आन्दोलन सबसे प्रबल हुआ; और यह बात विचार करने योग्य है कि उच्च और निम्न जातियों के बीच चौड़ी आर्थिक, सांस्कृतिक और संरचनात्मक खाई होना, एक बार नई पश्चिमी धाराओं के लिए द्वार खुल जाने के बाद, निम्न जातियों की द्रुत गतिशीलता में सहायक होता है। यह भी सम्भव है कि असमानता की धारणा पर भक्ति-आन्दोलन के प्रहारों का भी, जिसने दक्षिण भारत की अ-ब्राह्मण जातियों पर गहरी छाप छोड़ी थी, उन्हें इतनी जल्दी

उकसाने में कुछ हाथ हो। पिछड़े वर्ग आन्दोलन और देश के विभिन्न भागों में नए अभिजन की सामाजिक रचना का तुलनात्मक अध्ययन, स्तरीकरण के प्रतिरूपों में समकालीन प्रादेशिक भिन्नताओं को ठीक से समझने के लिए आवश्यक होगा।

पारम्परिक और आधुनिक अभिजनों के बीच विच्छिन्नता के कुछ उदाहरण मैं पहले बंता चुका हूँ। ऐसी सभी घटनाओं में स्थानीय जाति-सोपान में उनके पारम्परिक पद तथा उनकी नई-नई प्राप्त लौकिक स्थिति में अन्तर था। इसका निराकरण आमतौर पर नए अमीरों द्वारा अपनी जीवन-शैली का संस्कृतीकरण करके और उच्च जाति होने का दावा करके होता था। बेली ने दिखाया है कि किस प्रकार उड़ीसा में फूलबनी के बोअड कलवार अपनी पिछली नाई से नीचे 'निम्न हिन्दू' जाति की स्थिति से ऊपर उठकर 'उच्च हिन्दू' कोटि में पहुँच गए और योद्धाओं के साथ दूसरे स्थान के लिए विवाद करने लगे।[66] तब फिर संस्कृतीकरण ने फिर से सन्तुलन स्थापित किया और वह हरिजनों को छोड़कर बाकी सभी जातियों के मामले में यह परम्परा से करता आया है। हरिजनों के मामले में, एक तो उन्हें धन या राजनीतिक सत्ता प्राप्त करने के अवसर ही बहुत कम थे और जब कभी-कभार वे प्राप्त कर भी लेते थे तो उनका पवित्रता-रेखा से नीचे होना गतिशीलता में लगभग दुर्लंघ्य बाधा सिद्ध होता था। अंग्रेज़ी ज़माने में स्थिति में कुछ सुधार हुआ; अंग्रेज़ी अदालतें परम्परा से हरिजनों पर आरोपित अक्षमताओं को क़ानूनी मान्यता देने से इनकार करती थीं और इसने शिक्षा, व्यापार और वाणिज्य के नए अवसरों और स्थानमूलक परिवर्तनों के साथ मिलकर सामाजिक गतिशीलता की नींव तैयार की। ये पूर्व-परिस्थितियाँ होने पर संस्कृतीकरण 'उत्तीर्ण होने' का एक स्वीकृत मार्ग प्रस्तुत करता था। इस भाँति आगरा के चमार अपने-आपको जाटव (यादव का भ्रष्ट रूप) कहते हैं और जाटव के ब्राह्मण होने का दावा किया जा चुका है। 1962 में एक जाटव ने ब्राह्मण होने का दावा किया और राजस्थान में आबू पर्वत की एक ब्राह्मण लड़की से विवाह कर लिया।[67] इसी प्रकार आन्द्रे बेतील को तंजौर जिले में तिरुवय्यार के निकट श्रीपुरम गाँव में किसी अन्य गाँव का एक पल्लन (तमिल हरिजन) पड़ेयाची बना मिला। किन्तु उसका भेद खुल गया और तब उसकी पिटाई हुई और वह अपना सारा मालमत्ता छोड़ गाँव से भाग गया।[68]

किन्तु भारतीय मुसलमानों में राजनीतिक दृष्टि से शक्तिशाली मुसलमानों का एक छोटा-सा समुदाय अंग्रेज़ों से पहले से ही भारत के अभिजात वर्ग का महत्त्वपूर्ण हिस्सा था; मगर अधिकांश मुसलमान, जो निम्न जातियों से धर्म-परिवर्तन करके आए थे, गरीब थे और मुसलमान जातियों के सोपान में सबसे नीची सीढ़ी पर थे। अभिजात वर्ग अंग्रेज़ों द्वारा भारत का शासन उनसे छीन लिए जाने के कारण रुष्ट था, और उन्नीसवीं शताब्दी के अन्त से कुछ पहले तक पश्चिमीकरण का तीव्र प्रतिरोध करता रहा। जब मुसलमानों ने यह स्व-आरोपित निर्वासन तोड़कर नई धारा

के साथ बहने का निश्चय किया, तो उन्होंने पाया कि हिन्दू तो धारा में बहुत आगे पहुँच चुके हैं। मुसलमानों में पश्चिमीकरण आन्दोलन के संस्थापक सर सैयद अहमद खाँ (1817-1898) के बारे में अंग्रेज़ इतिहासकार पर्सीवाल स्पीअर का कहना है :

> "इस भाँति सैयद ने भारतीय इस्लाम को आधुनिक चिन्तन और प्रगति की पंक्ति में लाने का प्रयास किया। पर इसमें हिन्दुओं से एकता का कोई विचार न था। हिन्दू तो अब भी ऐसे काफ़िरों का समुदाय था जो मूर्तिपूजा और अन्धविश्वासों के शिकार हैं। सैयद के चिन्तन में सहिष्णुता और अलगाव, सह-अस्तित्व और पृथकता एक-दूसरे की टक्कर में मौजूद हैं। हिन्दुओं द्वारा अतिक्रमण और आत्मसात् से बचने के लिए उन्होंने अंग्रेज़ों से सहयोग का उपदेश दिया। जब 1885 में कांग्रेस की स्थापना हुई तो उन्होंने इस आधार पर मुसलमानों से अलग रहने को कहा कि स्वाधीन भारत में बहुमत का राज होगा और हिन्दू संख्या में मुसलमानों से तीन गुने अधिक हैं।"[69]

सर सैयद अहमद खाँ पहले पश्चिमीकृत मुसलमान थे जिन्होंने पृथकतावादी विचारधारा को अभिव्यक्त किया, जिसे कवि-दार्शनिक सर मुहम्मद इकबाल ने और भी आगे बढ़ाया। तीक्ष्ण बुद्धि मुहम्मद अली जिन्ना के हाथों उस विचारधारा को पाकिस्तान के रूप में राजनीतिक वास्तविकता का जामा मिला।

भारतीय राष्ट्रीय कांग्रेस में भी मुसलमान थे, जिनमें से कुछ अत्यन्त पश्चिमीकृत थे। पर कुल मिलाकर देवबन्द स्कूल के नेताओं जैसे परम्परावादी मुसलमानों ने ही भारतीय राष्ट्रीय आन्दोलन का समर्थन किया।[70]

[7]

नए अभिजन समूहों की सामाजिक पृष्ठभूमि पर संक्षेप में विचार किया जा चुका, और अब मैं उन कुछ धारणाओं और विश्वासों की चर्चा करूँगा जो उनकी परम्परा के अंग थे। यह याद रखना आवश्यक है कि यूरोपीय आलोचना के प्रत्युत्तर स्वरूप भारतीय चिन्तन, परम्पराओं, संस्कृत और इतिहास की पुनर्व्याख्या में अभिजन ने सर्जनात्मक योग दिया है। उनका यह योग अंग्रेज़ों से वस्तुएँ, धारणाएँ और संस्थाएँ उधार लेने तक सीमित न था; उधार लेने में बड़ा चयन था और उधार ली गई सामग्री का विस्तार और पुनर्व्याख्या भी की गई। अभिजन समूहों की पृष्ठभूमि और परम्पराओं की जानकारी से इस चयनशीलता पर कुछ प्रकाश पड़ता है। विभिन्न अभिजन समूह भारत में अंग्रेज़ समाज में अपने अनुरूप समुदाय का मुँह ताकते थे—बल्कि अंग्रेज़ों का मुँह तो लोगों के सभी समुदाय ताकते थे, जबकि कुछ समुदाय

उसके विशेष समुदायों का मुँह ताकते थे। यद्यपि अंग्रेज़ व्यापारियों से वास्तविक सम्पर्क बड़े नगरों के केवल कुछेक भारतीय व्यापारियों का ही होता था, फिर भी अंग्रेज़ व्यापारियों के तौर-तरीकों, रवैयों और धारणामों के विषय में समस्त भारतीय व्यापारी वर्ग के मन में अपनी-अपनी कल्पकथाएँ और कल्पनाएँ थीं।

भारत की धार्मिक, बौद्धिक, नैतिक, साहित्यिक और कलात्मक परम्पराओं की समृद्धता और बहुरूपता के विषय में बहुत-से विद्वानों ने व्यापक रूप से चर्चा की है, और यहाँ मेरे लिए उस विषय में कुछ भी जोड़ना आवश्यक नहीं। उदाहरण के लिए; धर्म के क्षेत्र में, कन्फ्यूशी धर्म को छोड़कर संसार के प्रत्येक मुख्य धर्म का प्रतिनिधित्व भारत में मौजूद है।

भारतीय संस्कृति और चिन्तन के अध्येताओं ने हिन्दू धर्म की सहिष्णुता और सभी धर्मों की सत्यता की पुष्टि के लिए उसकी तत्परता पर टिप्पणी की है। राधाकृष्णन ने लिखा है, "किसी देश और किसी धर्म ने दूसरे धर्मों को समझने और सराहने का यह रवैया ऐसे आग्रह के साथ और संगतिपूर्वक नहीं अपनाया है जैसे भारत में हिन्दू धर्म और उसकी शाखा बौद्ध धर्म ने।"[71] मुख्य धारा सहिष्णुता की ही रही है, यद्यपि कभी कभी धर्मान्धता और अन्य धर्मों के लोगों पर अत्याचार के विस्फोट भी हुए हैं। इस भाँति दक्षिण में शैव और वैष्णव सम्प्रदायों के बीच और उनके तथा जैनों के बीच, कुछ असहिष्णुता रही है। पर कुल मिलाकर "हिन्दू धर्म मूलतः सहिष्णु है, और कट्टरतापूर्वक बहिष्कृत करने के बजाय आत्मसात अधिक करता रहा है।।[72] वास्तव में बहुत-से शिक्षित हिन्दुओं को यह समझने में कठिनाई होती है कि कोई कैसे अपने धर्म को ही सत्य और बाकी सबको मिथ्या मान सकता है। धर्मप्रचारकता उन्हें आक्रामक असहिष्णुता की अभिव्यक्ति जान पड़ती है।

जाति-व्यवस्था सहिष्णुता के लिए एक संस्वागत आधार प्रस्तुत करती है। जातियुक्त समाज में रहना बहुत्ववादी सांस्कृतिक जगत् में रहना है : प्रत्येक जाति के अपने अलग धन्धे, रीति-रिवाज, कर्मकांड, परम्पराएँ और धारणाएँ हैं। जाति की पंचायतें, विशेषकर स्थानीय प्रभु-जाति की पंचायतें, इस बहुत्व की संरक्षक होती हैं। क्या सांस्कृतिक बहुत्व की इस बात के साथ संगति है कि प्रदेश की जातियों का सोपान होता है, और उनमें पारस्परिक पद के विषय में गतिशीलता भी होती है और विवाद भी? पहली बात तो यह है कि सोपान की धारणा विभिन्न स्तरों पर आसीन जातियों में सांस्कृतिक भिन्नताओं को यदि पुष्ट नहीं करती तो उनके अनुकूल तो है ही। दूसरे, सोपान के केवल दोनों छोर ही निश्चित होते हैं, उनके बीच में पारस्परिक पद के लिए बहुत विवाद चलता रहता है। पद के बदलने पर जीवनशैली का संस्कृतीकरण हो जाता है।

इसी प्रकार जाति-व्यवस्था के कारण विपथगामियों का दमन अनावश्यक हो गया। विद्रोही सम्प्रदाय या समूह की कालान्तर में अपनी अलग जाति बन जाती

थी, जिसके फलस्वरूप, भले ही शेष समाज से उसके पूर्णतः पृथक् हो जाने की कीमत पर, उसका अस्तित्व बने रहने का भरोसा रहता था। विडम्बना यह है कि कुछ मामलों में ऐसे सम्प्रदाय में बृहत् समाज की सम्पूर्ण जाति-व्यवस्था अपने सूक्ष्म स्वरूप में मौजूद होती थी। उदाहरण के लिए, सिखों, लिंगायतों और जैनों को देखिए। कभी-कभी कोट, टोड, बडग और कुरुंब जैसे जन-जाति समूह भी अपने पारस्परिक सम्बन्धों को नियमित करने के लिए जाति-व्यवस्था के आदर्श का उपयोग करते थे।[73]

हिन्दू धर्म की सहिष्णुता उन्नीसवीं और बीसवीं शताब्दी में भी बनी रही। न केवल राममोहन राय और गांधी-जैसे शिक्षित और पश्चिमीकृत भारतीयों ने ईसा मसीह के व्यक्तित्व और शिक्षाओं की गहरी सराहना की, बल्कि बंगाल के निरक्षर ब्राह्मण सन्त रामकृष्ण ने परानुभूति के एक अनोखे प्रयास द्वारा भीतर से यह अनुभव प्राप्त करने का प्रयास किया कि विभिन्न धर्मों को अपनाने का क्या प्रभाव होता है।[74] भारत को धर्म-निरपेक्ष राज्य बनाने का निर्णय भी सहिष्णुता की इस परम्परा के अनुरूप ही है, पर धर्म-निरपेक्षता की भारतीय धारणा, उदाहरण के लिए, अमरीकी धारणा से भिन्न है। (धर्म-निरपेक्षता के सम्बन्ध में दोनों धारणाओं में अन्तर पर विचारोत्तेजक विवेचन के लिए देखिए मार्क गैलेण्टर का निबन्ध, 'पूर्व और पश्चिम—डोनाल्ड यूजीन स्मिथ की एक समीक्षा'—'धर्मनिरपेक्ष राज्य के रूप में भारत', प्रिंसटन, 1963)[75]।

अभिजन समूहों द्वारा उत्तराधिकार में प्राप्त बौद्धिक परम्परा की एक विशेषता रही है निरन्तर आत्मालोचन; यह उत्तर-वैदिक काल से चली आती है। इस भाँति ब्राह्मणों के (900 ई. पू.) अत्यधिक विकसित यज्ञवाद के विरुद्ध प्रबल प्रतिक्रिया बौद्ध और जैन धर्मों में और कुछेक ब्राह्मणों में भी हुई।[76] भारतीय दार्शनिक परम्परा, अनेकरूपता में समृद्ध है, और विभिन्न मतों के माननेवालों के बीच सार्वजनिक शास्त्रार्थ की पद्धति दीर्घकाल से चली आती है। गुरु की सबसे बड़ी सफलता ऐसे शिष्य तैयार करने में मानी जाती थी जो उसे तर्क में हरा दे।

मध्ययुग के भक्ति आन्दोलन में जाति में निहित असमानता की धारणा के साथ-साथ मोक्ष-प्राप्ति के पारम्परिक मार्गों की बौद्धिकता के भी विरुद्ध विद्रोह समाविष्ट है। इस भाँति उत्तर भारत के मध्ययुगीन सन्त रामानन्द ने असमानता और खान-पान में जातिगत भेदाभेद की धारणा पर प्रहार किया। हिन्दुओं और समाज पर वैष्णव धर्म के प्रभाव के विषय में एस्टलिन कार्पेन्टर ने लिखा है :

> "उसका उद्देश्य था धर्म को ब्राह्मण कर्मकांड की सुरक्षित क्रियाओं से निकालना और उसकी आशाओं और विशेषाधिकारों के द्वार हर पद और जाति के, हर नस्ल और धर्म के स्त्री-पुरुषों के लिए उन्मुक्त कर देना। उसे किसी पुरोहित की आवश्यकता न थी, क्योंकि प्रेम की पूजा

के लिए कोई पुरोहिती अनुमति नहीं चाहिए और ईश्वर की कृपा किसी मनुष्य के वश में नहीं।"[77]

सहिष्णुता, संहतिवाद और आत्मालोचन की परम्पराएँ अंग्रेज़ी राज में बहुत पहले से ही प्रकट हुईं। राजा राममोहन राय, जिन्हें सचमुच ही आधुनिक भारत का पैगम्बर माना जा सकता है, समकालीन हिन्दू धर्म के कड़े आलोचक थे और उन्होंने अंग्रेज़ सरकार से सती प्रथा बन्द करने और अंग्रेज़ी में आधुनिक ज्ञान की शिक्षा के लिए स्कूल प्रारम्भ करने के आग्रह में नेतृत्व किया। 1823 में कलकत्ता में संस्कृत कॉलेज की स्थापना का उन्होंने सचमुच विरोध किया; वे नहीं चाहते थे कि सार्वजनिक धन तनिक भी संस्कृत शिक्षा पर खर्च हो, इसके बजाय अंग्रेज़ी शिक्षा पर हो। किन्तु वे स्वयं पारम्परिक शिक्षा-व्यवस्था की उपज थे; और उन्होंने संस्कृत पढ़ना शुरू करने के पहले अरबी और फ़ारसी का अध्ययन किया था, अंग्रेज़ी के अध्ययन का प्रारम्भ तो चौबीस वर्ष की उम्र में हो पाया। प्रारम्भ में उन पर सूफ़ी मत का प्रभाव पड़ा और बाद में ईसाई धर्म के प्रति उनको अनुराग हुआ। "ईसाई धर्म पर अपनी शोध के लिए उन्होंने हेब्रू और ग्रीक भाषाएँ सीखीं और 1820 में एक पुस्तक लिखी जिसका शीर्षक था 'जीसस के सिद्धान्त, शान्ति और सुख के पथ-दर्शक'। 1828 में उन्होंने एक आस्तिकतावादी संगठन ब्राह्म समाज की स्थापना की और उपनिषदों तथा वेदान्त सूत्रों का गम्भीर अध्ययन किया, जो उन्हें सूफ़ी मत और ईसाई धर्म से तुलनीय जान पड़े।"[78] राममोहन राय आजीवन हिन्दू समाज के कट्टरतावादी तत्त्वों से लड़ते रहे। बहुत-से तत्कालीन रीति-रिवाजों की उन्होंने यह कहकर निन्दा की कि वे शास्त्रसम्मत नहीं हैं, और उन्होंने तर्कबुद्धि की कसौटी अपनाने का अनुरोध किया, जिसके लिए उन्हें उपनिषदों में ही आधार मिला।[79]

उन्नीसवीं शताब्दी के सातवें दशक तक भारतीयों के बीच एक पश्चिमीकृत बुद्धिजीवी वर्ग का उदय हो चुका था और इस वर्ग के नेता ही नए और आधुनिक भारत के आलोकदाता बने। इन नेताओं में ऐसे बड़े-बड़े नाम शामिल हैं, जैसे ठाकुर परिवार, विवेकानन्द, रानडे, गोखले, तिलक, पटेल, गांधी, जवाहरलाल नेहरू और राधाकृष्णन। पश्चिमीकृत बुद्धिजीवी वर्ग संख्या और शक्ति में बढ़ता गया और 1947 में स्वाधीनता के उदय ने उसे भारतीय जीवन में शान्तिपूर्ण क्रान्ति की योजना बनाने का अधिकार प्रदान कर दिया।

[8]

अब मैं नए अभिजन की कुछ दुविधाओं और संघर्षों का उल्लेख करूँगा। उनकी प्रथम और बल्कि बुनियादी विशेषता थी उनके अपने समाज के प्रति और अंग्रेज़ शासकों के प्रति एक प्रकार उभयभाविता। उनका उग्र आत्मालोचन समकालीन

भारत को कई विशेषताओं और संस्थाओं को बदलने या मिटा देने की तीव्र लालसा में प्रकट होता था। कुछ तो ऐसी भयंकर 'कुरीतियाँ' थीं, जैसे सती प्रथा, ठगी, मानव-बलि, बालिका-हत्या, दासप्रथा, अस्पृश्यता और धार्मिक वेश्यावृत्ति। और फिर कुछ अन्य कम भयंकर थीं, जैसे बहु-विवाह, बाल-विवाह, दहेज प्रथा, विवाह और अन्तिम संस्कार के अवसरों पर अत्यधिक खर्च, पर्दा प्रथा और तलाक, विधवा विवाह तथा समुद्री यात्रा पर पारम्परिक प्रतिबन्ध। ईसाई धर्म-प्रचारक तुरन्त ही हिन्दू धर्म की कुरीतियों पर टूट पड़े थे और उनकी निन्दा करके तुलना में ईसाई धर्म की श्रेष्ठता समझाते थे। ओमैली के अनुसार, "ईसाई धार्मिक प्रकाशन हिन्दू धर्म के दोषों, जातिप्रथा की बुराइयों आदि की ओर ध्यान आकर्षित करते थे और ईसाई धर्म की सत्यता तथा पश्चिमी ज्ञानविज्ञान की श्रेष्ठता बताते थे। सक्रिय ईसाई धर्म-प्रचार को अब उत्तरी भारत में पच्चीस वर्ष से भी अधिक हो चुके थे, और 1807 में लार्ड मिन्टो का ध्यान इस बात की ओर गया कि फूहड़ तरीकों के कारण उसका प्रभाव यह हो रहा है कि हिन्दू धर्म और इस्लाम दोनों के अनुयायी ईसाई बनने की बजाय विरोधी बनते जा रहे हैं।...हिन्दुओं से आग्रह किया जाता था कि वे 'समूची जाति-व्यवस्था को, अर्थात अपनी सम्पूर्ण समाज-व्यवस्था को और अपने सबसे प्रिय तथा गहरे जमे हुए धार्मिक सिद्धान्तों को' मिटा दें; श्रद्धास्पद समझे जानेवाले ब्राह्मणों की निन्दा से रोष जाग्रत् होता था।"[80]

किन्तु यह सिक्के का एक ही पहलू है। दूसरी ओर यह तथ्य भी है कि अठारहवीं शताब्दी के अन्तिम दशकों से प्रारम्भ करके विद्वज्जनों के समुदाय ने देखा कि संस्कृत साहित्यिक, विधि-सम्बन्धी और दार्शनिक रचनाओं का अंग्रेज़ी और जर्मन भाषाओं में अनुवाद किया गया, और पुरातत्त्वविदों, मुद्राशास्त्रियों और पुरालेखविदों के कार्य द्वारा भारतीय इतिहास और प्रागितिहास का क्रमशः उद्घाटन होने लगा।[81] पश्चिमी और पश्चिमी-प्रेरित विद्वानों के कार्य के फलस्वरूप भारतीय सभ्यता के लिए नए और वस्तुनिष्ठ परिप्रेक्ष्य प्रकट हुए : वह ऐसी सभ्यता थी जो काल में ईसा से तीन हजार वर्ष पूर्व तक जाती थी और आश्चर्यकारी रूप में सर्वतोमुखी थी। इस भाँति नए अभिजन को अपने देश के प्रति, उसकी समृद्ध और प्राचीन संस्कृति के प्रति, गर्व का भाव प्राप्त हुआ। इससे उन्हें पश्चिम की भीम मूर्ति का सामना करने की शक्ति मिली, और यह उनकी एक राष्ट्र बनने, स्वाधीन, सर्वसत्तासम्पन्न और दूसरों के बराबर होने की लालसा में निरन्तर शक्ति का स्रोत बना रहा। किन्तु अतीत की इस उपलब्धि में छिपे गड्ढे और खतरे भी थे। इसने सब शिक्षित भारतीयों में कुछ-न-कुछ पुराकेन्द्रिता उत्पन्न की, और जैसा कि सर्वविदित है, महान् अतीत या तो ऊर्जादायक हो सकता है या निद्रादायक। किन्तु मुख्यतः उसने ऊर्जादायक का ही काम किया और आधुनिक भारत को राष्ट्रीय आत्म-परिचय और विकास के लिए एक गूढ़ शक्ति प्रदान की। राष्ट्रीय चेतना की जागृति के साथ-ही-साथ

प्रादेशिकता, 'साम्प्रदायिकता' और जातिवाद का भी उदय हुआ; इससे उदयोन्मुख भारत के लिए गम्भीर समस्याएँ उत्पन्न हुईं और आज भी हो रही हैं।

अपने समाज के प्रति उभयभाविता से ही सम्बद्ध एक दूसरी उभयभाविता थी अंग्रेज़ों के प्रति। तरह-तरह की बातों के लिए अंग्रेज़ों की सराहना भी होती थी और उनसे ईर्ष्या भी। उनके पास राजनीतिक और आर्थिक शक्ति थी, संगठन था, अनुशासन था। वे नए ज्ञान, विचारों और प्रौद्योगिकी के स्वामी थे। कुल मिलाकर वे योग्य और न्यायप्रिय प्रशासक थे, ईमानदार व्यापारी थे, बहादुर योद्धा थे, और निडर शिकारी थे। (सभी हिन्दुओं को यह बात भी आश्चर्यचकित करती थी कि वे हर भोजन के साथ मांस और वह भी हर प्रकार का मांस, अपवित्र सूअर का मांस और वर्जित गोमांस तक खाते थे, पर्याप्त मात्रा में शराब पीते थे और निरन्तर पाइप या चुरुट पीते रहते थे।) आज भी कभी-कभी किसी वयोवृद्ध भारतीय से उन अंग्रेज़ों के अनुशासन, लगन और निष्पक्षता की प्रशंसा सुनाई पड़ जाती है, जिनसे उनका कभी सम्पर्क हुआ होगा। जहाँ शिक्षित भारतीय धर्म-प्रचारकों के प्रचार-कार्य को बहुत बुरा समझते हैं, वहीं वे जनता के सभी समुदायों, विशेषकर अछूतों और स्त्रियों के लिए शिक्षा और चिकित्सा सुलभ बनाने में धर्म-प्रचारकों के उत्तम कार्य की निस्संकोच सराहना भी करते हैं। कुछ भारतीय सुधार आन्दोलनों ने, जैसे पंजाब के आर्य समाज, सनातन धर्म सभा और सिख खालसा, बंगाल के रामकृष्ण मिशन और पूना भारत सेवक संघ और दक्कन शिक्षा समाज ने—इन सभी ने ईसाई धर्म-प्रचारकों के अनुकरण में स्कूल, कॉलेज, छात्रावास शुरू किये। प्रचारकों के काम की सराहना से भारतीय स्वयं अपने समाज के प्रायः बड़े तीव्र आलोचक हो जाते थे। लगातार अपने और अपने शासकों के बीच अन्तर को देखते रहने से बहुत-से शिक्षित भारतीयों के भन में एक प्रकार का हीन भाव भी उत्पन्न होता था, जो खुल्लमखुल्ला आत्म-भर्त्सना से लगाकर प्रत्येक पश्चिमी वस्तु की कटु निन्दा तक अनेक प्रकार से, और अनेक रूपों में, अभिव्यक्ति पाता था। विदेश-प्रेम, पुराकेन्द्रिता तथा साम्यवाद और भारतीय जीवन तथा संस्कृति के तीन आदर्शीकरण के साथ-साथ पश्चिमी जीवन और संस्कृति का अभद्र उपहास आदि विविध प्रतिक्रियाएँ पश्चिम के प्रति शिक्षित भारतीयों में होती थीं और अक्सर एक ही व्यक्ति एक मुद्रा छोड़कर दूसरी अपना लेता था।

अंग्रेज़ भी, विशेषकर उनमें से कम संवेदनशील व्यक्ति, भारतीयों के साथ अहंकारपूर्ण व्यवहार करते थे और उच्चतम जातियों की भाँति कट्टरतापूर्वक पृथकता बरतते थे। स्पीअर के अनुसार, "मानवजाति विज्ञान सोसाइटी का एक अध्यक्ष कहता था कि नस्ल से ही भारतीय यूरोपवासियों से हीन हैं। लार्ड नार्थब्रुक ने आठवें दशक में आम अधिकारी वर्ग की इस राय के विरुद्ध शिकायत की थी कि सिर्फ अंग्रेज़ ही कोई काम कर सकते हैं। भारत को साधारणतः एक पराजित

और उसके निवासियों को एक अधीन नस्ल माना जाता था। यहाँ भी एक सामान्य बुराई ने सामान्य प्रतिरोध उत्पन्न किया; ब्राह्मण और शूद्र दोनों को एक ही प्रकार की शिकायत थी और वे उसे दूर करने के लिए एक-दूसरे की ओर खिंचे जो अन्यथा कभी न होता।"[82]

इसी प्रकार हिन्दू धर्म और भारत पर ईसाइयों के प्रहार से भी गहरा रोष था, विशेषकर इसलिए भी कि गोरे धर्म-प्रचारकों को अंग्रेज़ शासकों का अनकहा समर्थन प्राप्त था। नस्ल, धर्म और बुद्धि के अहंकार एवं पृथकता के व्यवहार ने अंग्रेज़ों और भारतीयों के बीच गहरी खाई पैदा कर दी थी और आमतौर पर यह स्वीकार किया जाता है कि प्रचारकों द्वारा धर्म-परिवर्तन और प्रहार से उत्पन्न भय भी 1857 के भारतीय विद्रोह का एक कारण था। अंग्रेज़ों द्वारा सभी जातियों के साथ एक-सा बर्ताव करने की प्रवृत्ति ने भी उच्च हिन्दू जातियों और मुसलमान उच्च वर्गों को रुष्ट किया।[83]

नए अभिजन के लिए दो चेहरे रखना आवश्यक था, एक चेहरा स्वयं अपने समाज की ओर और दूसरा पश्चिम की ओर। अपने देशवासियों के सामने वे पश्चिम के प्रवक्ता थे और शासकों के सामने अपने देशवासियों के। वे शासकों और ग़ैरपश्चिमीकृत जनता के बीच ज़रूरी बिचौलिये बन गए और बीच-बीच में दोनों ओर से होनेवाले आघातों को नरम करने के तकिये का काम करते थे।

नए अभिजन को कट्टर विचारों के नेताओं के विरोध का सामना करना पड़ता था। इन नेताओं के पास विरोधी विचारों के समर्थकों को अस्थायी अथवा स्थायी रूप से जाति से बहिष्कृत करने अथवा उन पर जुर्माना करने का अधिकार था। जाति-बहिष्कार गम्भीर बात थी, क्योंकि बहिष्कृत व्यक्ति और उसके परिवार के साथ जाति का कोई व्यक्ति विवाह अथवा अन्य किसी प्रकार का सामाजिक सम्पर्क नहीं रख सकता था। नए अभिजन की संख्या में पर्याप्त वृद्धि होने तक कट्टरपन्थी उन्हें परेशान करते रहे। डी. डी. करवे की पुस्तक **नये ब्राह्मण**[84] में समर्पित व्यक्तियों के इस अग्रगामी समूह की कठिनाइयों और परेशानियों का कुछ आभास मिलता है, भारतीय समाज के आधुनिकीकरण के काम में जिनके योग को परवर्ती पीढ़ियों ने पर्याप्त मान्यता नहीं दी है।

कट्टरपन्थियों के साथ विवाद में नए अभिजन को ऐसे तर्कों का उपयोग करना पड़ता था जिनको न केवल कट्टरपंथी बल्कि आम जनता भी स्वीकार करे। इस भाँति कट्टरपंथियों के लिए हिन्दू धर्मशास्त्रों का प्रमाण सबसे बड़ा था और कोई भी रीति-रिवाज चाहे जितना अनिष्टकारी हो, उसका पालन इसलिए आवश्यक था क्योंकि शास्त्रों में उसकी अनुमति या समर्थन है। 'शास्त्र' एक व्यापक शब्द है और उसमें बहुत-से ग्रन्थ आ जाते हैं, जिनमें से सभी समान रूप से प्रमाण नहीं हैं और न सबमें एकमत पाया जाता है।[85] इसके अतिरिक्त मुद्रण के प्रचार के पहले,

केवल मुट्‌ठीभर पंडितों की ही धर्म-ग्रन्थों तक पहुँच थी, और कुछ ग्रन्थों में तो बाद में क्षेपक द्वारा परिवर्तन हो गए थे। "विल्सन और मैक्स मुल्लर जैसे परवर्ती प्राच्यविद्याविदों ने यह माना कि ऋग्वेद की वह एक पंक्ति, जिसमें सती होने का आदेश बताया जाता था, जान-बूझकर अर्थ भ्रष्ट करती थी। पर यह स्मरण रखना चाहिए कि 1808-30 में पंडितों का बोलबाला था और सरकार जिनसे अभिमत माँगती थी वे धर्म-ग्रन्थों के बारे में कोई शंका उठाने को तैयार न थे।"[86]

कट्टरपंथी और सुधारक दोनों ही अपने विचारों के समर्थन में शास्त्रों की दुहाई देते थे। बुद्धिवादी राममोहन राय ने भी सती प्रथा के विरुद्ध संघर्ष में शास्त्रों की दुहाई का सहारा लिया था।[87] विद्यासागर ने यह सिद्ध करने का प्रयास किया था कि शास्त्रों में वैधव्य का कोई विधान नहीं है, और बम्बई में मांडलिक ने समुद्री यात्रा सहित अन्य कई सुधारों के लिए पंडितों की अनुमति प्राप्त करने का प्रयास किया था।[88] हिन्दू धर्म में शताब्दियों से होती असंख्य और दोषपूर्ण अभिवृद्धियों को निकालने के लिए राममोहन राय वेदों की ओर उन्मुख हुए, और जब दयानन्द सरस्वती ने हिन्दू धर्म में वेदोत्तर अभिवृद्धियों की निन्दा की और 1875 में आर्य समाज की स्थापना की, तो वे राममोहन राय का ही अनुसरण कर रहे थे। उन्नीसवीं शताब्दी के अन्त के दिनों में जाकर ही सुधारक नेताओं ने रीति-रिवाजों की वांछनीयता अथवा अवांछनीयता का निर्णय करने के लिए शास्त्रों की बजाय तर्क-बुद्धि का सहारा लेना प्रारम्भ किया। और बीसवीं शताब्दी में नारायण चन्दावरकर अपने-आपको "शास्त्रों से अनुद्विग्न बुद्धिवादी सुधारक"[89] कहना पसन्द करते थे। शायद यह प्रक्रिया इस प्रतीति के कारण द्रुततर हो गई कि रीति-रिवाजों को निर्धारित करने में नियामक तत्त्व जाति हैं, शास्त्र नहीं। अब से तर्क-बुद्धि कसौटी बन गई, और यह बताने का भार नए अभिजन पर पड़ा कि क्या तर्कसंगत है और क्या नहीं।

जो लोग समाज में मूलभूत परिवर्तन चाहते थे और जो उसकी बुराइयों की निन्दा में सबसे मुखर थे, ठीक वे ही पश्चिम को सम्बोधन करते समय भारत के प्रतीत गौरव का, उसकी सभ्यता की बहुविधता और निरन्तरता का, उल्लेख करते थे, और युगों से भारत में उत्पन्न होनेवाले असंख्य विचारकों और संतों की और उनके महान और उच्च विचारों की चर्चा करते थे। यह 'दुरंगापन' नहीं, बल्कि विभिन्न सन्दर्भो में कुछ निश्चित लक्ष्यों की प्राप्ति के लिए एक ही जटिल व्यापार के विभिन्न पक्षों पर बल देना था। इस भाँति भारतीय समाज से उसकी बुराइयाँ दूर करके उसे ऐसे रास्ते पर डालना था जिस पर चलकर वह विकसित हो सके और अन्ततः पश्चिमी देशों से बराबरी के साथ होड़ ले सके। दूसरी और पश्चिम को, विशेषकर ब्रिटेन को, यह बताना ज़रूरी था कि भारत एक महान् देश है जो अस्थायी रूप में दुर्दशाग्रस्त हो गया है पर जो जल्दी-से-जल्दी स्वाधीन होना चाहता है जिससे अपनी स्थिति सुधार सके। यह भी एक विडम्बना ही है कि भारतीय सभ्यता की

प्राचीनता, महानता और बहुविधता अधिकांशतः अंग्रेज़ और यूरोपीय अध्येताओं के कार्य से ही प्रकाश में आई थी। पर इस उपलब्धि से भारतीयों के आत्मसम्मान में वृद्धि हुई और उन्हें पश्चिम का बराबरी के साथ सामना करने और स्वतंत्रता तथा विकास के अधिकार की माँग करने के लिए आत्मविश्वास मिला। भारत की महानता देश की जनता के सामने भाषण देनेवाले भारतीय राजनीतिज्ञों का भी प्रिय विषय थी; यहाँ भी उसका उपयोग जनता को भारतीय स्वाधीनता-संग्राम में शामिल होने को उकसाने के लिए किया जाता था। पर कुछ भारतीयों के लिए पुराकेन्द्रिता वर्तमान के कठोर यथार्थ से भागने का साधन भी थी।

1857 के भारतीय विद्रोह से पहले अंग्रेज़ शासकों ने कुछ आवश्यक सुधार किये जिन्हें टाला न जा सकता था, भारत के राजनीतिक, प्रशासनिक और क़ानूनी एकीकरण की नींव डाली और स्कूल तथा कॉलेज प्रारम्भ किये। 1857 में कलकत्ता, बम्बई और मद्रास में तीन विश्वविद्यालय शुरू किये गए और हाईस्कूल तथा कॉलेजों में शिक्षा का माध्यम अंग्रेज़ी हुई।

पर विद्रोह ने शासकों को झकझोर दिया और अपनी भारत-विषयक नीति का 'पीड़ादायक पुनर्मूल्याँकन' करने को बाध्य किया। पणिामस्वरूप वे नई बातें लागू करने से विमुख हो गए, और उन्होंने भारतीय संस्थाओं तथा रीति-रिवाजों का, भले ही वे कितने ही अप्रीतिकर हों, सुधार करना छोड़ दिया।[90] किन्तु जिस समय भारत के शीघ्र आधुनिकीकरण की आशाएँ अंग्रेज़ छोड़ रहे थे, उसी समय पश्चिमीकृत अभिजन का एक नया समुदाय प्रकट होने लगा था। गोरे आदमी को पता न था कि उसका भार भूरे कन्धों पर पहुँचने लगा है, और बहुत शीघ्र ही उसे इस स्थानान्तरण का विरोध करना पड़ेगा। क्रमशः नए अभिजन की संख्या, शक्ति और प्रभाव में वृद्धि हुई और उसकी अपने समाज में मूलभूत परिवर्तन लाने की इच्छा ने अदम्य लालसा का रूप ले लिया—ऐसी लालसा का जिसमें धार्मिकता स्पर्शमात्र से कुछ अधिक ही थी। समाज को सुधारने की प्रक्रिया में अभिजन को पता चला कि भारत के आधुनिकीकरण के कार्य को तेज़ी और सफलता के साथ पूरा करने के लिए राजसत्ता की आवश्यकता है।

विद्रोह के बाद अंग्रेज़ों ने धार्मिक मामलों में कोई हस्तक्षेप न करने की नीति बरतने का फ़ैसला किया, पर हिन्दू और इस्लाम धर्मों के सर्वव्यापी स्वरूप के कारण यह आसान न था। कई दशक पहले भारत के प्रशासनिक और राजनीतिक एकीकरण का जो कार्य उन्होंने प्रारम्भ किया था, उसे तो चालू रखना ही था, भले ही उसके लिए बीच-बीच में धर्म में दखल देना आवश्यक होता हो। तीन संहिताएँ दीवानी प्रक्रिया संहिता, भारतीय दंड संहिता और दंड प्रक्रिया संहिता, क्रमशः 1859,1860 और 1861 में क़ानून बनीं, और भारतीय साक्ष्य अधिनियम 1872 में लागू हुमा। भारतीय तलाक अधिनियम 1866 में क़ानून बना, और विशेष विवाह

अधिनियम 1872 में, जिसके द्वारा अलग-अलग जाति के लोगों को विवाह की अनुमति मिली। इस काल में और भी बहुत-से अधिनियम स्वीकृत हुए, पर संहिता बनाने का काम 1882 तक लगभग सम्पूर्ण हो गया। भूमि के पट्टों से सम्बन्धित क़ानून बनाने का काम, जो हर प्रदेश में अलग-अलग था, बाद में उठाया गया। अन्त में, केवल हिन्दू और मुसलमानों के व्यक्तिगत और पारिवारिक क़ानूनों की संहिता नहीं बनाई गई, पर ब्राह्मण पंडितों और मुस्लिम काज़ियों को न्यायाधीशों का परामर्शदाता बनाने की प्रथा 1864 में बन्द कर दी गई।

सर चार्ल्स वुड के 1854 के खरीते में "हर वर्ग के लोगों को यूरोपीय ज्ञान पहुँचाने की आवश्यकता पर जोर दिया गया था और यह उद्देश्य "शिक्षा की उच्च शाखाओं के लिए अंग्रेज़ी भाषा और जन-साधारण के लिए देशी भाषाओं द्वारा" प्राप्त किया जाना था।[91] भारतीय भाषाओं के माध्यम से प्रारम्भिक शिक्षा की आवश्यकता पर ज़ोर देकर, सरकार यह प्रकट कर रही थी कि वह जन साधारण में शिक्षा के प्रसार की आवश्यकता को पहचानती है। शिक्षा में निजी प्रयास को अनुदान व्यवस्था द्वारा प्रोत्साहन दिया गया। विदेशी धर्म प्रचारकों के प्रयास इसी कोटि में आते थे। 1855 में प्रत्येक प्रान्त में शिक्षा विभाग की स्थापना हुई जिसका प्रधान एक अंग्रेज़ अफसर बनाया गया।

[9]

उन्नीसवीं शताब्दी के मामूली अध्येता को भी यह स्पष्ट हो जाता है कि पारम्परिक भारतीय समाज में सुधार की प्रेरणा स्वतंत्रता की प्रेरणा से पहले आई थी। नए अभिजन की पहली प्रतिक्रिया समकालीन भारत की भयंकर सामाजिक कुरीतियों को हटाने के लिए आन्दोलन करने की हुई। राष्ट्रवादी प्रेरणा उन्नीसवीं शताब्दी के उत्तरार्द्ध में क्रमशः प्रबल हुई, यहाँ तक कि अन्तिम दशक में यह प्रश्न बड़ी तीव्रता से उभरकर सामने आया कि सुधार पहले चाहिए या स्वतंत्रता।

आत्मालोचन की नई प्रवृत्ति और भारतीय समाज में बुनियादी परिवर्तन लाने की इच्छा बंगाल में उन्नीसवीं शताब्दी में बहुत प्रारम्भ में ही दिखाई पड़ने लगी थी, और राममोहन राय के कार्यों ने इस उभार में बहुत योग दिया था। हिन्दू धर्म पर ईसाई प्रचारकों के प्रहारों ने कट्टरपंथी और सुधारक दोनों को एक करके ईसाई धर्म के विरुद्ध आवाज़ उठाने को प्रेरित किया।

"डॉक्टर डफ़ ने, जो उसी वर्ष (1830) भारत आए, पाया कि देशी भाषाओं के अखबारों ने पहली बार ईसाई धर्म पर प्रबलता से प्रहार करना शुरू किया है, और उसके विरुद्ध रोष सारे अखबारों की सामान्य विशेषता है। अस्थायी प्रकाशन कुकुरमुत्तों की तरह निकलने लगे जो अधिकतर पेन के 'तर्कबुद्धि का युग' के अंशों

के शब्दशः अनुवाद का सहारा लेते थे। **यह इस बात का दिलचस्प सबूत है कि समकालीन अंग्रेज़ी साहित्य किस हद तक पढ़ा और राजनीतिक उद्‌देश्यों के लिए काम में लाया जाता था।**[92] *(काले टाइप में मुद्रित पंक्तियाँ मेरे द्वारा)*

यहाँ इस बात की याद दिलाई जा सकती है कि बंगाल प्रदेश के लिए पहला मुद्रणालय 1801 में बेप्टिस्ट धर्म प्रचारक कैरी, मार्शमैन और वार्ड द्वारा कलकत्ता के निकट सीरामपुर में स्थापित किया गया, और भारतीय भाषा (बँगला) की पहली पत्रिका उन्होंने 1818 में प्रकाशित की।[93] 1830 तक कलकत्ता में बुद्धिवादियों का एक प्रभावशाली दल बन चुका था जो स्थानीय समाज को सम्पूर्णतः अस्वीकार करने के लिए बदनाम थे और जो उसके स्थान पर ईसाई धर्म सहित प्रत्येक पश्चिमी वस्तु को स्वीकार करते थे। यह उपयुक्त ही है कि वे अपनी पश्चिम की स्वीकृति का प्रतीक गोमांस खाने को मानते थे।[94] राजा राममोहन राय अपने धर्म, संस्कृति और देश के साथ इतने प्रतिबद्ध थे कि उनकी इन पश्चिमवादियों से कोई सहानुभूति होना सम्भव न था, और उन्होंने 1828 में ब्राह्म समाज की स्थापना की। इस समाज का उद्‌देश्य था हिन्दू धर्म का सुधार करना, और इसने उन्नीसवीं शताब्दी के बंगाल के बौद्धिक और सामाजिक इतिहास में महत्त्वपूर्ण योग दिया। भारतीय समाज के सुधार का आन्दोलन उन्नीसवीं शताब्दी के अन्तिम दशकों तक प्रबल होता गया, जब अचानक एक अन्य रुझान ने नए अभिजन के मन को घेरना शुरू किया—राष्ट्रीयता। भारतीय राष्ट्रीयता ने यूरोपीय इतिहास और साहित्य के अध्ययन से और भारत के प्रति अंग्रेज़ों की नीति में उदारतावादी सूत्र से—जो अंग्रेज़ी शासन के बहुत प्रारम्भ से ही दृष्टिगोचर था—पोषण पाया था। (अंग्रेज़ी साहित्य से परिचय तो 1830 में ही दिखाई पड़ने लगता है। 1838 में ट्रेवेल्यान ने लिखा था :

> "हमारे साहित्य द्वारा हमसे परिचित होने के कारण भारतीय तरुण वर्ग प्रायः हमें विदेशी नहीं समझता। वे हमारे महापुरुषों के बारे में वैसे ही उत्साह से चर्चा करते हैं जैसे हम करते हैं। हमारी ही तरह शिक्षा पाकर, उन्हीं विषयों में रुचि लेकर, और हमारे साथ एक ही कार्यों में संलग्न होकर, वे हिन्दू से अधिक अंग्रेज़ हो जाते हैं..."।)[95]

उन्नीसवीं शताब्दी के उत्तरार्द्ध में रेलों के निर्माण, अखबारों में वृद्धि और शिक्षा के प्रसार—इन सभी ने राष्ट्रीयता के तीव्र उत्कर्ष में योग दिया। शिक्षित भारतीयों को प्रशासन और सेना के उच्च स्तरों में प्रवेश न देने[96] और अंग्रेज़ों द्वारा नस्लीय भेदाभेद की नीति से आन्दोलन को और भी बल मिला। राष्ट्रवादी सार्वजनिक सभा की स्थापना पूना में 1870 में हुई और भारतीय संघ 1876 में सर सुरेन्द्रनाथ बनर्जी ने स्थापित किया। भारतीय संघ सीधे जनता को समझाकर जनमत बनाने और जाग्रत् करने के लिए नए अभिजन का संगठन था। भारतीय संघ 1885 में स्थापित

भारतीय राष्ट्रीय कांग्रेस का पूर्ववर्ती था। उसके तात्कालिक लक्ष्य थे विधान सभाओं को प्रतिनिधिमूलक और सिविल सर्विस को अधिक भारतीय बनाना; और उसके दीर्घकालीन लक्ष्य थे लोगों को राजनीतिक दृष्टि से शिक्षित करना तथा उत्तरदायी सरकार का कोई रूप प्राप्त करना।

मैं यहाँ भारतीय राष्ट्रीयता के विकास के विभिन्न चरणों को दिखाने का प्रयास नहीं करूँगा, और केवल इस विरोधाभास की ओर इशारा करूँगा कि जो नया अभिजन शताब्दी के प्रारम्भ में समकालीन भारत की बुराइयों को दूर करने के उद्देश्य से चला था, उसे बढ़ती हुई राष्ट्रीयता ने पछाड़ दिया। यह स्वाभाविक ही था कि संघर्ष नहीं तो कम-से-कम वाद-विवाद उनके बीच अवश्य हुआ जो कहते थे कि समाज-सुधार को स्वतंत्रता की माँग से प्राथमिकता मिलनी चाहिए और जो इससे उल्टा विचार रखते थे। कांग्रेस का पहला वर्ग 'नरमदली' कहलाता था और दूसरा 'गरमदली'। नरमदली लोगों के प्रतिनिधि थे महादेव गोविन्द रानडे और गोपाल कृष्ण गोखले, और गरमदली लोगों के नेता थे बाल गंगाधर तिलक। इन दोनों दलों के बीच मतभेद दूर नहीं हो सके।

"फूट इस दोहरे सवाल, अंग्रेज़ सरकार की ओर तथा समाज-सुधार की ओर रवैये को लेकर पड़ी। तिलक का नारा था 'स्वराज हमारा जन्मसिद्ध अधिकार है', वे विदेशियों से किसी समझौते के लिए तैयार न थे और उन्हें देश से बाहर निकालना चाहते थे। मन-ही-मन वे हिंसा के पहले लकीर खींचते थे, पर यह स्पष्ट है कि यह कार्यनीति-सम्बन्धी निर्णय था, नैतिक आस्था नहीं। गोखले तर्क में, उदार सिद्धान्तों में, सहयोग में और क्रमिक सुधार में विश्वास करते थे और इन विचारों के समर्थन में अपनी समझाने की अमर क्षमता का प्रयोग करते थे। समाज-सुधार के बारे में भी उनके बीच मतभेद था, जो सभी राष्ट्रवादियों के लिए ज्वलन्त प्रश्न था। गोखले और नरमदली इसी पर जोर देना चाहते थे और इसमें सरकारी सहयोग का स्वागत करते थे, क्योंकि वे मानते थे कि केवल सामाजिक पुनर्जागरण द्वारा ही नया भारतीय राष्ट्र सत्ता के सूत्र सँभालने योग्य सफल बन सकेगा। इसके विपरीत तिलक हिन्दू समाज में बाहर से कोई हस्तक्षेप नहीं चाहते थे। उनके विचार से पहले स्वतंत्रता होनी चाहिए, समाज-सुधार बाद में।"[97]

इस संघर्ष में 'गरम दल' की विजय हुई और भारतीय राष्ट्रीय कांग्रेस ने 1906 में "स्वशासित अंग्रेज़ उपनिवेशों के समान स्वशासन व्यवस्था"[98] को अपना लक्ष्य बनाया। 'गरम दल' और 'नरम दल' के बीच खुला अलगाव अगले वर्ष कांग्रेस के सूरत अधिवेशन में हुआ जहाँ 'गरम दल' को कांग्रेस से निकाल दिया गया। किन्तु जब लगभग तेरह वर्ष बाद महात्मा गांधी ने भारतीय राष्ट्रीय कांग्रेस का नेतृत्व सँभाला तो समाज-सुधार के कार्यक्रम स्वाधीनता-संग्राम में ही शामिल कर लिये गए। गांधी ने अस्पृश्यता-निवारण, स्त्रियों के उत्थान, साम्प्रदायिक एकता, ग्रामीण

उद्योगों, विशेषकर खादी का पुनरुद्धार, प्रौढ़-शिक्षा, हिन्दी-प्रचार और नशाबन्दी पर जोर दिया।[99] लुई ड्यूमों ने लिखा है,

> "तिलक और गोखले के बीच गांधी की स्थिति अत्यन्त विशिष्ट है। यह सम्भव जान पड़ता है कि अपने पूर्ववर्ती सुधारवादियों की भाँति गांधी जातिबद्ध समाज द्वारा 'होम रूल' जैसी चीज़ की माँग करने में निहित अन्तर्विरोध को पहचानते थे, और यह कहा जा सकता है कि उन्होंने सुधारवादी और उग्रपंथी दोनों धाराओं को समन्वित किया, क्योंकि उन्होंने इस बात पर जोर दिया कि भारत को स्वाधीन होने की माँग करने के साथ-साथ अपने-आपको सुधार सकने की क्षमता भी दिखा देनी चाहिए। यह मानना तर्कसंगत लगता है कि गांधी का लक्ष्य भी दोहरा था : स्वाधीनता-प्राप्ति और हिन्दू धर्म की रक्षा। दोनों लक्ष्यों की सिद्धि के लिए सुधार का प्रारम्भ दिखाना आवश्यक था, पर सुधार के काम को वास्तव में स्वाधीनता के अधीन रखा गया था, चाहे ऐसा जान-बूझकर न किया गया हो।"[100]

किन्तु इसमें सन्देह है कि प्रथम महायुद्ध के बाद कोई व्यक्ति, गांधी भी, भारतीय जनता को यह समझा सकता कि उसके समाज का सुधार स्वतंत्रता से अधिक महत्त्वपूर्ण है। यह विवाद 1906 में कांग्रेस के कलकत्ता अधिवेशन में ही अन्तिम रूप से समाप्त हो चुका था। इसके अतिरिक्त युद्ध ने राष्ट्रीय भावना को बहुत तीव्र कर दिया था और बहुत-से भारतीयों के मन में यह आशा जगा दी थी कि युद्ध के बन्द होते ही भारत को किसी-न-किसी रूप में उत्तरदायी शासन अवश्य प्राप्त होगा।

भारत के पश्चिमीकरण ने भारतीयों में अपने पारम्परिक समाज को बदलने की प्रेरणा उत्पन्न की, किन्तु समय के साथ एक अन्य अधिक प्रबल, वास्तव में अधिक मूलभूत, प्रेरणा, स्वतंत्रता की प्रेरणा के सामने उसका स्थान गौण हो गया। धर्म, जाति, भाषा और प्रदेश के आधार पर खंडित देश में तीव्रतर राष्ट्रीय आत्मचेतना में आवश्यक रूप से सामाजिक ढाँचे के उच्चतम से लगाकर निम्नतम तक प्रत्येक स्तर तीव्रतर आत्म-चेतना में निहित है—एक के बिना दूसरी नहीं हो सकती। पुराने और नए अभिजनों में अत्यधिक तादात्म्य और उसके फलस्वरूप परम्परा से अधिकारहीन समूहों का नई सुविधाओं से वंचित होने—और इसके साथ ही एक विदेशी और शक्तिशाली शासक की उपस्थिति, जिसने स्वभावत: समाज के भीतर गहरे विभाजनों का लाभ उठाया—इन सबके परिणामस्वरूप इस उपमहाद्वीप का भारत और पाकिस्तान में बँटवारा हुआ। स्वाधीन भारत अपने अस्तित्व को बचाए रखने के लिए ही पारम्परिक और जन्मजात असमानताओं विशेषकर अस्पृश्यता, को शीघ्रता से मिटाने की नीति अपनाने को बाध्य है। समानता की ओर प्रेरणा के

परिणामस्वरूप जनजातियों, हरिजनों और पिछड़ी हुई जातियों के प्रति सुरक्षात्मक भेदभाव—अथवा उलटे भेदभाव—की नीति अपनाई गई है जिससे ये समूह आगे बढ़े हुए समूहों के बराबर आ सकें। अन्त में, सम्प्रदायों और धर्मों के विषय में, आत्मचेतना के परिणामस्वरूप परम्पराओं की, 'साम्प्रदायिकता'[101] की, बल्कि पुनरुस्त्थानवाद की भी, पुनर्व्याख्या हुई है। आर्य समाज, सनातन धर्म सभा, रामकृष्ण मिशन, सिख खालसा और अलीगढ़ आन्दोलन जैसे पुनरुत्थानवादी आन्दोलनों ने भी आधुनिक ज्ञान सिखाने वाली शिक्षा-संस्थाओं की, छात्रावासों आदि की, स्थापना की है। इसने कुछ समय बाद पश्चिमी शिक्षा-प्राप्त व्यक्ति तो उत्पन्न किये, पर वे अपने-अपने धर्म या सम्प्रदाय की पृथकता और श्रेष्ठता पर भी बल देते हैं। उनके और राष्ट्रवादियों के बीच निरन्तर कड़ा संघर्ष रहा, जिसके कारण न केवल भारत और पाकिस्तान बने बल्कि जिसके परिणामस्वरूप दोनों देशों में अपने-अपने अस्तित्व और विकास के लिए आशंकाएँ भी बद्धमूल हैं।

अध्याय-3

जातीय गतिशीलता के कुछ रूप

[1]

अब तक जो कुछ कहा गया उससे संकेत मिलता है कि पश्चिमीकरण की पूरी सम्भावनाएँ सचमुच भारत के लिए क्रान्तिकारी हैं। यह बात कि पश्चिमीकरण सचमुच एक मूलभूत प्रक्रिया है, सतही और बाहरी नहीं, इससे प्रकट है कि अपने समाज के आधुनिकीकरण के महान कार्य का भार स्वयं भारतीय अभिजन ने सँभाल लिया है। मेरी तो वास्तव में यह धारणा है कि स्वाधीनता-प्राप्ति के बाद थोड़े-से समय में देश के अभिजन ने जो परिवर्तन कर दिए हैं वे कोई विदेशी समूह, चाहे कितना सक्षम और योग्य हो, नहीं कर सकता था।

इन परिवर्तनों की नींव भारत में अंग्रेज़ी शासन की स्थापना और उसके प्रत्यक्ष और अप्रत्यक्ष परिणामों से पड़ी थी। सबसे पहले तो अंग्रेज़ों द्वारा लाई गई नई प्रौद्योगिकी ने सम्पूर्ण उपमहाद्वीप का प्रभावकारी प्रशासनिक और राजनीतिक एकीकरण सम्भव बनाया। यह प्रशासनिक और राजनीतिक एकीकरण, देश-भर में सड़कों के जाल, देशव्यापी आधुनिक अधिकारी-तंत्र के निर्माण और एकरूप क़ानून-व्यवस्था बनाने के लिए किये गए उपायों के बिना नहीं हो सकता था। इनके साथ-साथ हर जगह स्थानीय युद्धों की समाप्ति, ठगी का अन्त, दास-प्रथा का नाश, भूमि के पट्टे सम्बन्धी सुधारों का समावेश, चाय, कॉफ़ी, कपास, तम्बाकू और नील-जैसी फ़सलों के लिए बागानों का प्रारम्भ और कस्बों तथा नगरों का विकास—इन सबने अन्ततः देवा के आर्थिक विकास के लिए आधार तैयार किया। आधुनिक शिक्षा देने के लिए स्कूल-कॉलेजों की और अदालतों की स्थापना का कार्य, जो सिद्धान्ततः जाति और धर्म के भेदभाव के बिना सबके लिए थे, उसी प्रकार की अंग्रेज़-पूर्व संस्थानों से स्पष्टतः भिन्न था। पश्चिमी साहित्य, राजनीतिक चिन्तन, इतिहास और क़ानून के अध्ययन ने भारतीय अभिजन को क़ानून के समक्ष सब स्त्री-पुरुषों की समानता और नागरिक अधिकार जैसे नए मूल्यों के लिए संवेदनशील बना दिया। यूरोपीय धर्म-प्रचारकों द्वारा हिन्दू धर्म अस्पृश्यता,और जाति-व्यवस्था की तीव्र आलोचना

और उनके द्वारा चलाए गए स्कूल, अनाथालय और अस्पताल—इन सबने पिछले 140 वर्षों में भारत में किये गए सामाजिक सुधारों में और पश्चिमीकरण के लिए अनुकूल सैद्धान्तिक और नैतिक वातावरण तैयार करने में योग दिया है।

मैं यह जानता हूँ कि उपर्युक्त कथन में मैंने न केवल तथ्यों का अतिसरलीकरण किया है, बल्कि उनका कुछ आदर्शीकरण भी हो गया है। पर यहाँ मेरा मुख्य उद्देश्य केवल जाति-व्यवस्था में सामाजिक गतिशीलता के विवेचन की पृष्ठभूमि प्रस्तुत करना है, अंग्रेज़ी राज का समीक्षात्मक मूल्यांकन नहीं।

नए अवसर—शैक्षिक, आर्थिक, राजनीतिक—सिद्धान्त में जाति-निरपेक्ष थे; अर्थात वे सबके लिए खुले थे और किसी जाति, सम्प्रदाय या धर्म में जन्म लेने के कारण किसी का उनमें प्रवेश वर्जित न था। किन्तु यथार्थतः, जैसा कि मैं पहले कह चुका हूँ, वे साधारणतः ऊँची जातियों के लिए ही अधिक सुलभ थे, जिनकी पहले से ही विद्या, सरकारी नौकरी और शहरों में रहने की परम्परा थी। इसके अतिरिक्त प्रत्येक प्रदेश में कुछ जातियाँ ऐसी थीं जो, बहुत ऊँची न मानी जाने पर भी अंग्रेज़ी राज में प्राप्त कुछ विशेष अवसरों का लाभ उठाकर अपेक्षया धनी हो गई थीं। ऐसी सफलता के उदाहरण हैं, पूर्वी भारत के तेली, उड़ीसा तथा अन्य स्थानों के कलवार, उत्तर प्रदेश के नोनिए, तटवर्ती गुजरात के कोली और सौराष्ट्र के खारव। (बेली ने ज़िक्र किया है कि कैसे गंजम का एक हरिजन खाल और चमड़े का व्यापार करके, जिसके लिए आधुनिक संचार-साधनों ने परम्परा से प्राप्त बाज़ार की अपेक्षा कहीं बड़ा बाजार सुलभ कर दिया था, स्थानीय पैमाने से धनी हो गया था। खाल और चमड़े का काम परम्परा से अछूत जातियाँ ही करती हैं और यह जाति के कारण एकाधिकार का अच्छा उदाहरण है।)[1]

जब कोई नीची जाति धनी हो जाती तो आमतौर पर वह अपनी जीवन-शैली और कर्मकांड का संस्कृतीकरण करके ऊँची जाति होने का दावा करने लगती। नोनिया, अहीर, कलवार और दूसरी कई जातियों ने उच्च स्थिति का यह परिचित रास्ता अपनाया है। (जैसा मैं अन्यत्र कह चुका हूँ, ऐसी गतिशीलता अछूत जातियों के लिए, स्थानीय पैमाने से धनी हो जाने पर भी अत्यन्त कठिन थी।)[2] संस्कृतीकरण से नई अर्जित सम्पत्ति और निम्न कर्मकांडीय पद के बीच असामंजस्य मिट जाता था। भारतीय सन्दर्भ में, उससे 'उत्तीर्ण होना' सम्भव हो जाता था।

नीची जाति की कभी-कभी ऊर्ध्वमुख गतिशीलता के एक अन्य परिणाम का उल्लेख मैं करना चाहूँगा जो दीर्घकालीन दृष्टि से शायद कहीं अधिक महत्त्वपूर्ण है। उसका प्रदेश की तमाम नीची जातियों पर, अर्थशास्त्रियों की भाषा में, 'प्रदर्शनात्मक प्रभाव' पड़ता था और तीव्रतापूर्वक उन्हें अनुभव करा देता था कि वे भी अपनी अवांछनीय स्थिति से बाहर निकल सकते हैं, जो अब तक उन्हें नीचा समझते रहे उनसे निपट सकते हैं। यह कुछ ऐसा ही था जैसे अचानक ही उन्हें लगा हो कि वे अब कैदी नहीं हैं।

किन्तु इस अपेक्षया अधिक सामान्य घटना के क्या प्रभाव पड़े कि ऊँची जातियाँ नई शिक्षा प्राप्त करके उसके द्वारा प्रतिष्ठादायक और ऊँचे वेतन वाली सरकारी तथा अन्य नौकरियाँ पा जाती थीं? सबसे पहले तो इससे उनके और निचली जातियों के बीच सांस्कृतिक, सामाजिक और आर्थिक दूरी और बढ़ जाती थी। दूसरे, इससे उच्च जातियों को निम्न जातियों से अपनी भिन्नता पर बल देने का नया क्षेत्र मिलता था। निम्न जातियाँ भले ही अपनी जीवन-शैली का संस्कृतीकरण कर लें—अंग्रेज़ी राज में संस्कृतीकरण पर कोई क़ानूनी रोक न होने से यह बहुत कठिन भी न था—पर पश्चिमीकरण के लिए धन, समय, प्रयत्न और प्रभावशाली लोगों से सम्पर्क की आवश्यकता होती है।

जहाँ तक निम्न जातियों का प्रश्न है, उनके लिए पश्चिमीकरण दुगुना वांछनीय हो गया, उसमें ऐसी भी वस्तुएँ सम्मिलित थीं जो न केवल अपने-आपमें मूल्यवान थीं, बल्कि जो उच्च जातियों के पास थीं और उनके पास न थीं। ऊँची जातियों के बराबर पहुँचने के लिए निरा संस्कृतीकरण पर्याप्त न था। इस भाँति पश्चिमी शिक्षा और केवल उसी के द्वारा उपलब्ध फल को प्राप्त करने के लिए उन्होंने और भी कमर कसी। शिक्षा और नए पेशों में उच्च जातियों की प्रधानता ने इस भाँति पिछड़े वर्ग आन्दोलन के लिए मुख्य हेतु प्रस्तुत कर दिया।[3] यह आकस्मिक नहीं है कि यह आन्दोलन दक्षिण भारत में सबसे प्रबल था जहाँ (वर्ग की दृष्टि से) केवल एक जाति, ब्राह्मणों की ही उच्च शिक्षा और सरकारी नौकरियों में प्रधानता थी। यही वह क्षेत्र भी है जहाँ ब्राह्मणों तथा दूसरों के बीच सामाजिक और सांस्कृतिक खाई बहुत चौड़ी थी।

सामाजिक गतिशीलता की इच्छा जाति-समूहों के माध्यम से मुखर हुई। क्षैतिज एकीकरण में वृद्धि के कारण, जो संचार-साधनों में सुधार के साथ हुई, विस्तृत क्षेत्र में रहनेवाली सम्बद्ध जातियाँ गतिशीलता की प्रक्रिया में खिंच आईं। देश के विभिन्न भागों में जातीय संघ बनने लगे और प्रत्येक संघ ने अपनी जाति की सामाजिक और आर्थिक उन्नति को अपना लक्ष्य बनाया। बहुत-से संघों ने जाति के कल्याण के लिए पत्रिकाएँ प्रकाशित कीं, अपनी-अपनी जाति के छात्रों के लिए छात्रावास बनाने और उन्हें छात्रवृत्तियाँ प्रदान करने के लिए धन जमा किया, और जाति के रीति-रिवाजों में सुधार के कार्यक्रम अपनाए। इन सुधारों का उद्‌देश्य साधारणतः जीवन-शैली और कर्मकांड का संस्कृतीकरण और कभी-कभी विवाह और मृत्यु के अवसरों पर खर्च में कमी करना, होता था।

गतिशीलता-सम्बन्धी आकांक्षाएँ स्थानीय जातियों में पहले से मौजूद प्रतिद्वन्द्विताओं से जुड़ गईं। इसके प्रभावस्वरूप प्रतिद्वन्द्विताएँ और भी तीव्र हुईं। इस सन्दर्भ में ढाँचे में अपने पड़ोसी से एक कदम आगे रहने की प्रवृत्ति और एकता की ओर सामान्य प्रवृत्ति में अन्तर करना चाहिए। जहाँ एक जाति स्थानीय सोपान में

अपने लिए ऊँची हैसियत के लिए संघर्ष करती थी, वहीं वह दूसरों के, विशेषकर अपने से नीची जातियों के, ऊपर उठने के प्रयासों पर आपत्ति करती थी। उसके रवैये को संक्षेप में इस प्रकार रखा जा सकता है :

> "जो अपने को मुझसे ऊँचा समझते हैं उनके तो मैं बराबर हूँ, जो अपने को मेरे बराबर समझते हैं उनसे मैं ऊँचा हूँ और मुझसे नीचे वाले मेरी बराबरी की हिम्मत ही कैसे करते हैं?"

हिमालय क्षेत्र में सिरकन्द गाँव की स्थिति का जी. बेरमैन द्वारा वर्णन सम्भवतः भारत के बहुत-से भागों के बारे में सत्य है :

> "सिरकन्द में जो नीची जातियों के लोग उच्च जातियों की बुराइयों की बड़ी धार्मिकता के साथ चर्चा करते, वे अपने से नीची जाति वालों के साथ उतना ही बुरा बर्ताव करते थे। किन्तु ऐसी कोई निम्न जाति नहीं मिली जिसके सदस्य सोपान में अपने स्थान को बहुत गलत न समझते हों।"[4]

पर ऊर्ध्व गति के लिए जातियों के सामान्य संघर्ष में निहित धारणा समानता की ही है। यह सच है कि जो किसान अपने को ब्राह्मण के समान कहता है वह हरिजन के इस दावे से रुष्ट होता है कि वह किसान और बाह्मण के समान है, पर अन्ततः उच्च जातियों को यह मानना ही पड़ता है। आजकल देश के विभिन्न भागों से उच्च जातियों और अपने अधिकार का आग्रह करनेवाले हरिजनों के बीच टक्करें होने के समाचार मिलते हैं, पर यह तो संविधान द्वारा हरिजनों को दिये गए अधिकारों के गाँव के स्तर पर व्यवहार में यथार्थ होने की प्रक्रिया का ही अंग है। ज्यों-ज्यों अधिकाधिक हरिजन शिक्षित होकर अपने संवैधानिक अधिकारों के लिए आग्रह करेंगे, वैसे-ही-वैसे स्थानीय टक्करें घटने के बजाय बढ़ेंगी।

नए अवसरों का लाभ उठाकर अपनी स्थिति में सुधार करने में जाति-समूहों के स्वरूप में ही परिवर्तन होता जा रहा है। इस पर पिछले दिनों कुछ चर्चा भी हुई है।[5] इस पर मैं बाद में विचार करूँगा। पर मैं इन सब लेखों की इस सामान्य धारणा का उल्लेख संक्षेप में करना चाहूँगा कि पारम्परिक व्यवस्था जड़ व्यवस्था है और उसमें कोई गतिशीलता सम्भव नहीं। मैं इस धारणा को नहीं स्वीकार कर सकता। पहले अध्याय में मैंने यह दिखाने का प्रयत्न किया है कि पारम्परिक व्यवस्था में गतिशीलता आसान न होने पर भी सम्भव अवश्य थी और बीच-बीच में सचमुच होती रहती थी। इस गतिशीलता का एक अत्यन्त प्रबल साधन था व्यवस्था की राजनीतिक अस्थिरता। स्थानीय राजसत्ता प्राप्त करनेवाली कोई भी जाति क्षेत्रीय होने का दावा कर सकती थी। दूसरे, पारम्परिक भारत में राजा को जातियों को उठाने या गिराने का अधिकार था और कभी-कभी वह इस अधिकार का प्रयोग

भी किसी जाति को पुरस्कार या दंड देने के लिए किया करता था। यह सही है कि राजा किसी जाति को उठाने या गिराने से पहले क़ानून जानने वाले ब्राह्मणों से परामर्श ले लेता था, पर इसका यही अर्थ है उसका यह अधिकार कुछ नियमों के अनुसार व्यवहार में आता था। तीसरे, अंग्रेज़-पूर्व भारत में ऐसी भूमि मौजूद होने से, जिसे थोड़े-से प्रयत्न से खेती के योग्य बनाया जा सकता था, स्थानीय परिस्थितियों से असन्तुष्ट परिवारों को नए क्षेत्रों में जा बसने में सुविधा होती थी। बर्टन स्टीन का विचार है कि असन्तुष्ट काश्तकारों के इस तरह चले जाने की सम्भावना शासकों की मनमानी पर कुछ अंकुश का काम करती थी। स्टीन ने मध्य युग की खुली भूमि-व्यवस्था में गतिशीलता की आधुनिक युग की गतिशीलता से, जो एक संकीर्ण, स्थानीय पद-व्यवस्था में होती है, तुलना की है और यह दलील रखी है कि भारत की बड़ी-बड़ी किसान जातियों के विभाजन मध्ययुगीन गतिशीलता से उत्पन्न हुए हैं।[6]

जैसा पहले कहा गया, संस्कृतीकरण से उन निम्न जातियों को, जिन्होंने धन या राजनीतिक सत्ता प्राप्त कर ली है, अपनी निम्न कर्मकांडीय स्थिति को छोड़कर उच्च जातियों में गिने जाने में सहायता मिलती है। किन्तु हम यह बात याद कर सकते हैं कि पारम्परिक व्यवस्था में अकेली जाति की ऊपर या नीचे गति सम्भव होने पर भी स्वयं व्यवस्था अपरिवर्तित रहती थी। दूसरे शब्दों में, केवल पदमूलक परिवर्तन होता था, संरचनामूलक नहीं।

पारम्परिक अथवा अंग्रेज़-पूर्व समाज को कुल मिलाकर धार्मिक समाज माना जा सकता है, जब ब्रिटेन द्वारा विजय के बाद से आधुनिक भारत निरन्तर अधिकाधिक लौकिकीकरण का अनुभव करता रहा है। धार्मिक मूल्य व्यापक भी थे और प्रमुख भी, और राजा के ऊपर यह चरम उत्तरदायित्व था कि वह जाति-भेद को लागू करे और जाति के मामलों में विवाद होने पर फ़ैसला भी करे। पारम्परिक भारत में संस्कृतीकरण महत्त्वाकांक्षी जाति के लिए न केवल बहुत महत्त्वपूर्ण था, बल्कि उसे प्राप्त करना कठिन भी था, क्योंकि द्विज जातियों के कर्मकांड और जीवन-शैली को अपनाने के विरुद्ध धार्मिक और क़ानूनी दोनों प्रकार के प्रतिबन्ध थे। अंग्रेज़ों द्वारा संस्कृतीकरण पर रोक लगाना अस्वीकार करने से सिद्धान्ततः वह सबके लिए सुलभ हो गया, यद्यपि हर जगह स्थानीय प्रभु जातियाँ प्रायः किसी निम्न जाति को ऊपर उठने से रोकने के लिए अक्सर ऐसे प्रतिबन्धों का बहिष्कार और मार-पीट का प्रयोग करती थीं जो उन्हें फिर भी उपलब्ध थे। पर स्थानमूलक गतिशीलता और नागरीकरण में वृद्धि के साथ और शिक्षा तथा रोजगार के नए अवसरों के अधिकाधिक जातियों द्वारा उपयोग के फलस्वरूप, प्रभु जाति द्वारा बहिष्कार और मारपीट का भय यदि मिटा नहीं तो कम अवश्य हो गया। निम्न जातियाँ संस्कृतीकरण को अन्य तथा अधिक महत्त्वपूर्ण बातों का, जैसे शिक्षा, प्रतिष्ठापूर्ण नौकरी और राजनीतिक अधिकार का,

अनुलग्न तत्त्व समझने लगीं। उन्होंने यह भी देखा कि जाति की स्थिति को उठाने के लिए केवल संस्कृतीकरण का मूल्य बहुत सीमित है। इसका स्पष्ट उदाहरण है पिछड़ा वर्ग आन्दोलन, जिस पर मैं आगे विचार करूँगा।

[2]

पिछड़ी हुई जातियों में गतिशीलता की व्यापक इच्छा का संकेत एक असामान्य स्रोत से, जनगणना के कार्य से, मिलता है। सर्वप्रथम देशव्यापी जनगणना 1867-1871 में हुई थी, और इस अवसर पर दो तमिल किसान जातियाँ, वेल्लाल और पड़ैयाची चाहती थीं कि समाज में जो वर्ण उन्हें प्राप्त है उससे ऊँचे वर्ण में उन्हें सम्मिलित किया जाए। वेल्लालों का विरोध शूद्रों में सम्मिलित किए जाने के विरुद्ध था और वे चाहते थे कि उन्हें वैश्य कहा जाए, पड़ैयाची 'वन्निय कुल क्षत्रिय' कहलाना चाहते थे। बीस वर्ष बाद पड़ैयाची दावे के समर्थन में 'वन्निय कुल विलक्कम' नामक एक पुस्तक भी लिखी गई।[7] जातियों द्वारा गतिशीलता के लिए जनगणना कार्य का लाभ उठाने की यह प्रवृत्ति 1901 की जनगणना के समय तक बहुत व्यापक हो गई। उसमें जनगणना आयुक्त सर हरबर्ट ज़िले ने जनगणना में प्रत्येक जाति का स्थानीय सोपान में पद और उसका वर्ण-सम्बन्ध ठीक-ठीक अंकित किए जाने का निर्णय किया। इस निर्णय का परिणाम जो भी स्थानीय स्तर पर जाति-व्यवस्था की गति की जानकारी रखते थे, वे पहले से ही बता सकते थे। घुर्ये के शब्दों में, "बहुत-सी महत्त्वाकांक्षी जातियों ने अपना स्थान ऊँचा करने के मौके को फौरन भाँप लिया। उन्होंने अपने सदस्यों के सम्मेलन किये और इसका प्रबन्ध करने के लिए पंचायतें बना लीं कि उनका स्थान उसी तरह लिखा जाए जो उनकी दृष्टि से उनके गौरव के अनुकूल हो। दूसरे कुछ लोग, जिनका प्रगति के इस 'चोरी के' रास्ते से रुष्ट होना स्वाभाविक था, उतनी ही तत्परता से उनके दावों का खंडन करने लगे। इस भाँति परस्पर आरोप-प्रत्यारोप का आन्दोलन उठ खड़ा हुआ। 'उच्चतम जातियों को छोड़कर बाकी सब जातियों के नेता खुल्लमखुल्ला जनगणना को अपने उन सामाजिक दावों पर आग्रह करने और शायद कुछ मान्यता प्राप्त कर लेने का अवसर मानते थे जो अपने से ऊँची जाति के लिए लोग उन्हें देते न थे।'[8]

यह कहा जा सकता है कि जो ऐतिहासिक दायित्व भारतीय शासकों के पास था कि अपने अधिकार-क्षेत्र में जातियों के पद-निर्धारण का चरम निर्णय कर सकें और जातियों की पदोन्नति या अवनति कर सकें, वह अब जनता नए शासकों को सौंप रही थी; और जनगणना में जातियों के पदों का स्वीकार जाति-विशेष अथवा जातियों के स्थान-अधिकार और पद की घोषणा करनेवाले पारम्परिक ताम्रपत्रों का समानार्थी हो गया।

जनगणना में उच्चतर जाति के रूप में घोषित किये जाने के दावे करने की प्रवृत्ति समय के साथ बढ़ती ही गई और अधिकाधिक लोग जाति की गतिशीलता के एक नए और सरकारी माध्यम के अस्तित्व के बारे में सजग हो गए। प्रोमैली ने लिखा है कि 1911 के जनगणना कार्य के समय, "बंगाल में यह आम धारणा थी कि **जनगणना का उद्देश्य यह दिखाना नहीं है कि हर जाति में कितने लोग हैं, बल्कि विभिन्न जातियों की आपेक्षिक स्थिति निश्चित करना और सामाजिक श्रेष्ठता के प्रश्नों को तय करना है।** इस विषय में लोगों की भावना अधिकतर इस बात का परिणाम है कि पिछली जनगणना रिपोर्ट में विभिन्न जातियों का सामाजिक प्राथमिकता के आधार पर वर्गीकरण किया गया था। प्राथमिकता के इस प्रमाण ने, 1911 में जब जनगणना का कार्य शुरू हुआ तो, बहुत विक्षोभ उत्पन्न किया। **विभिन्न जातियों से सैकड़ों याचिकाएँ प्राप्त हुईं—उनका केवल वजन ही डेढ़ मन है[9]—जिनमें यह अनुरोध था कि उनका नया नाम दर्ज किया जाए, प्राथमिकता क्रम में उन्हें ऊपर स्थान दिया जाए, उन्हें क्षत्रिय या वैश्य माना जाए, इत्यादि।** बहुत-सी जातियाँ उन्हें दिये गए स्थान से क्षुब्ध थीं और उनकी शिकायत थी कि उससे उनकी सार्वजनिक मानहानि हुई है।"[10] *(काले अक्षरों में छपा मेरे द्वारा)*। धीरे-धीरे यह प्रवृत्ति इतनी बढ़ गई कि 1941 की जनगणना के समय अंग्रेज़ जनगणना आयुक्त ने जातिविषयक कालम ही उड़ा दिया।[11]

दावा करने का ढंग लगभग घिसा-पिटा होता था। दावे के समर्थन में जाति-समूह का धन्धा, जीवन-शैली अथवा नाम बताया जाता। जाति के नाम की किसी सम्मानित जाति या जनजाति के ऐतिहासिक नाम से समानता की ओर इशारा किया जाता; उस जाति के उद्गम से जुड़ी हुई गाथा लिखी जाती, और किसी पौराणिक योद्धा, अथवा दैवी या अर्ध-दैवी व्यक्ति से सम्बन्ध पर जोर दिया जाता। इस भाँति मैसूर के बेड (शिकारी) रामायण महाकाव्य के प्रसिद्ध रचयिता वाल्मीकि से सम्बन्ध का दावा करते थे, जिनके बारे में यह किंवदंती है कि वे शिकारी थे; इसी प्रकार पशुपालक कुरुब अपनी जाति के इतिहास को संस्कृत के महाकवि और नाटककार कालिदास से जोड़ते थे जिनके बारे में यह माना जाता है कि वे जाति से पशुपालक थे। हिन्दू धर्मशास्त्रों का भी हवाला दिया जाता और दावे को बल देने के लिए कुछ संस्कृत उद्धरण भी डाल दिये जाते। उत्तर प्रदेश में महत्त्वाकांक्षी दावेदार ऐसे कृपालु ब्राह्मण पंडित भी जुटा लेते थे जो ऐसी अवस्था ढूंढ़ निकालते कि अमुक जाति सचमुच ऊँची है। व्यवस्था के बाद उसी प्रकार के 'प्रमाण' दिये जाते जिनका उल्लेख ऊपर हो चुका है।

प्रारम्भ में जनगणना में उच्च जाति के रूप में दर्ज किये जाने की माँग सम्बद्ध जाति-समूहों के नेताओं द्वारा होती थी। इसके परिणामस्वरूप कुछ मामलों में बड़ी गड़बड़ी फैली, क्योंकि एक ही जाति की विभिन्न प्रशाखाएँ अलग-अलग स्थानों में

अलग-अलग वर्गों का दावा करती थीं और एक ही जाति हर जनगणना में अपना दावा बदल देती थी। (देखिए तालिका 1)। जाति-सभाओं अथवा संघों के बनने से ऐसी भूलें होने की सम्भावना कम तो हुई, यद्यपि पूरी तरह नहीं दूर हुई। ऐसी सभाएँ पहले भी अज्ञात नहीं थीं, पर 1901 की जनगणना ने उन्हें लोकप्रिय बना दिया। 1911 में मद्रास सहित कई क्षेत्रों में बहुत-सी जाति-सभाएँ थीं, और अगली जनगणना के समय तक—जो 1919 का भारत सरकार अधिनियम स्वीकृत होने के बाद पड़ी—वे अखिल भारतीय घटना बन गई थीं।[12] जाति-सभाओं ने गतिशीलता की नई प्रेरणा को प्रकट भी किया और संगठित भी। उन्होंने जनगणना-अधिकारियों को अलग-अलग जातियों को निचले वर्ण की बजाय किसी विशेष वर्ण में रखे जाने की माँग प्रस्तुत की। उदाहरण के लिए, 1931 की उत्तर प्रदेश जनगणना के अधीक्षक को 175 दावे प्राप्त हुए थे (13 उत्तर प्रदेश के बाहर से थे), जिनमें से 34 जाति-सभाओं द्वारा आए थे। (1931 की जनगणना के समय कुछेक उत्तर भारतीय क्षेत्रों से प्राप्त दावों के विश्लेषण के लिए देखिए तालिका 2)। दूसरे, सभाओं ने अपनी-अपनी जातियों की जीवन-शैली संस्कृतीकरण की दिशा में बदली। इसमें प्राय: वर्जित मांस का (मुर्गी, सूअर और गाय के मांस का) तथा शराब का त्याग करना और यज्ञोपवीत धारण करना पड़ता था; और उत्तर प्रदेश तथा बिहार में सूतक का समय कम करके द्विज जातियों के अनुरूप बनाना पड़ता था। बहुत 'नीची' जातियों को बेगार अथवा अन्य नि:शुल्क श्रम, पालकी ले जाना, या समारोह के अवसरों पर ढोल बजाना जैसे पारम्परिक और अपमानजनक कार्य भी छोड़ने पड़ते थे। उच्च जातियों की अपने से पारम्परिक हीन लोगों द्वारा ऐसे सुधार के प्रयासों के विषय में प्रतिक्रिया कई प्रकार की होती थी, जिसमें एक छोर पर उदासीनता से लगाकर दूसरे छोर पर काम कराने और नए बाबुओं को ठिकाने रखने के उद्देश्य से की गई मारपीट तक सभी कुछ शामिल था। इस भाँति उत्तर बिहार के राजपूतों और भूमिहार ब्राह्मणों ने क्षत्रिय होने का दावा करनेवाले और यज्ञोपवीत पहनने वाले अहीरों को मारा-पीटा था।[13] उदाहरण के लिए, कटक और बलसोर में गौर यदुवंशी क्षत्रियों के रूप में मान्यता पाने का प्रयास कर रहे थे। उन्होंने न केवल यज्ञोपवीत पहन लिया, बल्कि पालकी उठाने का काम करने से इनकार किया। अपने पारम्परिक धन्धे को छोड़ने के उनके प्रयत्न का अन्य जातियों ने विरोध किया। खंडैतों और करनों ने, जो स्थानीय निवासियों में आम तौर पर सबसे अधिक प्रभावशाली और सम्पन्न थे, विरोध का नेतृत्व किया और इस प्रतिद्वन्द्विता ने कई स्थानों पर बढ़कर सचमुच दंगों का रूप ले लिया। ऐसी ही स्थितियाँ कई अन्य स्थानों में भी पैदा हुईं।"[14]

जातियों में तीव्रतर आत्म-चेतना और जाति-सभाओं की स्थापना के परिणामस्वरूप जातियों के 'क्षैतिज प्रसार' में वृद्धि हुई। क्षैतिज प्रसार का अच्छा उदाहरण अहीरों का है, जिन्होंने 1912 में गोप जातीय सभा स्थापित की, जिसमें कुछ ही वर्षों में

तालिका 1
विभिन्न जनगणनाओं में भिन्न-भिन्न स्थान का दावा करने वाली कुछ जातियाँ

	जाति का नाम	पेशा	1611 का दावा	1621 का दावा	1931 का दावा
1.	कमार	लुहार	—	क्षत्रिय	ब्राह्मण
2.	सुनार	सुनार	क्षत्रिय-राजपूत	क्षत्रिय-राजपूत	ब्राह्मण-वैश्य
3.	सुत्रदार	बढ़ई	वैश्य	वैश्य	ब्राह्मण
4.	नाई		नाई	—	ठाकुर ब्राह्मण
5.	नापित	नाई	क्षत्रिय	बैद्य	ब्राह्मण
6.	खनी कहार	पानी भरने वाला पालकी उठाने वाला	—	वैश्य	क्षत्रिय
7.	मोची	चमार	—	बैद्य ऋषि	क्षत्रिय
8.	चमार	चमार	—	बैद्य ऋषि	क्षत्रिय
9.	भट्ट		चारण	ब्रह्म भट्ट	ब्रह्म भट्ट-ब्राह्मण
10.	चंडाल	—	नाम शूद्र (1911 में उन्हें इस नाम की अनुमति मिल गई थी)	नामशूद्र-ब्राह्मण	नामशूद्र-ब्राह्मण
11.	चासी वैवर्त	मछुवा	महिष्य	महिष्य	महिष्य क्षत्रिय
12.	खत्री	व्यापारी	—	क्षत्रिय	वैश्य
13.	तेली	तेली	राठौर-तेली	(अप्राप्य)	राठौर-वैश्य

तालिका 2
संयुक्त प्रांत, बंगाल और सिक्किम, बिहार और उड़ीसा और मध्य प्रांत और बरार में 1931 की जनगणना में प्रस्तुत जातियों के दावे

		याचित नया स्थान														
		ब्राह्मण			क्षत्रिय			वैश्य			नया नाम			मुसलमान : शेख या धंधे वाले समूह का नया नाम	एक से अधिक दावा करने वाली जातियाँ[1]	कुल दावे[2]
परम्परागत स्थान	जातियाँ	शू	अ	ज[3]	शू	अ	ज	शू	म	ज	शू	प्र	ज			
1. संयुक्त प्रांत	63	13	1	1	25	11	1	6	3	–	8	5	–	7	15	81
2. बंगाल और सिक्किम	44	6	1	–	13	6	1	3	2	1	2	6	–	–	6	51
3. बिहार और उड़ीसा	17	7	–	–	4	3	1	–	–	–	2	–	1	1	2	19
4. मध्यप्रांत और बरार	24	5	–	–	7	6	2	–	–	–	–	2	1	1	–	24
कुल	148[4]	31	2	1	49	26	5	9	5	1	22	13	2	9	23	175

1. जहाँ भी किसी जाति ने एक से अधिक स्थान का दावा किया सारे दावे तय किये गए।
2. 33 दावे ब्राह्मण पद के लिए थे, 80 क्षत्रिय पद के लिए, 15 वैश्य पद के लिए और 37 नए नाम थे। मुसलमानों में 9 जातियाँ नए नाम चाहती थीं।
3. शू=शूद्र; अ=अछूत; ज=जनजाति; जातियों का शूद्र, अछूत और जनजाति में वर्गीकरण प्रांत-विशेष में उन्हें प्राप्त परम्परागत स्थान के आधार पर किया गया है।
4. 148 जातियों ने 175 दावे किये; प्रत्येक ने कम-से-कम एक और 23 ने एक से अधिक। कुछ ने तीन तक दावे किये।

सन्दर्भ :
1. ए. सी. टर्नर, 'आगरा और अवध के संयुक्त प्रांत की जनगणना रिपोर्ट', भाग 1, खंड 18, 1931, पृ. 529–532।
2. ए. ई. पोर्टर, 'बंगाल और सिक्किम जनगणना रिपोर्ट', भाग 1, खंड 5, 1931, पृ. 427–428।
3. डब्ल्यू. जी. लेसी, बिहार और उड़ीसा जनगणना रिपोर्ट', भाग 1, खंड 7, 1931, पृ. 263।
4. डब्ल्यू. एच. शूबर्ट, 'मध्यप्रांत और बरार जनगणना रिपोर्ट' भाग 1, खंड12, 1931, पृ. 354।

पंजाब से लगाकर बंगाल तक समस्त उत्तर भारत की गोपालक जातियाँ शामिल हो गईं। सभा संयुक्त प्रान्त में मैनपुरी से 'अहीर समाचार' नामक एक मासिक-पत्र भी प्रकाशित करती थी। उसके वार्षिक अधिवेशन में उत्तर भारत के विभिन्न भागों से हजारों अहीर सम्मिलित होते थे। इसने विभिन्न गोपालक जातियों के बीच एक साय खानपान का भी प्रारम्भ किया।[15]

संक्षेप में, जनगणना को जातियों के पद को स्थिर करने के लिए प्रयोग के प्रयास का उलटा असर हुआ जिससे गतिशीलता को प्रेरणा मिली और अन्तर्जातीय प्रतिद्वन्द्विता बढ़ गई। इसलिए कोई आश्चर्य नहीं कि राष्ट्रवादी भारतीय यह मानने लगे कि जनगणना में जाति के उल्लेख के पीछे अंग्रेज़ साम्राज्यवादियों का भारतीय समाज में पहले से ही मौजूद विभाजनों को बढ़ाने का नहीं तो कम-से-कम बनाए रखने का शैतानी षड्यंत्र था। 1911 के जनगणना-कार्य में अछूतों और अन्य हिन्दुओं को अलग रखने के प्रयास से उनकी आशंकाएँ और भी दृढ़ हुईं।[16] इसके अतिरिक्त, जहाँ पिछली जनगणना रिपोर्टों में न केवल हिन्दुनों में, बल्कि मुसलमानों और ईसाइयों में भी जातिगत विभाजनों को अंकित किया गया था, वहाँ परवर्ती रिपोर्टों में केवल हिन्दुओं के विभाजनों को अंकित किया गया। इसने राष्ट्रवादियों की बुरी-से-बुरी आशंकाओं को पुष्ट किया।[17]

चौथे दशक में राष्ट्रीयता में तीव्र वृद्धि हुई। भारतीय राष्ट्रवादी न केवल जनगणना में जातियों का उल्लेख करने के, बल्कि इस बात के भी विरुद्ध थे कि 1935 के भारत सरकार अधिनियम में उन क्षेत्रों को सार्वजनिक नियंत्रण से बाहर रखा गया था जिनमें मुख्यतया जनजातियाँ रहती थीं।[18]

[3]

अब मैं संक्षेप में पिछड़े वर्ग आन्दोलन की चर्चा करूँगा। पिछड़े वर्गों में जागृति के चिह्न देश के हर भाग में पाए जाते हैं, और भारत के अध्येता समाज-वैज्ञानिकों के सामने यह एक तात्कालिक कार्य है कि इस आन्दोलन के, जो आधुनिक भारत के सामाजिक, सैद्धांतिक और राजनीतिक इतिहास का इतना महत्त्वपूर्ण अंग है, सप्रमाण विवरण प्राप्त किये जाएँ। यद्यपि यह आन्दोलन दक्षिण भारत में बहुत प्रबल और तमिल प्रदेश इसका गढ़ था, और किसी हद तक आज भी है, किन्तु यह अन्य स्थानों पर भी, कभी-कभी अन्य आन्दोलनों में छिपकर, प्रकट हुआ। उदाहरण के लिए, बंगाल में भी, जहाँ जाति-भावना क्षीण मानी जाती है, योगियों और नाम शूद्रों में इस शताब्दी के प्रारम्भ में अपनी स्थिति सुधारने की बड़ी तीव्र इच्छा दिखाई पड़ी थी।[19] अपने परवर्ती चरण में—1911 के आसपास—उत्तर भारत के आर्य समाज आन्दोलन ने पंजाब और उत्तर प्रदेश की कुछ 'नीच' जातियों को बहुत आकर्षित

किया था। समाज ने शुद्ध आन्दोलन का प्रारम्भ किया जिससे निचली जातियों को दूसरे धर्म ग्रहण करने से रोका जा सके और जो धर्म-परिवर्तन कर चुके थे उनका फिर से उद्धार हो सके। पंजाब में शुद्धि आन्दोलन द्वारा अछूतों की स्थिति सुधारने के लिए एक अलग समाज की स्थापना की गई।[20]

हाल में देहातों के अध्ययन से पता चला है कि पश्चिमी उत्तर प्रदेश में आर्य-समाज ने हरिजनों को निश्चित ही आकर्षित किया था। बिहार और उड़ीसा में कुर्मी, ग्वाले और मुसहर-जैसी निम्न जातियों को प्रबल रूप में आकर्षित किया।[21] सिख धर्म में भी कई नीची जातियों को गतिशीलता का रास्ता मिला। "अकाली आन्दोलन की धर्मपरिवर्तनकारी गतिविधियों ने बहुत-से लोगों को, विशेषकर मेहतरों को, वापस हिन्दू होने के बजाय सिख बनने को प्रवृत्त किया। नीची जातियों के लोगों, दस्तकार और दूसरे कामों में लगे समूहों, को स्पष्ट ही लगता था कि हिन्दू के बजाय सिख बनते ही उनका दर्जा ऊँचा हो जाता है। उदाहरण के लिए, एक माली की—जिनकी कुल संख्या में 1931 में बहुत घटा-बढ़ी दिखाई पड़ी—सिख होते ही प्रतिष्ठा बढ़ जाती थी, क्योंकि माली जाति स्पष्ट ही नीची है। इसी प्रकार जालंधर और होशियारपुर में हिन्दू जाट को उसके हिन्दू राजपूत पड़ोसी नीची दृष्टि से देखते थे, इसलिए वह सिख हो जाता था। दूसरी ओर प्रान्त के दक्षिण-पूर्व में हिन्दू जाट को अपनी जाति पर गर्व था, बल्कि वह ब्राह्मण को भी नीचा समझता था, क्योंकि इस क्षेत्र में ब्राह्मण पुरोहित नहीं काश्तकार थे। ऐसे ही प्रभाव तरखान, लुहार, नाई; सुनार आदि जातियों के बारे में भी सक्रिय थे।"[22]

गुजरात की बड़ी भूमिधर जाति पाटीदार पिछले ढाई सौ वर्षों में, विशेषकर उन्नीसवीं शताब्दी के अन्तिम वर्षों में, जाति और वर्ग सोपान में ऊपर चढ़ती रही है। 1947 के बाद से नीची किन्तु बहुसंख्यक कोली-बारिया जातियों में बड़ी हलचल रही है और वे राजनीतिक सत्ता प्राप्त करके सामाजिक गतिशीलता का प्रयास कर रही हैं। इसके साथ ही उनमें अपने पारम्परिक मालिकों और पाटीदारों के प्रति बहुत विद्वेष है।

गोदावरी नदी के दक्षिण में—हैदराबाद और केरल के कुछ भागों को छोड़कर—1950 तक ब्राह्मणों के सिवाय सभी जातियाँ 'पिछड़ी हुई' की कोटि में गिनी जाती थीं। वास्तव में ब्राह्मणवाद के विरोध में एक ऐसा अत्यंत पंचमेल समूह एकजुट हो गया था जिसमें विभिन्न भाषा-क्षेत्रों की बहुत सारी जातियाँ—मुसलमान, ईसाई और पारसी तक—सम्मिलित थीं। इस आन्दोलन का सैद्धांतिक केन्द्र था मद्रास नगर, यद्यपि अन्य गौण केन्द्र भी थे, जैसे मदुरा, कल्लडकुरिचि, चिदम्बरम्, बंगलूर, कोल्हापुर और पूना। भूतपूर्व मद्रास प्रेसिडेन्सी के संयुक्त स्वरूप के कारण नई विचारधारा के बीज सारे दक्षिण भारत में फैलने में सुविधा हुई। पुराने मद्रास में तमिल-तेलुगु क्षेत्रों के अलावा मलयालम और कन्नडभाषी क्षेत्रों के भी कुछ भाग

सम्मिलित थे। इसलिए विचार मद्रास से दक्षिण भारत के अन्य भागों में शीघ्रता से फैल सकते थे। स्वाधीनता-पूर्व काल में दक्षिण भारत के जीवन में मद्रास की सांस्कृतिक और बौद्धिक प्रमुखता के कारण सारे दक्षिण भारत में शिक्षित वर्ग के ऐसे समूह बन गए थे जो नेतृत्व के लिए उसी प्रकार मद्रास की ओर ताकते थे जिस प्रकार पश्चिमी भारत बम्बई की ओर ताकता था। महाराष्ट्र का ग़ैर-ब्राह्मण आन्दोलन सम्पूर्णतः तो नहीं पर अधिकतर स्वायत्त था, और दोनों क्षेत्रों के नेता परस्पर सम्पर्क बनाए रखते थे।[23]

कुछ क्षेत्रों में ब्राह्मणों की प्रधानता दक्षिण भारत में सर्वसामान्य होने पर भी तमिलनाडु में वह विशेष रूप से प्रबल है। दक्षिण भारत के अन्य ब्राह्मणों की भाँति तमिल ब्राह्मणों में भी विद्वत्ता की परम्परा है, पर उनकी विशिष्टता यह थी कि अंग्रेज़ी शिक्षा के बारे में भी वे मद्रास प्रेसिडेन्सी में ग़ैर-तमिल ब्राह्मणों सहित अन्य सभी से आगे थे।[24] बेतील ने कहा है कि मद्रास में "1892 और 1904 के बीच आई. सी. एस. में सफल 16 प्रत्याशियों में 15 ब्राह्मण थे; 1913 में 128 स्थायी ज़िला मुँसिफों[25] में 63 ब्राह्मण थे; और 1914 में विश्वविद्यालय के 650 पंजीकृत स्नातकों में 452 ब्राह्मण थे।"[26] 1918 में प्रेसिडेन्सी में कुल चार करोड़ बीस लाख की आबादी में ब्राह्मणों की संख्या 15 लाख थी, पर 70 फीसदी कला के स्नातक, 74 फीसदी क़ानून के स्नातक, 71 फीसदी इंजीनियरी के स्नातक, और 74 फीसदी शिक्षा के स्नातक ब्राह्मण थे। शिक्षा विभाग में 360 ऊँची नौकरियों में 310, न्याय विभाग में 171 में 116, राजस्व विभाग में 676 में 364 ब्राह्मणों के कब्जे में थीं।" किन्तु इससे यह निष्कर्ष निकालना गलत होगा कि सभी ग़ैर-ब्राह्मण[27] जातियाँ आर्थिक या राजनीतिक दृष्टि से कमज़ोर थीं। न केवल उनकी कुल संख्या ब्राह्मणों से बहुत अधिक थी, बल्कि उनमें से देहातों में प्रबल प्रभु-जातियों के बहुत-से सदस्य भूस्वामी थे। इर्सचिक के अनुसार, प्रेसिडेन्सी के सब जमींदार ग़ैर-ब्राह्मण थे,[28] और बेतील ने कहा है कि तंजौर-जैसे जिले में भी, जहाँ ब्राह्मण भूस्वामियों का सबसे अधिक जमाव था, ऊपरी सीमा निश्चित होने के पहले तीन सबसे बड़े भूस्वामी ग़ैर-ब्राह्मण थे।[29] प्रभुतासम्पन्न किसान जातियाँ गाँव और तहसील के स्तर पर पर्याप्त राजनीतिक और आर्थिक अधिकारों का उपभोग करती थीं। शहरी क्षेत्रों में अनाज, कपड़ा, किराना और जवाहरात के व्यापार पर ग़ैर-ब्राह्मणों का कब्जा था। इर्सचिक ने बताया है कि 1911 में जहाँ ब्राह्मणों के पास कुल 35 कारखाने थे, वहाँ बलिज, नायडू, कापु, कोमति, वेल्लाल और नाटुकोट्टि चेट्टि जैसी ग़ैर-ब्राह्मण जातियों का 61 कारखानों पर स्वामित्व था।[30] केवल अंग्रेज़ी शिक्षा और उससे मिलने वाले लाभों के सन्दर्भ में ही ब्राह्मणों को दूसरों से बहुत अधिक श्रेष्ठता प्राप्त थी। ब्राह्मणों की प्रमुखता राष्ट्रीय आन्दोलन में भी थी, यद्यपि बंगाल और बम्बई की तुलना में राष्ट्रीय भावना मद्रास में देर से पहुँची। उदाहरण के लिए

'ग़ैर-ब्राह्मणों के घोषणापत्र' (दिसम्बर 1916) में लिखा था कि मद्रास प्रेसिडेन्सी से अखिल भारतीय कांग्रेस कमेटी के लिए निर्वाचित पन्द्रह सदस्यों में से केवल एक ही ग़ैर-ब्राह्मण है।[31] किन्तु मद्रास कांग्रेस में बहुत-से ग़ैर-ब्राह्मण नेता थे, और 1916 में जस्टिस पार्टी की स्थापना के बाद उन्होंने मिलकर मद्रास प्रेसिडेन्सी संघ की स्थापना की जो 'होमरूल' के लिए राष्ट्रीय माँग का समर्थन करने के साथ-साथ, ग़ैर-ब्राह्मण हितों की रक्षा के लिए साम्प्रदायिक प्रतिनिधित्व की माँग करता था।[32]

ब्राह्मणों की प्रधानता का विरोध नीची और दलित जातियों द्वारा नहीं, बल्कि तेलुगु प्रदेश की कम्म और रेड्डी, तमिल देश की वेल्लाल और केरल की नायर-जैसी शक्तिशाली किसान प्रभु जातियों के नेताओं द्वारा हुआ था। इर्सचिक के अनुसार, इस बात पर ध्यान देना आवश्यक है कि ये ग़ैर-ब्राह्मण, चाहे 'ऊपर' तेलुगु क्षेत्रों के हों चाहे 'घरेलू' तमिल क्षेत्रों के, उच्च जाति समूहों के थे, जिनका जातिगत स्थान ब्राह्मणों से ठीक नीचे था, जिनकी ग़ैर ब्राह्मण जातियों में सामाजिक प्रतिष्ठा की स्थिति थी और जिनमें अंग्रेज़ी पढ़े-लिखों की संख्या अपेक्षया ऊँची थी।[33] उन्हें हरिजनों अथवा अन्य नीची जातियों का प्रतिनिधि मानना सम्भव नहीं। वास्तव में, गाँव के स्तर पर ब्राह्मणों के साथ वे भी हरिजन मज़दूरों के शोषक ही थे।

पिछड़े वर्ग आन्दोलन ने आरम्भिक दिनों से ही अपनी अलग कल्प-कथाएँ—बना ली थीं। ब्राह्मणों के आर्यों के साथ और तमिल के मूल द्रविड़ भाषा के साथ तादात्म्य सम्बन्धी तत्कालीन विचार-वितर्क से लाभ उठाकर ग़ैर-ब्राह्मण जातियों के नेताओं ने एक लम्बा-चौड़ा सिद्धान्त ही रच डाला कि शताब्दियों से ब्राह्मणों की नीतियाँ धूर्ततापूर्ण ही रही हैं। ब्राह्मण आक्रमणकारी ही गर्हित जाति-प्रथा को भारत में लाया, और उसने अपने लिए अनुकूल नियम-कायदे बनाकर, और इससे निंद्य, वर्ण, आश्रम, धर्म और मोक्ष की धारणाओं में लोगों की बुद्धि को जकड़कर, समाज पर अपना शिकंजा और भी मजबूत करने में अपनी अत्यधिक प्रतिष्ठा और सत्ता का दुरुपयोग किया। (सुधारवादी वक्ता आज भी जाति-व्यवस्था के अन्याय और ब्राह्मणों द्वारा थोपी गई विषमताओं को दिखाने के लिए हिन्दू धर्म-शास्त्रों का, विशेषकर मनुस्मृति का, हवाला देते हैं। यह मान ही लिया जाता है कि मनु के लेखन में उस युग के भारत के सभी स्थानों की परिस्थितियों का ठीक-ठीक वर्णन है)। मूल द्रविड़ समाज, जिसने गौरवपूर्ण तमिल साहित्य की सृष्टि की, ब्राह्मणों के आकर सबके ऊपर अपना प्रभुत्व स्थापित करने और द्रविड़ संस्कृति के दमन के पहले, जाति-मुक्त था। इर्सचिक के अनुसार,

> "तमिल ग़ैर-ब्राह्मणों के लिए अपने द्रविड़ मूल का नाम लेने के लाभ अनेक थे। बीसवीं शताब्दी के दूसरे दशक तक यह सांस्कृतिक प्राक्कल्पना बहुविदित हो चुकी थी कि तमिल संस्कृति आर्य संस्कृति से पुरानी है। इस प्राक्कल्पना के सांस्कृतिक पक्ष को एक सामाजिक

और राजनीतिक महत्त्व भी मिल गया था, क्योंकि उसके द्वारा आर्य ब्राह्मणों को ऐसे आक्रान्ता और अपहरणकर्ता के रूप में दिखाया जा सकता था, जिन्होंने विजित लोगों को दास बनाने के लिए उस समाज में जाति-व्यवस्था का समावेश कर दिया जो पहले वर्गहीन थी। तमिल देश में ब्राह्मणों की विदेशी के रूप में निन्दा ग़ैर-ब्राह्मणों द्वारा ब्राह्मणों को पछाड़ने का एक साधन बन गई, पर साथ ही अपने द्रविड़ उद्गम की कल्पकथा के प्रचार से तमिल ग़ैर-ब्राह्मण उच्च जातीय हिन्दुओं को एक ऐसा आत्म-परिचय भी प्राप्त हुआ जो आर्य ब्राह्मणवाद से स्वतंत्र था, और सांस्कृतिक आत्मविश्वास की भावना भी मिली जिसका बाद में इस नए अभिजन के निर्माण में महत्त्वपूर्ण योग हुआ।"[34]

शताब्दियों से ब्राह्मण नियमित रूप से दूसरों का शोषण करते आए थे; इसी कारण वे शिक्षा और नई नौकरियों के मामले में और राष्ट्रीय आन्दोलन के नेतृत्व में दूसरों से बहुत आगे बढ़ गए थे। भारतीय समाज के निरन्तर दलित होनेवाले वर्गों को अब नए अवसरों में अपना भाग प्राप्त करने के लिए यह आवश्यक था कि कम-से-कम कुछ समय के लिए उन्हें कुछ रियायतें और विशेषाधिकार मिलें। इसमें ब्राह्मणों के विरुद्ध भेदभाव अनिवार्य था, पर जो कुछ ग़ैर-ब्राह्मण शताब्दियों से सहन करते आए थे उसकी तुलना में यह नगण्य था। दूसरे शब्दों में, आज के ब्राह्मणों को अपने पूर्वजों के पापों का मूल्य चुकाना होगा। ग़ैर-ब्राह्मणों के साथ पक्षपातपूर्ण और ब्राह्मणों के विरुद्ध भेदभाव की नीति का तर्काधार प्रस्तुत करनेवाला 'सामाजिक न्याय' का सिद्धान्त मोटे तौर पर यही था। इस नीति का व्यवहार मद्रास प्रेसिडेन्सी में तीसरे दशक में प्रारम्भ हुआ और चौथे तथा पाँचवें दशक में अपने शिखर पर जा पहुँचा।

ग़ैर-ब्राह्मण आन्दोलन की विचारधारा का अन्य महत्त्वपूर्ण सूत्र है 'स्वयं मर्यादे' अथवा आत्मसम्मान। इसकी सुस्पष्ट स्थापना 1925 में ई. वी. रामस्वामी नैकर द्वारा हुई; पर इसके बीज पड़े थे बहुत पहले, सत्य शोधक समाज में, जिसकी स्थापना 1873 में महाराष्ट्र में पूना के माली जाति के नेता ज्योतिराव फुले ने की थी। सत्य-शोधक समाज का लक्ष्य था जातीय भेदभाव बिना मानव-व्यक्ति के महत्त्व पर बल देना। फुले विवाह कराने के लिए ब्राह्मण पुरोहित बुलाने के विरुद्ध थे, और इस उद्देश्य से उन्होंने विवाह-संस्कार को बहुत सरल बनाया था।[35]

भूतपूर्व कांग्रेसी रामस्वामी नैकर ने कांग्रेस से सम्बन्ध इसलिए तोड़ा 'क्योंकि उनके ऊपर और मद्रास के अन्य ग़ैर-ब्राह्मणों पर लगातार प्रहार किये गए। उन्होंने अपना अलग दल बना लिया जिसे वे आत्मसम्मान आन्दोलन कहते थे।"[36] यह आन्दोलन घोर ब्राह्मण-विरोधी था और विवाह तथा अन्य कृत्यों के लिए ब्राह्मण पुरोहितों को न बुलाने के लिए ग़ैर-ब्राह्मणों को उकसाता था। वह राजनीतिक तथा

अन्य कार्यों के लिए केवल तमिल भाषा के प्रयोग का आग्रह करता था। उसके अनुयायी अपने-आपको द्रविड़ और एक सर्वसत्ता-सम्पन्न स्वाधीन राज्य के निवासी मानते थे।[37] यह आन्दोलन ब्राह्मण-विरोधी, उत्तर-विरोधी, हिन्दी-विरोधी, संस्कृत-विरोधी और अन्त में ईश्वर-विरोधी था। वह तमिल भाषा में से दीर्घकाल से प्रचलित संस्कृत शब्दों के बहिष्कार का और सार्वजनिक समारोहों में केवल तमिल गीतों के गाए जाने का (दक्षिण भारतीय संगीत में तमिल, तेलुगु, कन्नड़ और संस्कृत के गीत सम्मिलित हैं) प्रयास करता था। रामस्वामी नैकर ने 1945 में द्रविड़ कषगम की स्थापना की और 1946 में एक नए संगठन द्रविड़ मुन्नेत्र कषगम का जन्म हुआ। इस अलगाव का तात्कालिक कारण था नैकर द्वारा सत्तर वर्ष से भी अधिक उम्र में अपने से दसियों वर्ष छोटी एक युवती से विवाह के प्रश्न को लेकर नैकर और उनके प्रतिभावान तरुण सहायक सी. अन्नादुरै के बीच मतभेद। नैकर के नेतृत्व में द्रविड़ कषगम सामाजिक और राजनीतिक क्षेत्रों में ब्राह्मणवाद का विरोध करती रही। यह बीच-बीच में ऐसे कार्यों में अभिव्यक्त होता था जैसे ब्राह्मण पुरोहितों पर आक्रमण, हिन्दू देवताओं, विशेषकर गणेश[38] की मूर्तियों का भंजन, द्रविड़ कषगम और द्रविड़ मुन्नेत्र कषगम दोनों द्वारा आर्य जातिवाद का प्रतीक समझे जानेवाले महाकाव्य रामायण की प्रतियों को जलाने और रेल स्टेशनों तथा अन्य स्थानों पर हिन्दी अक्षरों पर तारकोल पोतने के प्रयास। द्रविड़ मुन्नेत्र कषगम, अपने जनक द्रविड़ कषगम की भाँति तमिल पृथकवाद का समर्थक है और उत्तर-विरोधी तथा हिन्दी-विरोधी भी है। विचारधारा में वह बुद्धिवादी है और दक्षिण के आर्थिक विकास तथा सामाजिक और आर्थिक समानतावाद[39] का समर्थक रहा है। अब वह ब्राह्मण-विरोधी नहीं है; 1962 के आम चुनाव में मद्रास की स्वतंत्र पार्टी ने, जिसे बहुत-से ब्राह्मण भूस्वामियों का सहयोग प्राप्त है, कांग्रेस को हराने के लिए द्रविड़ मुन्नेत्र कषगम से चुनाव-समझौते किये थे। द्रविड़ मुन्नेत्र कषगम ने समृद्ध तमिल फ़िल्म उद्योग में भी प्रवेश पा लिया है, और कषगम के सदस्य, जिनमें उसके संस्थापक अन्नादुरै भी शामिल हैं, फिल्म के लिए ऐसी कहानियाँ लिखते हैं जिनकी कथावस्तु जाति-प्रथा और ब्राह्मणों का विरोध तथा प्रादेशिक देशभक्ति होती है। हाल में इसके अखिल भारतीय सम्पर्क भाषा के रूप में अंग्रेज़ी को बनाए रखने के आन्दोलन से इसे न केवल तमिलनाड की सब जातियों में बल्कि अन्य सभी दक्षिण भारतीय राज्यों में भी समर्थन प्राप्त हुआ है।

[4]

यह बात महत्त्वपूर्ण है कि पिछड़े वर्ग आन्दोलन के सभी तत्त्व इस शताब्दी के प्रारम्भ से ही मौजूद होने पर भी उसका विकास राजसत्ता के अंग्रेज़ों से भारतीयों

को हस्तान्तर की सम्भावना से ही हुआ। 1909 के मोरले-मिन्टो सुधारों से प्रान्तीय परिषदों के अधिकारों में कुछ वृद्धि हुई थी, और जैसा कि पहले कहा जा चुका है उनमें मुसलमानों का, पंजाब में सिखों का, भारतीय ईसाइयों, आंग्ल-भारतीयों और यूरोपीय लोगों का अलग चुनाव-क्षेत्र स्वीकार किया गया था। बीसवीं शताब्दी के पहले दशक में भारत-भर में राष्ट्रीय भावना[40] और जाति-भावना में तेजी से वृद्धि हुई। युद्ध-काल में न केवल राष्ट्रीय भावना में उल्लेखनीय वृद्धि हुई बल्कि यह आशा भी बढ़ी कि युद्ध के बाद भारतीयों को और अधिक सत्ता सौंपी जाएगी। ग़ैर-ब्राह्मण आन्दोलन के नेताओं को भय था कि उसे ब्राह्मण ही झपट लेंगे और वे देखते रह जाएँगे। वे इस बात का भरोसा चाहते थे कि उनको भी लाभ होगा, और इसलिए वे साम्प्रदायिक प्रतिनिधित्व सर्वथा आवश्यक मानते थे। अन्यथा ब्राह्मणों का राज हो जाएगा और वे अपने अधिकार का सबको दबाने के लिए उपयोग करेंगे। मद्रास में आन्दोलन के कुछ नेताओं ने साफ-साफ इन भावनाओं को अभिव्यक्त किया।[41] किन्तु बम्बई में आन्दोलन के मराठा नेता, कोल्हापुर के महाराजा, ने राष्ट्रवादी दृष्टिकोण अपनाते हुए कहा कि वे 'होमरूल' के समर्थक हैं, पर दस वर्ष तक साम्प्रदायिक (अर्थात् जाति पर आधारित) प्रतिनिधित्व आवश्यक है जिससे ग़ैर-ब्राह्मण जातियाँ अपने अधिकार पहचान सकें।[42] महाराजा के विचार मद्रास प्रेसिडेन्सी संघ के ग़ैर-ब्राह्मण नेताओं के विचारों के अनुरूप थे। पर जस्टिस पार्टी के लोग अपने अधिक भयंकर नहीं तो अधिक तात्कालिक शत्रु ब्राह्मण से रक्षा के लिए खुल्लमखुल्ला अंग्रेज़ों का मुँह ताकते थे।[43] यह सचमुच महत्त्वपूर्ण है कि ऐसा ही विचार सुदूर बंगाल में नामशूद्र जाति की पत्रिका 'पताका' में व्यक्त किया गया था : "अब स्वयं अंग्रेज़ सरकार प्रशिक्षित लोगों की सहायता के लिए आगे आई है; वह सदा ही ग़रीबों की मदद करती रही है और दलित जातियों की आशा है।"[44] एन. के. बोस ने लिखा है कि नमाशूद्रों ने 1905 के बंगभंग-विरोधी आन्दोलन में भाग नहीं लिया था, और 1907 में स्वदेशी आन्दोलन के चरम उभार के दिनों में "प्रतिनिधि नामशूद्र नागरिकों का एक शिष्टमंडल लेफ्टिनेंट गवर्नर से मिला था और उसने अंग्रेज़ी राज बनाए रखने की प्रार्थना की थी।"[45] गांधी के प्रेरणादायक नेतृत्व और तीसरे तथा चौथे दशक के सविनय अवज्ञा आन्दोलनों ने ही जाति और प्रदेशगत मतभेदों के आरपार काटकर भारतीय जनता को राष्ट्रीयता की धारा में खींचा।

1910 से 1920 तक के दशक में भारत में अंग्रेज़ों के एक वर्ग ने ब्राह्मण को ही अपना चरम-शत्रु मान लिया। सबसे पहले तो 1910 में वैलेन्टाइन किरोल की पुस्तक 'भारतीय विक्षोम' (इंडियन अनरैस्ट) प्रकाशित हुई, जिसकी मुख्य स्थापना यह थी कि ब्राह्मणवाद और पश्चिमी शिक्षा से भारत में अंग्रेज़ी शासन को गम्भीर खतरा है। दूसरा था 1918 में रौलट रिपोर्ट (भारत में क्रान्तिकारी षड्यंत्रों की जाँच के लिए नियुक्त समिति की रिपोर्ट) का प्रकाशन जो "निश्चित रूप से यह सिद्ध

करती थी कि बम्बई में क्रान्तिकारी षड्यंत्र 'सर्वथा ब्राह्मणों और अधिकांशतः चितपावन ब्राह्मणों का' था, और भारत के अन्य स्थानों में भी क्रान्तिकारी अपराधों को उकसाने और पूरा करने में ब्राह्मणों का बड़ा हिस्सा था।"[46] और अन्त में, ब्राह्मणों, विशेषकर मद्रास के ब्राह्मणों, का श्रीमती एनीबेसेंट के होमरूल आन्दोलन (1916-1917) के साथ सम्पर्क था जिसे मद्रास में जस्टिस पार्टी ने अपने स्वार्थ-साधन के लिए उछाला।

राष्ट्रीयता के साथ ब्राह्मणों के संयुक्त होने का सबसे अधिक लाभ जस्टिस पार्टी ने उठाया, जो गम्भीर विरोध के बावजूद ग़ैर-ब्राह्मणों के लिए साम्प्रदायिक प्रतिनिधित्व प्राप्त करने में सफल हो गई। साम्प्रदायिक प्रतिनिधित्व और कांग्रेस द्वारा चुनावों के बहिष्कार के कारण, 1916 के भारत सरकार अधिनियम के अन्तर्गत हुए चुनावों में जस्टिस पार्टी की विजय हुई और पार्टी के नेता हस्तान्तरित विषयों के मंत्री बने। वे 1926 तक सत्तासीन रहे, जब स्वराज्य पार्टी ने उन्हें वहाँ से हटाया। किन्तु प्रेसिडेन्सी की राजनीति में तब तक उनका प्रभाव बना रहा जब तक 1935 के भारत सरकार एक्ट के अन्तर्गत 1937 के चुनावों में कांग्रेस की धूम मचाने वाली जीत न हो गई। जस्टिस पार्टी सामाजिक स्थिति सुधारने और ग़ैर-ब्राह्मण जातियों की शक्ति बढ़ाने की समस्या में इतनी उलझी हुई थी कि वह न केवल राष्ट्रीय भावना के प्रति उदासीन थी बल्कि स्वराज्य में केवल ब्राह्मण अल्पमत के शासन की सम्भावना ही देखती थी। वह यह भी साफ-साफ समझती थी कि पश्चिमी शिक्षा, सरकारी नौकरियाँ और राजसत्ता गतिशीलता के निर्णायक साधन हैं। पार्टी के एक वक्तव्य में कहा गया था, "हम अपने सामाजिक, नैतिक और राजनीतिक अधिकारों का, सरकारी नौकरियों में अपने हिस्से का, दावा करते हैं, इसलिए नहीं कि हम सोचते हैं कि सरकारी नौकरियाँ ग़ैर-ब्राह्मण जातियों को मानव-जाति में सबसे समृद्ध बना देंगी, बल्कि इसलिए कि उनके साथ राजसत्ता जुड़ी हुई है, जिसमें धरती के स्वामी और महान् परम्पराओं के उत्तराधिकारी होने के नाते, उन जातियों को उनका उचित भाग मिलना चाहिए।"[47]

सार्वजनिक जीवन, शिक्षा और प्रशासन की दृष्टि से जस्टिस पार्टी की सबसे बड़ी सफलता यह थी कि दक्षिण भारत में हर जगह सरकारी नौकरियों में, और इंजीनियरी, चिकित्सा तथा विज्ञान की शिक्षा में, पिछड़ी जातियों को प्राथमिकता देने का सिद्धान्त मान लिया गया। जातियों के निश्चित अंश (कोटा) की व्यवस्था कायम हुई; इसके परिणामस्वरूप प्रायः बेहतर योग्यता वाले ब्राह्मणों की बजाय कम योग्यता वाले ग़ैर-ब्राह्मणों को लिया जाने लगा। 'सुरक्षात्मक भेदभाव' अथवा 'विपरीत भेदभाव' इतनी दृढ़ता से स्थापित हो गया कि 1920 से मद्रास प्रेसिडेन्सी में प्रत्येक बारह स्थानों में पाँच ग़ैर-ब्राह्मण हिन्दुओं को, दो ब्राह्मणों को, दो मुसलमानों को, दो आंग्ल-भारतीयों या ईसाइयों को, और एक हरिजनों को दिया जाता था।[48] चिकित्सा तथा अन्य कॉलेजों में प्रवेश के लिए प्रत्येक 14 स्थानों में से छः ग़ैर-

ब्राह्मण हिन्दुओं के लिए, दो पिछड़े हुए हिन्दुओं के लिए, दो हरिजनों के लिए, दो ब्राह्मणों के लिए, एक आंग्ल-भारतीय या भारतीय ईसाई के लिए, और एक मुसलमान के लिए निर्धारित था। एक निश्चित अनुपात में विभिन्न जातियों में स्थानों का यह बँटवारा तीन दशकों तक चलता रहा और 1951 में ही, मद्रास राज्य बनाम श्रीमती चंपकम दोरै राजन के मामले में, सर्वोच्च न्यायालय द्वारा अवैधानिक घोषित किया गया। इस निर्णय के परिणामस्वरूप संविधान [धारा 15 (4)] में संशोधन किया गया जिससे राज्य को यह अधिकार मिला कि वह सामाजिक अथवा शैक्षिक दृष्टि से दो पिछड़े हुए वर्गों के नागरिकों के लिए अथवा अनुसूचित जातियों और जनजातियों की उन्नति के लिए कोई विशेष व्यवस्था कर सकता है। "यह बात महत्त्वपूर्ण है कि संशोधन जातियों के आधार पर स्थानों के बँटवारे की अनुमति नहीं देता (जैसा कि मद्रास में होता था), वह केवल जनता के दुर्बल अंशों के लिए स्थान सुरक्षित रखने को ही वैध ठहराता है।"[49]

पड़ोस की भूतपूर्व रियासत मैसूर में 1951 से 1956 तक प्रत्येक दस नौकरियों में से केवल तीन के लिए ही ब्राह्मण प्रतियोगिता में बैठ सकते थे, और 1956 में मैसूर सरकार ने एक आदेश जारी करके सरकारी नौकरियों और मेडिकल तथा इंजीनियरी कॉलेजों की जगहों में से 75 फीसदी को पिछड़ी हुई जातियों (57 फीसदी) और अनुसूचित जातियों और जनजातियों (18 फीसदी) के लिए सुरक्षित कर दिया। केवल 25 फीसदी आम प्रतियोगिता के लिए खुली रखी गईं। मैसूर उच्च न्यायालय ने 1960 में घोषित किया कि यह नीति संविधान की धारा 15 (4) का उल्लंघन करती है।[50]

मैसूर सरकार ने जनवरी 1960 में डॉ. आर. नागन गौड़ा की अध्यक्षता में एक समिति पिछड़े वर्गों के वर्गीकरण की कसौटी निर्धारित करने के लिए नियुक्त की। समिति ने विचार के लिए 'जाति' को इकाई माना, और जाति का पिछड़ा होना या न होना इस बात से निर्धारित किया कि उसकी जनसंख्या के प्रत्येक हजार पर सरकारी नौकरियों और हाई स्कूल के विद्यार्थियों में उसका प्रतिनिधित्व कितना है।[51] इन कसौटियों के आधार पर लिंगायतों को 'आगे बढ़ी हुई' जाति ठहराया गया, और राज्य के स्तर पर उनके प्रमुख प्रतिद्वन्द्वी ओक्कलिगों को 'पिछड़ी हुई' जाति। यह बात पहले समिति की अन्तरिम रिपोर्ट में कही गई थी; तुरन्त लिंगायतों ने निर्णय की तीव्र आलोचना प्रारम्भ की, पर समिति पर कोई प्रभाव न पड़ा। उसने अन्तिम रिपोर्ट में भी अपना वही निर्णय दोहराया।[52] किन्तु अन्ततः मैसूर सरकार को दबाव के आगे झुकना पड़ा और लिंगायतों को वांछित 'पिछड़ी हुई' जाति का पद फिर से मिल गया।[53]

लिंगायत और ओक्कलिग दोनों प्रमुख जातियों का पिछड़ेपन में कितना अधिक निहित स्वार्थ बन गया था, यह इस बात से प्रकट है कि न्यायालय की तीव्र निन्दा

के बावजूद मैसूर सरकार जातियों का निश्चित अंश (कोटा) बनाए रही है। इस भाँति मैसूर उच्च न्यायालय के प्रतिकूल निर्णय के दो वर्ष वाद "31 जुलाई, 1962 को मैसूर सरकार ने एक आदेश जारी किया जिसमें मेडिकल तथा इंजीनियरी कॉलेजों में पिछड़ी हुई जातियों तथा अनुसूचित जातियों एवं जनजातियों के लिए 68% स्थान आरक्षित रखने की व्यवस्था थी। आदेश में 81 'पिछड़ी हुई' और 135 'अधिक पिछड़ी हुई' जातियों की सूची थी। दो मास बाद इस आदेश को रद्द करते हुए सर्वोच्च न्यायालय ने घोषणा की कि यह 'संविधान के साथ धोखाधड़ी' है। निर्णय में कहा गया कि धारा 15 (4) केवल जाति के आधार पर पिछड़ेपन के वर्गीकरण की अनुमति नहीं देती। इसके अतिरिक्त आरक्षण स्पष्ट ही अत्यधिक है, क्योंकि वह सामान्य प्रतियोगिता के क्षेत्र को केवल 32 फीसदी स्थानों तक सीमित करता है। दूसरे शब्दों में विशेष व्यवस्था ने मूलभूत नियम (अवसर की समानता) को इतना दुर्बल कर दिया कि उसका अधिकांश महत्त्व खत्म हो गया।"[54]

जातिगत आरक्षण का सिद्धान्त आन्ध्र और केरल में भी प्रचलित है। मई 1961 तक भी आन्ध्र में 55 फीसदी सरकारी नौकरियाँ पिछड़े वर्गों के लिए (अनुसूचित वर्गों और जनजातियों सहित) आरक्षित की जाती थीं और यह आरक्षण उच्चतर स्तरों पर पदोन्नति में भी लागू था।[55] केरल में, 1958 तक 40 फीसदी नौकरियाँ पिछड़े समुदायों के लिए और 10 फीसदी अनुसूचित जातियों और जनजातियों के लिए आरक्षित होती थीं।[56] शिक्षा के क्षेत्र में 350 फीसदी स्थान पिछड़े समुदायों के लिए आरक्षित थे।[57]

मैं पहले कह चुका हूँ कि ग़ैर-ब्राह्मण आन्दोलन किसान अथवा उच्चतर जातियों के धनी और किसी हद तक पश्चिमीकृत नेताओं द्वारा चलाया गया था, और उनके तथा अनुसूचित और सम्बद्ध जातियों के बीच बहुत बड़ी आर्थिक और सामाजिक खाई थी। किन्तु ब्राह्मण-विरोध उनके एकजुट होने का आधार था, यद्यपि वह ग़ैर-ब्राह्मण कोटि में आनेवाले विविध तत्त्वों को सदा एक साथ रखने के लिए पर्याप्त न था। जातियों का अंश निश्चित होने के कुछ समय बाद पड़ैयाची और वन्नियकुल क्षत्रिय जैसी कुछ जातियों को लगा कि जितना उनको मिला उससे ज्यादा मिलना चाहिए था। पड़ैयाची मद्रास की एक प्रमुख जाति है जिसकी संख्या राज्य की आबादी की दस फीसदी है और जो उत्तरी और दक्षिणी अरकोट के दो जिलों में प्रभुतासम्पन्न है। उन्होंने माँग की कि प्रत्येक पाँच ग़ैर-ब्राह्मण नौकरियों में से एक उनके लिए आरक्षित हो।[58] 'दलित वर्ग' भी असन्तुष्ट थे। 'दलित वर्गों' में आनेवाली जातियों की संख्या 1935 में 140 से कम करके 86 कर दी गई थी। शायद इस सूची से उन लोगों को निकाल दिया गया था जो उस कोटि में आते न थे पर अभी तक फायदा उठाते रहे थे।[59]

यद्यपि 1937 के चुनावों में करारी हार के बाद जस्टिस पार्टी राजनीतिक जीवन से बाहर हो गई थी, पर इसका अर्थ ग़ैर-ब्राह्मण आन्दोलन का अन्त नहीं था।

इर्सचिक ने कहा है कि "उसने बाध्य होकर 1927 में एक प्रस्ताव स्वीकृत किया जिसमें सदस्यों को कांग्रेस में सम्मिलित होने की अनुमति दी गई थी ताकि मद्रास में उस संस्था में ग़ैर-ब्राह्मण भर जाएँ।"[60] स्वतंत्रता और बालिग मताधिकार के साथ प्रमुख किसान जातियाँ इतनी शक्तिशाली हो गईं कि सब राजनीतिक दलों को उनसे समझौता करना पड़ा। राज्य विधान-सभाओं और मंत्रिमंडलों में तो उनका अच्छा प्रतिनिधित्व था ही, पंचायती राज के प्रारम्भ ने गाँव, तहसील और जिला स्तर पर भी उन्हें सत्ता दे दी। राजसत्ता व्यक्ति और उसके समूह की हैसियत को बढ़ाती है; जिस किसी ने भी हाल के वर्षों में देहातों में लिंगायतों, ओक्कलिगों, पाटीदारों और कल्लरों से बात की है वह इस बात की पुष्टि करेगा। और राजसत्ता को आर्थिक लाभ में भुनाया जा सकता है—न केवल अपने लिए बल्कि अपने रिश्तेदारों, आसामियों और जातिभाइयों के लिए भी—और उसके द्वारा नौजवान स्त्री-पुरुषों के लिए उचित रोज़गार, अच्छे वेतन और प्रतिष्ठावाली नौकरियाँ जुटाकर उनका भविष्य निर्धारित किया जा सकता है। जातियों के आरक्षित अंश इस काम में सबसे अधिक महत्त्व के साबित होते हैं।

आम तौर पर एक राज्य में प्रभु-जातियाँ एक से अधिक होती हैं, और उनके बीच राजसत्ता के लिए संघर्ष की उम्मीद ही की जा सकती है। आन्ध्र के कम्म और रेड्डी, और मैसूर के लिंगायत और ओक्कलिग ऐसे संघर्ष के सुविदित उदाहरण हैं। किन्तु अ-प्रभु जातियों की दृष्टि से, प्रभु-जातियों ने नई व्यवस्था में उपलब्ध अधिकांश सुविधाओं पर एकाधिकार कर रखा है। स्वभावतः अ-प्रभु-जातियाँ कुंठित और कटु अनुभव करती हैं। आज मैसूर में अ-प्रभु जातियों के लोग अपने-आपको 'गौण' जातियों का कहते हैं, और शिकायत करते हैं कि लिंगायत और ओक्कलिग सारी नौकरियाँ और हर प्रकार के व्यावसायिक कार्य के लिए आवश्यक लाइसेंस और परमिट बड़ी 'बेरहमी के साथ' हथिया रहे हैं। यह भावना बहुत व्यापक है, यह बात नगन गौडा समिति की इस सिफारिश से ही प्रकट है कि पिछड़े वर्गों को (अनुसूचित जातियों और जनजातियों के अलावा) 'पिछड़े' और 'अधिक पिछड़े' की कोटियों में वर्गीकृत करना चाहिए जिससे अधिक पिछड़ों को न्यायोचित व्यवहार मिल सके।[61] यह भावना केवल मैसूर तक सीमित नहीं है बल्कि केरल और मद्रास में भी पाई जाती है।

1 नवम्बर, 1956 को भाषावार राज्यों की स्थापना से प्रत्येक राज्य में अल्पसंख्यक भाषा-भाषियों की राजनीतिक शक्ति बहुत कम हो गई। इस भाँति मैसूर में आज राजनीतिक दृष्टि से ओक्कलिग का अर्थ है इस प्रभु-जाति का एक कन्नड़भाषी सदस्य, और अब उसमें तेलुगु भाषी रेड्डी सम्मिलित नहीं रहे। यह एक विडम्बना है, क्योंकि मद्रास की भाँति मैसूर में भी, प्रारम्भिक चरण में ग़ैर-ब्राह्मण आन्दोलन का नेतृत्व अधिकतर तेलुगु, तमिल और मलयालम बोलने वालों में से, और केवल हिन्दुओं से ही नहीं, मुसलमानों और ईसाइयों से भी, आया था।

पिछड़े वर्गों में बारे के 1950 में जो स्थिति थी उसको अब संक्षेप में इस प्रकार रखा जा सकता है : ग़ैर-ब्राह्मण जातियों में, पश्चिमी सन्दर्भों में, 'पिछड़े' की कोटि में गिने जाने की बड़ी व्यापक इच्छा थी; उधर प्रमुख जातियों का 'पिछड़ेपन' में निहित स्वार्थ पैदा हो गया था। वह शिक्षा, विशेषकर, औद्योगिकी और चिकित्सा-सम्बन्धी शिक्षा प्राप्त करने का, प्रतिष्ठाजनक और अच्छी तनख्वाह वाली नौकरियाँ पाने का, और वर्ग तथा जाति-व्यवस्था में गतिशीलता का, सबसे अच्छा उपाय था। अल्पसंख्यक जातियाँ अनुभव करती थीं कि प्रभु जातियाँ सारी सुविधाएँ, उनसे छीनकर, स्वयं हथियाए ले रही हैं। और राज्य सरकारें 'सचमुच पिछड़ी' जातियों के हितों की रक्षा के लिए नई क्रियाविधियाँ बना चुकी थीं या बनाने का विचार कर रही थीं। यदि संविधान में अनुसूचित जातियों के हितों की रक्षा के लिए विशेष उपाय न किये गए होते तो टक्कर और भी तीव्रतर होती। इनके बिना अनुसूचित जातियों तथा दूसरों के बीच टक्कर, जो गाँव के स्तर पर बहुत तीव है, राजसत्ता और विभिन्न विशेषाधिकारों के लिए संघर्ष से और भी जोर की हो जाती।

यहाँ यह कहना न्यायोचित होगा कि 1950 के बाद से पिछड़ेपन की समस्या के विषय में एक भिन्न रवैये की भी शुरुआत होती है, और यह रवैया केन्द्र और राज्य दोनों ही स्तरों पर प्रारम्भ हुआ। भारत सरकार द्वारा नियुक्त पिछड़े वर्ग आयोग ने, जिसका उद्देश्य उन कसौटियों को निर्धारित करना था जिनके आधार पर अनुसूचित जातियों और जनजातियों के अलावा आबादी के अन्य अंश सामाजिक और शैक्षिक दृष्टि से पिछड़े हुए माने जा सकें, 1955 में अपनी रिपोर्ट पेश की, और उसके अधिकांश सदस्यों का मत था कि किसी व्यक्ति के पिछड़ेपन की सीमा जाति से निर्धारित होती है। उन्होंने 2399 जातियों को पिछड़ी हुई बताया, और यह सिफारिश की कि इन जातियों को भी वे सब सुविधाएँ मिलनी चाहिए जो अनुसूचित जातियों और जनजातियों को मिलती हैं। पर आयोग के अध्यक्ष काका कालेलकर ने राष्ट्रपति को रिपोर्ट भेजते हुए अपने पत्र में प्रायोग के मूलभूत निष्कर्षों को अस्वीकार किया। उन्होंने लिखा कि जब समिति का काम लगभग खत्म होने पाया तब उन्होंने अनुभव किया कि उसके द्वारा सुझाये गए उपाय तो उन बुराइयों से भी बदतर हैं जिनको दूर करना उनका उद्देश्य है...वे इस निश्चय पर पहुँचे कि आयोग की जाँच की पूरी दिशा ही 'लोकतंत्र की भावना के प्रतिकूल' है, क्योंकि लोकतंत्र की इकाई व्यक्ति है, परिवार या जाति नहीं। उन्होंने सिफारिश की कि राज्य उन सब व्यक्तियों को पिछड़ा हुआ और विशेष शिक्षा-सम्बन्धी तथा आर्थिक सहायता का अधिकारी माने जिनकी कुल पारिवारिक आय 800 रुपये सालाना से कम है, फिर उनकी जाति या सम्प्रदाय कुछ भी हो। आयोग ने पिछड़े वर्गों के लिए सरकारी नौकरियाँ आरक्षित करने की सिफारिश की थी, कालेलकर ने उसका भी विरोध किया।[62]

भारत सरकार ने भो आयोग की सिफारिशों को अस्वीकार किया, और पाँच वर्ष बाद 14 अगस्त, 1961 को गृह मंत्रालय ने राज्य सरकारों से जाति की कसौटी छोड़कर आय की कसौटी अपनाने का अनुरोध किया।

राज्य स्तर पर, मद्रास ने 1955 में पहल की और यह इरादा जाहिर किया कि क्रमश: प्राथमिक और माध्यमिक स्कूलों में सब गरीब छात्रों की फीस माफ करने की नीति अपनाई जाएगी। अपने इस लक्ष्य को वह पूरी तरह फरवरी 1961 में प्राप्त कर सका। 1959 में बम्बई सरकार ने सब गरीब बच्चों की प्राथमिक और माध्यमिक स्कूलों में फीस माफ करने का निर्णय किया, और आंध्र तथा मैसूर जैसे राज्यों ने भी उसके बाद यही नीति अपनाई।[63]

[5]

मैं दक्षिण भारत के पिछड़े वर्ग आन्दोलन को मूलत: उन समूहों द्वारा गतिशीलता प्राप्त करने का आन्दोलन मानता हूँ जो पश्चिमीकरण में ब्राह्मणों से पिछड़ गए थे। शिक्षा, सरकारी नौकरियाँ और राजनीतिक प्रक्रियाओं में सहभागिता ऐसी गतिशीलता के लिए आवश्यक थी, और शिक्षा बाकी दो को प्राप्त करने के लिए जरूरी थी। वह अनिवार्यत: लौकिक आन्दोलन था। समानता की धारणा उसमें निहित ही थी। उसने ऊपर उठने की इच्छुक जातियों में व्यापक होड़ पैदा कर दी, और आत्मसम्मान आन्दोलन को जन्म दिया, और उसे ब्राह्मणों की सांस्कृतिक तथा सामाजिक प्रधानता तथा बहिष्कारवादी प्रवृत्ति पर प्रहार करना पड़ा। पश्चिमीकरण में सम्मिलित आधुनिक राजनीतिक तथा अन्य प्रक्रियाओं में भाग लेने के कारण जाति-व्यवस्था में कुछ महत्त्वपूर्ण परिवर्तन हुए जिन पर मैं यहाँ विचार करूँगा। इस सिलसिले में जो बात सबसे पहले मेरे मन में आती है वह है जाति की उसके पारम्परिक, स्थानीय और उदग्र साँचे से मुक्ति। स्थानीय साँचे में बल जातियों या जातियों की स्थानीय प्रशाखाओं की पारस्परिक निर्भरता पर था, जिसका वास्तविक अर्थ होता था सेवक और दस्तकार जातियों के आसामियों के बहुत-से घरों की भूस्वामी प्रभु जातियों के प्रत्येक संरक्षक घर पर निर्भरता। नए शैक्षिक, आर्थिक और राजनीतिक अवसरों के उत्पन्न होने से क्षैतिज एकीकरण में वृद्धि हुई। यहाँ मैं यह कैसे हुआ इसके बजाय गतिशीलता के लिए इसके महत्त्व की चर्चा करूँगा। व्यापक क्षेत्र में फैली हुई जाति में अपनी प्रशाखाओं के बीच भिन्नताओं की उपेक्षा की प्रवृत्ति होती थी (लीच की 'जाति श्रेणियाँ')[64] जब मैं उन्हें जाति की विभिन्न प्रशाखाएँ कहता हूँ तो मैं यही अंकित कर रहा हूँ कि जाति के शिक्षित लोग उन्हें कैसे देखते थे। वास्तव में मुझे तो शक है कि बड़ी किसान जातियों के विभिन्न सदस्यों में इस बात पर मतभेद होता होगा कि कौन उनकी जाति का है कौन नहीं।

उदाहरण के लिए, मैसूर-मांड्या ज़िलों की ओक्कलिग जैसी जाति में, यह सम्भव है कि जाति का एक बुजुर्ग देहाती अनपढ़ सदस्य नोनबा, हल्लीकार, हालु और मोरसु शाखाओं को ओक्कलिग ही न माने। उसके लिए तो कोई पच्चीस मील के घेरे में रहनेवाले ओक्कलिग ही उसकी सामाजिक परिधि में आते। पर एक ओक्कलिग वकील या डाक्टर सब शाखाओं को ओक्कलिग मानेगा और वह सुदूर पश्चिमी जिले सिमोगा के शहरी और शिक्षित ओक्कलिग के बेटे से अपनी बेटी का विवाह करने को तैयार हो जाएगा। स्पष्ट ही यहाँ एक वर्गगत तत्त्व भी निहित है, पर यह बात निर्विवाद है कि क्षैतिज एकीकरण हो रहा है, और इस एकीकरण में एक निर्धारक तत्त्व है भारतीय समाज का बढ़ा हुआ राजनीतिकरण। रिज़ले-जैसे जाति के पूर्ववर्ती अध्येताओं ने भी 'जाति की विखंडन की प्रकृति'[65] की ओर ध्यान आकर्षित किया है। पारम्परिक भारत में, विखंडन प्रमुख प्रक्रिया रही जान पड़ती है, जबकि आज प्रवृत्ति उलट गई है और 'विखंडन' का स्थान 'एकीकरण' ने ले लिया है। और जैसा बेतील ने कहा है, एकीकरण मनमाने ढंग से नहीं बल्कि पारम्परिक सम्बन्धों को ध्यान में रखकर ही होता है। बेतील ने यह भी कहा है कि ऐसा एकीकरण "प्रायः बड़े-बड़े खंडों के बीच, विशेषकर राजनीतिक क्षेत्र में, दरार के बढ़ते जाने से भी सम्बन्धित होता है।"[66]

मैंने इसे 'क्षैतिज एकीकरण' कहा है, पर 'क्षैतिज' शब्द पूरी तरह उपयुक्त नहीं है, क्योंकि उसमें सम्बद्ध इकाइयाँ एक-दूसरे को समान नहीं मानतीं और प्रत्येक का यह भाव रहता है कि वह दूसरों से श्रेष्ठ है। यह कहना अधिक उपयुक्त होगा कि ढाँचे में पास-पास की इकाइयाँ एक बड़ी इकाई का अंग बन जाती हैं। अधिकांश मामलों में बड़ी इकाई अभी भी प्रकट होने की प्रक्रिया में होती है, और विभिन्न इकाइयों के पश्चिमीकृत अभिजन उन्हें पास ला रहे होते हैं।

प्रत्यक्ष अनुसंधान के अभाव में यह कहना सम्भव नहीं कि क्षैतिज एकीकरण में वृद्धि सब जातियों में एक-सी हुई है अथवा कुछ में कम कुछ में अधिक। वह निश्चित रूप से प्रभु किसान जातियों सहित उच्च जातियों में तो हो रही है। अनुसूचित जातियाँ राजनीतिक उद्देश्यों के लिए तो पास आई हैं, पर यह ज्ञात नहीं है कि उसके बाद सामाजिक और सांस्कृतिक क्षेत्रों का विस्तार किस हद तक हुमा है। दस्तकार और सेवक जातियाँ आम तौर पर संख्या में कम होती हैं और राज्य की राजनीति में कहीं भी प्रमुख नहीं हैं। यह असम्भव नहीं कि वे भी क्षैतिज एकीकरण में वृद्धि की आधुनिक प्रवृत्ति से प्रभावित हुई हों। जाति के सन्दर्भो के विषय में हाल में एफ. जी. बेली और बेतील ने विवेचन किया है।[67] बेतील ने लिखा है :

> "इस तथ्य का कि जाति खंडीय व्यवस्था है यह अर्थ है (और सदा रहा है) कि लोग विभिन्न सन्दर्भों में अपने-आपको विभिन्न श्रेणियों की इकाइयों का सदस्य समझते हैं। एक स्मार्त अपने को एक श्री वैष्णव

के सामने स्मार्त समझता है और ग़ैर-ब्राह्मणों के सामने ब्राह्मण। यह मानने का कोई कारण नहीं कि यह कोई नई बात है। नई बात यह है कि दलीय राजनीति के कारण ध्यान अब संकुचित समूहों की बजाय बड़े समूहों पर केन्द्रित होने लगा है।"[68]

यह सच है कि राजनीतिक शक्तियों ने—जो किन्तु दलीय राजनीति से अधिक व्यापक हैं—क्षैतिज एकीकरण को उकसाने में योग दिया है, पर केवल उन्होंने ही ऐसा नहीं किया। नागरीकरण, बढ़ी हुई स्थानमूलक गतिशीलता, पश्चिमीकृत जीवनशैली और आधुनिक विचारधारा का भी अपना योग रहा है। सहगमन के विशेष सन्दर्भ में, जो जाति की पहचान के लिए बहुत महत्त्वपूर्ण है, दहेज प्रथा के कारण लोग पारम्परिक इकाई के बाहर वर खोजने को बाध्य हुए हैं। दहेज में बड़ी-बड़ी रकमों की माँग, और बहुत बार स्वयं दहेज प्रथा, बढ़े हुए मुद्रा-प्रसार और उसके कारण पश्चिमी शिक्षा और नौकरी के अवसरों की उपज है। भारतीय समाचार-पत्रों में विवाह-सम्बन्धी विज्ञापन यह प्रकट करते हैं कि किस तरह शहरी पश्चिमीकृत भारतीय उपयुक्त वरकन्या की तलाश में पारम्परिक रुकावटों की उपेक्षा करने को तैयार हैं।

आधुनिक भारत की जातियाँ छात्रावास बनाना, सहकारी आवास व्यवस्था और बैंकों की स्थापना आदि बहुत-से कार्य करती हैं, और राजनीतिक क्षेत्र में अलग-अलग हितों के प्रतिनिधि समूहों का काम करती हैं। गाँव और प्रदेश के पारम्परिक सन्दर्भ में जाति समूहों के कार्य से यह एकदम भिन्न है। स्थानीय ग्रामीण अर्थ-व्यवस्था और समाज में जातियों में जो पारस्परिक निर्भरता की विशेषता पाई जाती थी और यह याद रखना उचित होगा कि इस पारस्परिक निर्भरता के पीछे प्रभु जाति और मुखिया की उत्पीड़क शक्ति छिपी रहती थी—उसका स्थान प्रतिद्वन्द्वी समूहों में सत्ता की होड़ ने ले लिया है। कैथलीन गफ़ के अनुसार यह भी जाति के विघटन का ही एक लक्षण है, और लीच के अनुसार यह "जाति के सिद्धान्तों के प्रतिकूल"[69] आचरण है। बेली का मत है कि ये उदीयमान इकाइयाँ "जाति-व्यवस्था में सक्रिय न होने पर भी शिथिल रूप में 'जाति' ही"[70] हैं। नूर यैलमैन[71] और बेतील[72] भी इन इकाइयों को जातियाँ मानते हैं, और बेतील ने खंडीय व्यवस्था अर्थात जाति के विभिन्न स्तरों के बीच निरन्तरता पर बल दिया है।

यदि पारम्परिक ग्रामीण समुदाय अथवा छोटी रियासत को मान समझा जाए, तो 'जाति श्रेणियों' अथवा सम्बद्ध जातियों के बीच बनते हुए नए सम्बन्ध, और राजसत्ता और आर्थिक सुविधाओं के लिए तीव्र प्रतियोगिता, नई घटना जान पड़ती है, चाहे वे सहगामी क्षेत्र निर्धारित करने जैसे कुछ पारम्परिक कार्य भी अभी करती हों। किन्तु जाति में ये परिवर्तन डेढ़ सौ वर्ष से होते पश्चिमीकरण के बिना नहीं

हो सकते थे, और जब मैं पश्चिमीकरण कहता हूँ तो मैं उस शब्द में निहित सारी शक्तियों को शामिल करता हूँ। बड़ी-बड़ी और शक्तिशाली जातियों का उदय, उनमें से प्रत्येक के भीतर धन्धों की बड़ी भारी विविधता, राजनीतिक और आर्थिक सत्ता के लिए जातियों के बीच तीव्र प्रतियोगिता, समानतावादी विचारधारा का प्रसार और बढ़ती हुई राजनीतिक तथा सामाजिक सक्रियता—इन सबसे मूलभूत प्रकार के परिवर्तनों के होने का संकेत मिलता है। उसे सामाजिक स्तरीकरण की एक आत्मबद्ध व्यवस्था से उन्मुक्त व्यवस्था की ओर सामान्य गति मात्र नहीं कहा जा सकता। एक तो, जैसा हम पहले देख चुके हैं, पारम्परिक व्यवस्था सर्वथा आत्मबद्ध भी न थी, और व्यक्ति तथा समूह दोनों के लिए गतिशीलता सम्भव थी। दूसरे, स्वाधीनता के बाद से वैयक्तिक और पारिवारिक गतिशीलता की सम्भावनाएँ बहुत अधिक बढ़ गई हैं, फिर भी इस गतिशीलता में जाति बड़े सूक्ष्म और अप्रत्यक्ष रूप से अब भी महत्त्वपूर्ण रहती है।

अध्याय-4

लौकिकीकरण

[1]

अंग्रेज़ी शासन अपने साथ भारतीय सामाजिक जीवन और संस्कृति के लौकिकीकरण की प्रक्रिया भी लाया। यह प्रवृत्ति संचार-साधनों के विकास, क़स्बों और नगरों की वृद्धि, बढ़ी हुई स्थानमूलक गतिशीलता और शिक्षा के प्रसार के साथ-साथ क्रमशः और भी प्रबल हो गई। दोनों महायुद्धों और महात्मा गांधी के नागरिक अवज्ञा आन्दोलनों ने जन-साधारण को राजनीतिक और सामाजिक दृष्टि से सक्रिय तो किया ही, लौकिकीकरण की वृद्धि में भी योग दिया। स्वतंत्रता के साथ तो लौकिकीकरण की प्रक्रिया का और भी व्यापक तथा गहरा होना प्रारम्भ हुआ, जो ऐसे सब कार्यों में प्रकट होता है, जैसे भारत के धर्म-निरपेक्ष राज्य होने की घोषणा, क़ानून के आगे सब नागरिकों की समानता की संवैधानिक मान्यता, सार्वजनीन बालिग मताधिकार का प्रारम्भ और योजनाबद्ध विकास के कार्यक्रमों का ग्रहण।

हम पहले देख चुके हैं कि संस्कृतीकरण का भी प्रसार हो रहा है, और इसमें विरोधाभास लग सकता है कि आधुनिक भारत में संस्कृतीकरण और लौकिकीकरण दोनों एक साथ बढ़ रहे हैं। दोनों में से लौकिकीकरण अधिक सामान्य प्रक्रिया है जो सभी भारतीयों को प्रभावित करती है, जबकि संस्कृतीकरण का प्रभाव केवल हिन्दुओं और जनजाति समूहों पर ही पड़ता है। मोटे रूप में यह कहना सही होगा कि लौकिकीकरण शहरी और शिक्षित समूहों में अधिक होता है और संस्कृतीकरण नीची हिन्दू जातियों और जनजातियों में। किन्तु इस बात को फिर से दोहराना आवश्यक है कि एक शताब्दी के पश्चिमीकरण का एक प्रभाव—लौकिकीकरण पश्चिमीकरण में सम्मिलित है—यह है कि हिन्दू धर्म की पुनर्व्याख्या हुई है जिसमें संस्कृतीय तत्त्व प्रमुख हैं।

'लौकिकीकरण' शब्द में यह बात निहित है कि जिसे पहले धार्मिक माना जाता था, वह अब वैसा नहीं माना जाता। और उसमें विभेदीकरण की एक प्रक्रिया भी निहित है जिसके परिणामस्वरूप समाज के विभिन्न—आर्थिक, राजनीतिक, क़ानूनी

और नैतिक—पक्ष एक-दूसरे के मामले में अधिकाधिक 'सावधान' होते जाते हैं। चर्च और राज्य में अन्तर, तथा धर्म-निरपेक्ष राज्य की भारतीय अवधारणा, दोनों ही में ऐसे विभेदीकरण के अस्तित्व की स्वीकृति निहित है।

लौकिकीकरण का दूसरा आवश्यक तत्त्व है बुद्धिवाद। बुद्धिवाद "एक व्यापक शब्द है, जो उन विविध सैद्धान्तिक तथा व्यावहारिक प्रवृत्तियों के लिए प्रयुक्त होता है जिनका लक्ष्य जगत् की विशुद्ध चिन्तन के रूप में व्याख्या करना है, अथवा जो वैयक्तिक तथा सामाजिक जीवन को तर्क-बुद्धि के सिद्धान्त के अनुसार नियमित करना और समस्त तर्कहीन बातों को यथासम्भव मिटाना अथवा पीछे धकेलना चाहती हैं।"[1] अन्य बातों के अतिरिक्त बुद्धिवाद में पारम्परिक विश्वासों और धारणाओं के स्थान पर आधुनिक ज्ञान की स्थापना निहित है।

यह मानना शायद ठीक ही होगा कि लौकिकीकरण की प्रक्रिया से भारत के अन्य किसी धार्मिक समूह की अपेक्षा हिन्दू ही अधिक प्रभावित हुए क्योंकि, एक तो, पवित्रता-अपवित्रता की धारणाएँ, जो हिन्दू धर्म में केन्द्रीय और व्यापक हैं, पूर्वोल्लेखित विविध कारणों से बहुत क्षीण हुईं। साथ ही हिन्दू धर्म का कोई एक केन्द्रीय देशव्यापी संगठन और उसका कोई एक प्रधान नहीं है, और वह जीवित बने रहने के लिए जाति, संयुक्त परिवार और ग्रामीण समुदाय जैसे सामाजिक संस्थानों पर अधिकतर निर्भर है जो महत्त्वपूर्ण बातों में बदलते जा रहे हैं। यह सम्पूर्ण स्थिति हिन्दू धर्म को लौकिकीकरण की शक्तियों के लिए विशेष रूप से वेध्य बना देती है। उससे हिन्दुओं के विभिन्न वर्ग विभिन्न मात्राओं में प्रभावित होते हैं, और आम तौर पर दूसरे लोगों की अपेक्षा नया अभिजन उससे कहीं अधिक प्रभावित होता है। लौकिकीकरण-सम्बन्धी विवेचन में मैं मुख्यतया मैसूर के अभिजन को ही ध्यान में रखूगा, यद्यपि यह सम्भव है कि मेरी बातें थोड़े-बहुत हेरफेर के साथ देश के अन्य भागों के अभिजनों पर भी लागू होती हों। सबसे पहले मैं पवित्रता-अपवित्रता-सम्बन्धी विचारों पर लौकिकीकरण के प्रभाव पर विचार करूँगा, फिर पुरोहित ब्राह्मणों के जीवन और स्थान में परिवर्तनों पर, और अन्त में, जाति, ग्रामीण समुदाय और संयुक्त परिवार में परिवर्तनों की हिन्दू धर्म के लिए सार्थकता पर विचार करूँगा।

हिन्दू धार्मिक आचरण का कोई अध्येता अपवित्रता और पवित्रता की अवधारणाओं[2] की उपेक्षा नहीं कर सकता। अपवित्रता और पवित्रता के लिए शब्द प्रत्येक भारतीय भाषा में मौजूद हैं, और इनमें से प्रत्येक शब्द में अर्थ की ऐसी व्यापकता है कि सन्दर्भ के अनुसार उसके अलग-अलग अर्थ निकल आते हैं। इस भाँति अपवित्रता से अभिप्राय मलिनता, कलंक, दूषण और परोक्ष रूप से पाप का भी हो सकता है, और पवित्रता का अर्थ स्वच्छता, पुण्यशीलता और परोक्ष रूप से धार्मिकता तक हो सकता है।

विभिन्न जातियों के बीच संरचनागत दूरी अपवित्रता और पवित्रता के रूप में निर्धारित होती है। उच्चतर जाति अपने से निचली जातियों की तुलना में सदा 'पवित्र' होती है, और अपना उच्च स्थान बनाए रखने के लिए उसे निम्न जातियों से कुछ प्रकार के सम्पर्क से बचना चाहिए। साधारणतः उसे उनके हाथ का बना भोजन न खाना चाहिए, अथवा उनसे विवाह अथवा यौन सम्बन्ध न करना चाहिए। जहाँ एक जाति बहुत ऊँची और दूसरी बहुत नीची हो, तो एक-दूसरे को स्पर्श करने अथवा बहुत समीप जाने पर भी प्रतिबन्ध होता है। नियमों के उल्लंघन से उच्च जाति का व्यक्ति अपवित्र हो जाता है, और पवित्रता फिर से प्राप्त करने के लिए प्रायश्चित्त और प्रायः जाति की पंचायत द्वारा निर्धारित दंड भोगना, ज़रूरी होता है। किन्तु कभी-कभी अपराध अत्यधिक गम्भीर होता है—जैसे, उदाहरण के लिए, यदि किसी ब्राह्मण अथवा उच्च जाति की स्त्री का किसी अछूत पुरुष के साथ यौन-संसर्ग हो जाए तो उसे सदा के लिए जाति से बहिष्कृत कर दिया जाता है। अपवित्रता और पवित्रता की अवधारणाएँ केवल स्थिर ही नहीं गतिमान सन्दर्भ में भी महत्त्वपूर्ण हैं। परम्परा से, जब कोई जाति-समूह अथवा उसकी प्रशाखा ऊपर उठना चाहती तो वह अपनी जीवन-शैली का संस्कृतीकरण करती और उन जातियों के साथ पका हुआ भोजन करना बन्द कर देती जिनके साथ पहले उसका खान-पान का व्यवहार था।

जाति-सोपान के अनुरूप ही भोजन, धन्धों और जीवन-शैली के भी सोपान हैं। उच्चतम जातियाँ शाकाहारी और मदिरा—त्यागी होती हैं, और निम्नतम मांस (पालतू सूअर और गाय का मांस भी) खाती हैं और देशी शराब पीती हैं। गाँव के सूअर का मांस खाने से खानेवाले अपवित्र हो जाते हैं, और गोमांस पर प्रतिबन्ध हिन्दू धर्मशास्त्रों में गाय को प्राप्त उच्च स्थान के कारण है। धन्धों में, जिनमें शारीरिक श्रम करना पड़ता है उन्हें निम्न समझा जाता है। शारीरिक श्रमवाले धन्धों में ऐसे भी हो सकते हैं जिनमें गन्दे या अपवित्र करनेवाले (जैसे मलमूत्र आदि) पदार्थों को छूना अथवा पशु-वध जैसे पापपूर्ण कार्य करना आवश्यक हो सकता है। जाति-व्यवस्था की सबसे निचली सीढ़ी पर वे धन्धे हैं जो पापपूर्ण अथवा अपवित्र अथवा दोनों होते हैं।

न केवल जाति बल्कि रक्त-सम्बन्ध भी अपवित्रता-सम्बन्धी धारणाओं से जुड़ा हुआ है। इस भाँति जन्म और मृत्यु दोनों के परिणामस्वरूप सगोत्रीय समूह के सदस्य निर्दिष्ट समय तक के लिए अपवित्र हो जाते हैं, और मृत्युजन्य अपवित्रता जन्म के कारण होनेवाली अपवित्रता से अधिक तीव्र मानी जाती है। सगोत्रीय समूह में भी घनिष्ठतम सम्बन्धियों के लिए, जैसे विधवा, विधुर अथवा पुत्रों के लिए, शोक-काल अधिक दीर्घ होता है, और निषेध भी अधिक विस्तृत होते हैं। यौवनारम्भ पर लड़की को परम्परा से कई दिनों के लिए एक कमरे में अलग कर दिया जाता, और समाप्त होने पर पवित्र करने के लिए स्नान और कुछ कृत्य आवश्यक होते थे। मासिक धर्म के दिनों में स्त्री को अपवित्र समझा जाता था। परम्परा से स्त्रियाँ मासिक धर्म

होने पर तीन दिन तक सब कामकाज और घर के सब लोगों के सम्पर्क से अलग रहती थीं। स्वेद के अतिरिक्त सब प्रकार का शारीरिक मल न केवल गन्दा बल्कि अपवित्र करनेवाला माना जाता था। यह भी एक कारण है कि उपासना के पहले स्नान आवश्यक था; और उपासना अथवा कर्मकांड करते समय, कर्ता को अपने मल-द्वारों पर नियंत्रण रखना पड़ता था। धार्मिक अवसरों पर, जिनमें मैसूर जिले के कोल्लेगाल तालुक में मादेश्वर मन्दिर अथवा दक्षिण केरल के विख्यात शास्त मन्दिर की तीर्थयात्राएँ भी शामिल थीं, रतिसमागम में भी संयम आवश्यक होता था।

दैनिक क्रम में भी अपवित्रता और पवित्रता की धारणाएँ परिव्याप्त थीं। व्यक्ति की साधारण अवस्था हलकी अपवित्रता की मानी जाती थी, और इसे बदलकर वह थोड़ी देर के लिए या तो पवित्र अथवा अत्यधिक अपवित्र हो सकता था। न केवल उपासना के बल्कि भोजन के समय भी उसका कर्मकांडीय रूप में पवित्र होना आवश्यक था (इस सम्बन्ध में देखिए पृ. 66-67)। पवित्र होने के लिए स्नान करके कर्मकांडीय रूप में पवित्र वस्त्र पहनना आवश्यक था और उस समय परिवार के भी उन सदस्यों के स्पर्श से बचना आवश्यक था जो वैसी ही अवस्था में न हों। कुछ उत्सवों और श्राद्ध के अवसर पर कर्ता कृत्य समाप्त होने तक जल भी ग्रहण नहीं कर सकता।

परम्परा के अनुसार, व्यक्ति स्वयं अपनी हजामत नहीं बनाता। हजामत नाई बनाता था, और नाई का स्पर्श और हजामत के बाल दोनों अपवित्र करते थे। हजामत के बाद स्नानघर के बर्तन छूने का निषेध था, इसलिए व्यक्ति स्नानघर के फर्श पर बैठ जाता और अन्य कोई उसके ऊपर पानी डालता। पूरी तरह भीग जाने और पानी से कुल्ला कर लेने के बाद ही बर्तनों को छूने की अनुमति थी। हजामत के स्थान को गोबर से पवित्र किया जाता था। इसीलिए प्रारम्भ में उच्च जातियों में सेफ्टी रेज़र के प्रयोग का कुछ विरोध हुआ था क्योंकि उसमें अपवित्रता निहित थी। रोज़ शेव करने की आदत से सप्ताह के कुछ तथा अन्य अशुभ दिनों में हजामत के निषेध का उल्लंघन होता था। सेफ्टी रेज़र ने व्यक्ति के लिए चाहे जब और चाहे जहाँ शेव करना सम्भव बना दिया। मुझे याद है कि एक बार रामपुर में अपने अनुसन्धान-कार्य के दिनों में मैंने सवेरे स्नान के बाद शेव किया तो किसान मुखिया ने इसके लिए मुझे हलका-सा डाँटा था। (उसकी दस बरस की नातिनी अपवित्रता के प्रति मेरी उदासीनता की आलोचना करती थी।) स्वयं उसके घर में सेफ्टी रेज़र की मनाही थी और जब उसका लड़का मैसूर से मिलने पाया तो मेहमानों के लिए प्रयुक्त पड़ोस के मकान में ही उसे रेज़र का व्यवहार करने की अनुमति मिली।

स्त्रियाँ, विशेषकर विधवाएँ, और वयोवृद्ध पुरुष दूसरे लोगों की अपेक्षा अपवित्रता-सम्बन्धी नियमों का पालन करने में अधिक कट्टर होते हैं। उच्च जातियाँ नीची जातियों से ज्यादा कट्टर होती हैं, उच्च जातियों में ब्राह्मण सबसे कट्टर होते

हैं, और ब्राह्मणों में भी पुरोहितों और पुजारियों की कट्टरता तो सभी से अधिक होती है। वास्तव में ब्राह्मणों का पवित्र-अपवित्र की धारणाओं और कर्मकांड में ही उलझे रहने को लेकर टीका-टिप्पणी नहीं तो बहुत मज़ाक होता रहता है। पारम्परिक ब्राह्मण जीवन के लिए न केवल अवकाश चाहिए, बल्कि स्थानमूलक गतिशीलता का अभाव भी आवश्यक है। यात्रा में कट्टरपंथी ब्राह्मणों को बड़े कष्ट और प्रभाव का सामना करना पड़ता है।

जिस प्रकार मलिनता और पाप की धारणाएँ अपवित्रता के समीप पड़ती हैं, उसी प्रकार धार्मिकता पवित्रता के समीप है। सभी स्नान पवित्र करते हैं, पर पुनीत नदी में स्नान से पापों का नाश होकर पुण्य का लाभ भी होता है। पुण्य स्नान, मन्दिर में पूजा, हरिकथा कालक्षेप, अन्य भक्तों के साथ भजन, सत्संग, उपवास, प्रार्थना और ध्यान—धार्मिक जीवन की यही सार वस्तुएँ हैं, जो लौकिक कार्यों में लीन जीवन से भिन्न हैं।

पवित्र-अपवित्र की धारणाएँ पिछले कुछ दशकों में पूर्वोल्लेखित शक्तियों के कारण क्षीण भी हुई हैं और उनकी व्यापकता भी घटी है। यहाँ इस बात का उल्लेख किया जा सकता है कि यात्रा और चाय की दुकानों की लोकप्रियता शहरियों तक ही सीमित नहीं, देहातियों तक पहुँच चुकी है। जब मैंने 1948 में रामपुर में अपना शोध-कार्य प्रारम्भ किया, तो मुझे पास के गाँवों तक पैदल जाते देखकर गाँववालों को आश्चर्य होता था। बसें थीं तो पैदल जाने की क्या ज़रूरत है? जब मैं 1952 में उस गाँव में दोबारा गया तो मैंने पाया कि यात्रा की लोकप्रियता बहुत बढ़ चुकी है और स्वयं मुखिया ने बसों में पैसा लगा रखा है।

शहरी जीवन के अपने अलग दबाव होते हैं और व्यक्ति का नित्यक्रम, उसके रहने का स्थान, उसके भोजन के समय, जाति और धर्म की अपेक्षा उसकी नौकरी से अधिक निर्धारित होते हैं। यह और भी सही है यदि वह जिस शहर में रहता हो वह बंगलूर अथवा भद्रावती जैसा अत्यधिक उद्योग-प्रधान हो, मैसूर जैसा नहीं, जो 1 नवम्बर, 1956 तक, एक बड़े कन्नड़-भाषी राज्य का मार्ग बनने से पहले, राज्य की केवल पारम्परिक राजधानी होने के कारण ही महत्त्वपूर्ण था। इससे भी प्रभावशाली बात यह है कि गाँवों से शहरों में आनेवाले किसी हद तक जाति और सगोत्रता के दबावों से छूट जाते हैं, और उनके लिए अपने साथ करनेवालों और पड़ोसी समूहों की मान्यताओं के अनुरूप चलना आवश्यक हो जाता है। मैं यह नहीं कह रहा हूँ कि शहरी ज़िन्दगी में पारम्परिक जीवन-पद्धति बिल्कुल छूट जाती है। वास्तव में यह सभी ने देखा होगा कि आचरण सन्दर्भ के अनुरूप होता है, और लोग उसकी असंगतियों की हमेशा परवाह नहीं करते। एक नायर सूचनादाता ने कैथलीन गफ़ से कहा था : "जब मैं दफ़्तर जाने के लिए अपनी क़मीज़ पहनता हूँ तो जाति को उतारकर रख देता हूँ, और जब दफ्तर से लौटकर क़मीज़ उतारता हूँ तो जाति को

पहन लेता हूँ।"[3] किन्तु दीर्घकालीन आधार पर ऐसी सन्दर्भगत भिन्नता आम तौर पर अन्त में आचरण के सम्पूर्ण लौकिकीकरण के लिए ही मार्ग प्रशस्त करती है। इस भाँति, उदारहण के लिए, मैसूर में 1930 के आसपास वैदिक ब्राह्मण कॉफ़ीघरों में नहीं जाते थे, उनमें भी नहीं जहाँ रसोइये ब्राह्मण थे। वयोवृद्ध लौकिक ब्राह्मण भी वहाँ जाना पसन्द नहीं करते थे; और बहुत ही जब कभी वे जाते भी थे तो ब्राह्मणों के लिए आरक्षित एक अन्दर के कमरे में बैठते थे और अल्यूमिनियम और पीतल की अपवित्र प्लेटों की बजाय पत्तों पर खाते थे। अब ब्राह्मणों के लिए आरक्षित कमरे बहुत कम कॉफ़ीघरों में ही होते होंगे—वास्तव में ऐसा आरक्षण क़ानून के विरुद्ध होगा। शहर के सबसे लोकप्रिय कॉफ़ीघरों के ग्राहक सर्वदेशीय होते हैं और बहुत कम ग्राहक रसोइयों और वेटरों की जाति की चिन्ता करते हैं। अब स्त्रियाँ भी कभी-कभी कॉफ़ीघरों में जाने लगी हैं, और उनमें 'परिवारों के लिए' विशेष स्थान होते हैं जहाँ वे एकान्त में खा सकती हैं।

अधिक शिक्षित ग्राहक कॉफ़ीघरों में स्वच्छता के बारे में तो चिन्तित होते हैं, जाति के बारे में नहीं। बहुत-से लोग पश्चिमी ढंग के 'कॉफ़ी हाउसों' को पसन्द करते हैं जो अधिक स्वच्छ और शान्त दिखाई पड़ते हैं तथा नए ढंग की वस्तुएँ बेचते हैं। प्राय: इन 'कॉफ़ी हाउसों' में सामिष और निरामिष दोनों प्रकार का खाना मिलता है, और ब्राह्मण नवयुवकों को आमलेट तथा अन्य वर्जित खाद्य पदार्थों के साथ प्रयोग करते देखा जा सकता है।

जनता के सभी वर्गों में शिक्षा के प्रसार के परिणामस्वरूप पवित्रता की पारम्परिक धारणाओं का स्थान स्वास्थिकी के नियम लेते जा रहे हैं। पवित्रता और स्वच्छता के बीच प्राय: टक्कर हो जाती है। मैंने बहुत-से शिक्षित ब्राह्मणों को कट्टरपन्थियों द्वारा पहने जानेवाले 'पवित्र' वस्त्रों की गन्दगी और अस्वास्थ्यकर अवस्था के प्रति घिन प्रकट करते सुना है। ब्राह्मण रसोइए प्राय: ऐसे गन्दे कपड़े पहने होते हैं, या गरम बरतनों को पकड़ने के लिए काम में लाते हैं, जो धुले हुए तो होते हैं पर जिन्हें कीटाणुहीन अथवा साबुन से साफ़ नहीं किया गया होता। तीर्थ-स्थानों की गन्दगी पर प्राय: शिक्षित हिन्दुओं में चर्चा चलती है, जो गंगा की पवित्रता की अपेक्षा उसमें गिरनेवाले नालों से अधिक चिन्तित होते हैं। किन्तु केवल यही एक प्रवृत्ति नहीं है। शिक्षित हिन्दू पारम्परिक आचरण की बुद्धिसंगत व्याख्या करते भी पाए जाते हैं। उनके अनुसार पवित्रता स्वास्थ्यकर्ता से अधिक कुछ नहीं है, और उसे धार्मिक आचरण के अन्तर्गत इसीलिए रखा गया जिससे लोग उस पर अधिक ध्यान दें।

अपवित्रता के विषय में बदले हुए रवैये के किसी भी विवेचन में मैसूर की ब्राह्मण स्त्रियों में शिक्षा की भारी लोकप्रियता[4] पर ध्यान देना आवश्यक है। पुराने ज़माने में स्त्रियाँ अपवित्रता के बारे में अत्यन्त सजग होती थीं, और अपवित्रता-

व्यवस्था का हृदय रसोईघर ही था। इसके विपरीत आधुनिक शिक्षित गृहिणी को अपवित्रता के बारे में बहुत चिन्ता नहीं, वह स्वास्थ्यकर्ता और पौष्टिकता के लिए कहीं अधिक सजग होती है। बहुत-सी स्त्रियाँ अपवित्रता के नियम अपने माता-पिता अथवा सास-ससुर के साथ रहने पर ही निभाती हैं; अलग गृहस्थी बसाते ही वे उन नियमों के बारे में शिथिल हो जाती हैं। पारम्परिक संयुक्त परिवार से भिन्न, यदि घर में एक ही वयस्क स्त्री हो तो अपवित्रता के नियमों का कठोरता से पालन आसान नहीं है। संयुक्त परिवारों में भी अपवित्रता के नियमों का कट्टरता से पालन तभी सम्भव हो पाता है जब घर में वृद्धा विधवाएँ हों जिनका जीवन रसोईघर और (रसोईघर में या उसके आसपास ही स्थित) घर के देवस्थान में केन्द्रित हो।

पुराणपन्थी हिन्दू धर्म के अपवित्रता तथा कर्मकांड से मोह की आलोचना का एक अन्य प्रबल कारण उन्नीसवीं शताब्दी में पारम्परिक धर्म की पुनर्व्याख्या का आन्दोलन था। वह मूलतः एक निष्ठावादी आन्दोलन था जिसमें हिन्दू धर्म के 'सार' को उसकी ऐतिहासिक अभिवृद्धियों से अलग करने का प्रयास हुआ था। कर्मकांड और अपवित्रता के नियमों को सच्चे धर्म से बाह्य, बल्कि गलत, बताया गया और भक्ति तथा सरलता को सार कहा गया। इस विचार को भगवद्गीता और संतों के जीवन से समर्थन भी मिलता था।

[2]

लौकिकीकरण की प्रक्रिया से प्रभावित होनेवाला एक अन्य क्षेत्र है जीवन-चक्र का कर्मकांड। जीवन-चक्र के विभिन्न मोड़ों पर होनेवाले संस्कारों में कुछ संक्षेप हुआ है, साथ ही उनके नितान्त सामाजिक पक्षों ने पहले से ज्यादा महत्त्व प्राप्त कर लिया है। कुछ ऐसे संस्कारों को, जैसे नामकरण, चौल, उपाकर्म को, अब छोड़ने की प्रवृत्ति शुरू हो रही है।[5] लड़कियों के लिए यौवनारम्भ पर वह विस्तृत कर्मकांड नहीं किया जाता जो कुछ दशक पहले तक अनिवार्य था। मृत पति के दाह-संस्कार के अंग के रूप में ब्राह्मण विधवा का मुँडन भी अधिकतर नहीं किया जाता, और शिक्षितों में विधवा-विवाह को इतना अधिक निंद्य नहीं समझा जाता।

संस्कारों को न केवल छोड़ा अथवा संक्षिप्त किया जाता है बल्कि उन्हें एक-दूसरे में मिला दिया जाता है, यद्यपि ऐसा अपेक्षाकृत कम होता है। इस भाँति विवाह-संस्कार को प्रारम्भ में उपनयन-संस्कार के साथ और अन्त में गर्भाधान-संस्कार के साथ मिलाया जाता है। वास्तव में केवल दाह-संस्कार और वार्षिक श्राद्ध ही पहले की-सी कट्टरता से किये जाते हैं, यद्यपि इनमें भी संस्कार में भाग लेनेवाले सगोत्र-समूहों के सम्बन्ध कुछ परिवर्तित हुए जान पड़ते हैं। सगोत्र लोगों के बड़े क्षेत्र में बिखर जाने के कारण भी यह परिवर्तित हुआ है।

जिस प्रकार विवाह-संस्कार संक्षिप्त हुआ वह रोचक है। पहले ज़माने में सर्वसंस्कारयुक्त ब्राह्मण विवाह में पाँच से सात दिन तक लगते थे। किन्तु अब अधिकांश अ-संस्कृतीय और लॉक कर्मकांड, जो परम्परा से स्त्रियों के एकान्त अधिकार में रहता है, छोड़ दिया जाता है। बल्कि यह प्रवृत्ति बढ़ती जाती है कि संस्कृतीय कर्मकांड को भी संक्षिप्त करके एक ही दिन के कुछ एक घंटों में पूरा कर लिया जाए। कन्यादान और सप्तपदी जैसे महत्त्वपूर्ण धार्मिक कृत्यों के समय केवल संबद्ध रिश्तेदार ही मौजूद रहते हैं, और अधिकांश अतिथि-समुदाय लौकिक दृष्टि से महत्त्वपूर्ण स्वागत-समारोह (रिसैप्शन) में भाग लेता है। स्वागत-समारोह में वर-वधू किसी बड़े हाल में एक किनारे एक सोफे पर बैठते हैं। दोनों अपने सबसे बढ़िया वस्त्र पहने होते हैं। वर आम तौर पर ससुराल से मिला गरम सूट पहनता है। अतिथियों का आते ही दम्पती से परिचय कराया जाता है, जिसके बाद वे कुछ देर बैठे संगीत सुनते हैं और फिर एक काग़ज़ का थैला लेकर, जिसमें एक नारियल और पान-सुपारियाँ होती हैं, चले जाते हैं। स्वागत-समारोह में बड़ा खर्च पड़ता है, क्योंकि सहालग के दिनों में नारियल के दाम और संगीतज्ञों की फीस दोनों बहुत चढ़ जाते हैं। किन्तु मेहमानों की संख्या और उनका सामाजिक महत्त्व, उस अवसर पर बुलाए गए संगीतज्ञ का अपने पेशे में स्थान, विवाह के भवन के बाहर खड़ी हुई कारों की संख्या, रोशनी और सजावट और वर-वधू द्वारा प्राप्त उपहार—ये सब दोनों परिवारों की स्थानीय समाज में हैसियत और प्रभाव के सूचक माने जाते हैं। निमंत्रण मंत्रियों तथा अन्य प्रमुख राजनीतिज्ञों को, बड़े सरकारी अफ़सरों तथा अन्य स्थानीय प्रमुख व्यक्तियों को, भेजे जाते हैं, जिससे इन महत्त्वपूर्ण लोगों से सम्पर्कों का प्रदर्शन हो सके और उन्हें बढ़ाया तथा मजबूत किया जा सके। विवाह का यह स्वागत-समारोह एक नई प्रथा है—कन्नड़ भाषा में 'रिसैप्शन' शब्द आ गया है—और उसकी भारी लोकप्रियता ब्राह्मणीय जीवन और संस्कृति के लौकिकीकरण में वृद्धि के अनेक सूचकों में से एक है।

बढ़े हुए लौकिकीकरण का एक अन्य प्रमाण है पिछले कुछ दशकों में दहेज़ प्रथा के महत्त्व का इतना अधिक बढ़ जाना। दहेज़ न केवल मैसूर के तथा अन्य दक्षिण भारतीय ब्राह्मणों में, बल्कि देश-भर के बहुत-से उच्च-जाति समूहों में प्रचलित है। दहेज़ में बड़ी-बड़ी रक़में माँगी जाने के कारण 1961 में भारतीय संसद ने दहेज़ निवारण अधिनियम (1961 का 28वाँ अधिनियम) स्वीकार किया। अभी तक तो इस प्रथा को रोकने में अधिनियम को कोई खास सफलता नहीं मिली है।

मैसूर के ब्राह्मणों में—और यह शायद बहुत-से अन्य समूहों के बारे में भी सही हो—दहेज़ प्रथा की एक दिलचस्प विशेषता यह है कि इंजीनियर, डॉक्टर और प्रतिष्ठासूचक भारतीय प्रशासनिक सेवा में उत्तीर्ण युवक दूसरों की अपेक्षा अधिक बड़ी रकमें पा सकते हैं।

दैनिक कर्मकांड में लगनेवाला समय भी ब्राह्मण पुरुषों और स्त्रियों के लिए निरन्तर कम होता जा रहा है। इंगॉल्स ने कहा है :

"परिवार का मुखिया धार्मिक कृत्यों में, संध्या में, स्नान में, पूजा में, अग्नि कृत्य में, वेदपाठ में दिन में पाँच घंटे या उससे भी अधिक समय लगाता है। ब्राह्मण की पत्नी अथवा उसके परिवार की कोई अन्य स्त्री घर में स्थापित देवमूर्तियों की पूजा में रोज़ एक घंटा लगाती है।"[6] पर किसी के दिन में पाँच घंटे कर्मकांड में लगाने के लिए यह आवश्यक है कि या तो उसका कोई स्वतंत्र आमदनी का साधन हो अथवा उसका पुरोहिती का ही धंधा हो। परम्परा से हिन्दू राजा अपने राज्याभिषेक के अवसर पर, तथा राजपरिवार में जन्म, विवाह अथवा मृत्यु जैसे अवसरों पर, निष्ठावान ब्राह्मणों को भूमि और भवन इत्यादि दान में दिया करते थे। ऐसे कार्यों से राजवंश को पुण्य प्राप्त होता था। किन्तु जैसे-जैसे मैसूर के ब्राह्मण अधिकाधिक नागर होते गए और उनमें पश्चिमी शिक्षा का प्रसार हुमा, वैसे-ही-वैसे कर्मकांड, प्रार्थना, उपवास आदि का जीवन बिताना और अपवित्रता के नियमों का निष्ठापूर्वक पालन करना उनके लिए अधिकाधिक कठिन होता गया। मिल्टन सिंगर ने मद्रास के ब्राह्मणों में भी ऐसी ही प्रक्रिया देखी है : "अर्थात् अपनी नई व्यस्तताओं में कम-से-कम समय इस बात के लिए मिलता कि संस्कृत ज्ञान प्राप्त कर सकें और धर्मशास्त्र द्वारा विहित कर्मकांड का पालन कर सकें; ब्राह्मण होने के नाते इन दो कार्यों का उन पर प्राचीन और पेशे का दायित्व था। किन्तु इन कार्यों को उन्होंने पूरी तरह नहीं छोड़ा है, और किसी हद तक उन्होंने ऐसे क्षतिपूरक कार्य प्रारम्भ कर दिये हैं जो उन्हें पूर्ण वि-संस्कृतीकरण होने और पारम्परिक संस्कृति से कट जाने से बचाते हैं।"[7]

ब्राह्मण लड़कियों की विवाह की आयु में तीव्र वृद्धि के कारण उनके लिए उच्चतर शिक्षा के अवसरों का लाभ उठाना सम्भव हो गया और इसके परिणामस्वरूप कर्मकांड और पवित्रता के निर्धारक स्थान, रसोईघर, का अतिक्रमण हुआ।[8] परम्परा से ब्राह्मण कन्या विवाह होकर अपनी ससुराल जाने के पहले अपनी माँ के साथ रसोईघर और उसके आसपास काम करती रहती थी। उससे यही आशा की जाती थी कि उसे रसोई बनाने तथा अन्य घरेलू कामकाज का ज्ञान हो, लड़कियों द्वारा किए जानेवाले कर्मकांड की तथा जाति और अपवित्रता के नियमों की जानकारी हो, और वह अपने पति, सास-ससुर तथा ससुराल के अन्य गुरुजनों का सम्मान करे, उनकी आज्ञा माने। शिक्षा ने लड़कियों की दृष्टि ही बदल दी और उनमें नए विचारों और आकांक्षाओं को जगाया। निश्चय ही

उसने अपवित्रता-सम्बन्धी नियमों और कर्मकांड के बारे में उनकी कट्टरता भी कम की, यद्यपि जब तक वे अपने ससुरालवालों के साथ रहतीं तब तक उनकी पूरी तरह उपेक्षा नहीं कर सकती थीं।

अब बहुत कम शहरी ब्राह्मण माँ-बाप यह कहेंगे कि शिक्षा लड़कियों के लिए आवश्यक नहीं है, यद्यपि इस बात में मतभेद होगा कि कितनी शिक्षा वांछनीय है। एलीन रॉस ने हाल ही में बंगलूर के एक शहरी परिवार का क्षेत्र-अध्ययन करने के बाद इन शब्दों में सारांश प्रस्तुत किया है :

> "कुल मिलाकर इस अध्ययन से प्रकट है कि मध्य और उच्च वर्गों की हिन्दू लड़कियों को शिक्षा अभी तक विवाह के उद्देश्य से दी जाती है, आजीविका के लिए नहीं। किन्तु बहुत-से माँ-बाप अपनी लड़कियों को विश्वविद्यालयों में पढ़ाने को उत्सुक थे। शायद इस नई प्रवृत्ति का एक मुख्य कारण यह है कि बाल-विवाह के बजाय वयस्क विवाह प्रारम्भ होने से उन्नीस अथवा पच्चीस वर्ष तक लड़कियों के अवकाश के समय को भरना आवश्यक है। और विवाह तक 'उन्हें व्यस्त रखने का' एक उपाय कॉलेज है। एक अन्य कारण कई लोगों ने यह बताया कि अपनी लड़कियों के लिए उपयुक्त वर मिलने में कठिनाई के कारण कभी-कभी माँ-बाप उनकी शिक्षा जितना चाहते थे उसके बाद भी चलाए जाते हैं।"[9]

इस भाँति बहुत-सी लड़कियाँ नौकरी करती हैं, स्पष्ट ही इसलिए नहीं कि वे नौकरी करना चाहती हैं, बल्कि इस कारण कि जब तक उनके माँ-बाप उनके लिए पति न खोज लें तब तक और कुछ करने को नहीं है। मगर यह सही है कि आजकल शहरों में बहुत-सी स्त्रियाँ शिक्षिका, क्लर्क, डॉक्टर, नर्स आदि के रूप में नौकरी करती हैं, और पारम्परिक समाज की दृष्टि से यह सचमुच क्रान्तिकारी है। यह आशा स्वाभाविक है कि स्त्रियों की शिक्षा से परिवारों के सामाजिक जीवन और संस्कृति में मूलभूत परिवर्तन होंगे। रॉस ने बंगलूर में शिक्षित स्त्रियों के अपने अध्ययन से निष्कर्ष निकाला है कि "क्रमशः परिवार की स्त्रियाँ पारिवारिक परम्परा और जाति-सम्बन्धी रीति-रिवाजों की सबल रीढ़ नहीं रहेंगी।[10] किन्तु इसका यह अर्थ नहीं कि परम्परा से पूर्ण विच्छेद हो गया है। अब कर्मकांड में घंटों भले ही न लगाए जाते हों, पर आम तौर पर घर में एक वेदी होती है जिसके आगे दीपक जलाने और प्रार्थना करने का काम होता है। अपवित्रता से मुक्ति इस हद तक नहीं जाती कि शिक्षित ब्राह्मण स्त्रियाँ हरिजन तो दूर, हर जाति के घर में कुछ खा लें। अन्तर्गामी घेरा बड़ा अवश्य हुआ है और उपजातियों के निषेध टूटे हैं—उदाहरण के लिए, अब मांड्या का श्रीवैष्णव ब्राह्मण श्रीवैष्णव ब्राह्मणों की सभी उपशाखाओं की उपेक्षा कर सकता है—फिर भी ब्राह्मणों तथा ओक्कलिग अथवा लिंगायत जैसे

अन्य जातियों के बीच विवाह अभी इक्का-दुक्का ही होते हैं। ब्राह्मणों के आहार में परम्परा से वर्जित अंडे शामिल होने पर भी सामिष भोजन अभी दुर्लभ है।

शिक्षित हिन्दुओं के धार्मिक विश्वासों और व्यवहारों का अध्ययन अभी शुरू हुआ है। विषय के आत्यन्तिक महत्त्व के अतिरिक्त, पश्चिमीकरण की प्रक्रिया के किसी अध्ययन में धर्म-सम्बन्धी परिवर्तनों की अवहेलना करना सम्भव नहीं।

लौकिकीकरण, बल्कि राजनीतिकरण भी, शहरी धर्म की, एकमात्र न होने पर भी, एक महत्त्वपूर्ण प्रवृत्ति है। उदाहरण के लिए, प्रसिद्ध दशहरा अथवा नवरात्रि उत्सव का, जो मैसूर के राजपरिवार से जुड़ा हुआ था और बड़े ठाठ-बाट और धूमधाम से मनाया जाता था, भूतपूर्व रियासत के नए और वृहत्तर मैसूर राज्य में विलय के बाद से, स्वरूप बदल गया है। राज्य की राजनीति में प्रमुख लिंगायत जाति द्वारा सत्ता-प्राप्ति और पहले से अधिक प्रादेशिकता, दोनों को इस बात में अभिव्यक्ति मिली है कि उत्सव में लिंगायत सम्प्रदाय के संस्थापक बसव का जन्म-समारोह अब 1950 के बाद से अधिकाधिक लोकप्रिय होता जा रहा है। उत्सव कई दिन चलता है, और उन सब बड़े कस्बों और शहरों में मनाया जाता है जहाँ लिंगायतों की बहुतायत है। दीपावली, संक्रान्ति, उगाडि और रामनवमी राज्य के अधिकांश हिन्दू समूहों के लिए सामान्य हैं, जबकि गोपाष्टमी और शिवरात्रि का मुख्यतः साम्प्रदायिक स्वरूप है। रामनवमी केरल को छोड़कर समस्त दक्षिण भारत का एक महत्त्वपूर्ण 'सांस्कृतिक' अवसर है, जब उत्सव के नौ दिनों तक सभी नगरों में दक्षिण भारतीय शास्त्रीय संगीत का आयोजन होता है। दक्षिण भारतीय शास्त्रीय संगीत की लोकप्रियता पिछले दो-तीन दशकों में बहुत अधिक बढ़ गई है, और संगीत-प्रेमी, धार्मिक हों या न हों, रामनवमी की उत्सुकता से प्रतीक्षा करते हैं। संगीत आयोजनों में श्रोताओं की भीड़ रहती है और वे उन सबके लिए खुले होते हैं जो प्रवेश शुल्क दे सकें। किन्तु जहाँ इसमें सन्देह नहीं कि उत्सव का कुछ लौकिकीकरण हुआ है, दक्षिण भारतीय शास्त्रीय सगीत मूलतः भक्ति-प्रधान है, और जिन महान् रचनाकारों की कृतियाँ सम्मेलनों में गाई जाती हैं वे सभी भक्त थे। जैसा सिंगर ने ठीक ही कहा है :

> "धर्म और संस्कृति के बीच कोई स्पष्ट विभाजक-रेखा नहीं है और पारम्परिक सांस्कृतिक माध्यम न केवल नगर में बचे हुए हैं बल्कि नए रूपों में एक उदीयमान लोकप्रिय और शास्त्रीय संस्कृति में समाविष्ट कर लिये गए हैं।"[11]

हाल के वर्षों में मन्दिरों में बहुत सक्रियता दीख पड़ी है और वे दशहरा, रामनवमी तथा अन्य अवसरों पर हरिकथा का आयोजन करने लगे हैं। हरिकथाएँ कई दिनों तक, कभी-कभी कई सप्ताह तक, चलती रहती हैं और विशाल श्रोता-समुदाय को आकर्षित करती हैं जो मन्दिर का प्रांगण भर जाने के बाद बाहर सड़क

पर एकत्र कथा और गीत सुनते रहते हैं। इन कथाओं में ध्वनिवर्धक यंत्र आवश्यक समझे जाते हैं।

अध्यवसायी स्वभाव के धार्मिक व्यक्ति यज्ञों का आयोजन करते हैं जिनमें धन, समय और शक्ति सबकी प्रचुर परिमाप में आवश्यकता होती है और जो कई दिनों तक चलते रहते हैं। उदाहरण के लिए, यज्ञ सूखा समाप्त करने के लिए, अथवा लोक-कल्याण के लिए हो सकता है। एक अन्य लोकप्रिय कार्य है राम अथवा अन्य किसी देवता का नाम एक अरब बार लिखने का व्रत लेना और फिर उस अवसर पर एक बड़े यज्ञ का आयोजन करना।[12] नाम लिखने के लिए सैकड़ों स्वयंसेवी एकत्र किये जाते हैं, बहुत धन एकत्र होता है, समारोह को देखने के इच्छुक भक्तों के लिए विस्तृत प्रबन्ध किये जाते हैं, और इस कार्य में मंत्रियों तथा राज्य विधान सभाओं के सदस्यों सहित अनेक महत्त्वपूर्ण व्यक्तियों को सम्बद्ध करने का प्रयास किया जाता है। स्थानीय समाचार-पत्र समारोह के अन्तिम चरण के वर्णन के लिए पर्याप्त स्थान देते हैं कि कितने लोग एकत्र हुए, उनकी सुविधा के लिए प्रबन्ध कैसा था, और फिर कर्मकांड तथा भाषण तो हैं ही।

तीर्थ-यात्राएँ भी बड़ी लोकप्रिय हैं और लोगों की धार्मिक आकांक्षाओं को संतुष्ट करने के साथ उन्हें देश देखने का अवसर भी देती हैं। पर्यटक बसें इन दोनों आवश्यकताओं की पूर्ति करती हैं, क्योंकि वे प्रत्येक यात्रा में तीर्थ-क्षेत्र तथा पर्यटकों के लिए आकर्षक दोनों प्रकार के स्थानों को सम्मिलित करती हैं। लोगों का सामाजिक तथा धार्मिक क्षितिज पहले से बहुत विस्तृत हो गया है। रामपुर गाँव के किसान, जो दूसरे महायुद्ध के पहले केवल पास-पास के मन्दिरों तक ही जाते थे, अब नियमित रूप से आंध्र प्रदेश में विख्यात तिरुपति मन्दिर के दर्शन के लिए जाते हैं। रामपुर गाँव के धनी किसान दक्षिण भारत के बड़े तीर्थ-स्थानों में भी हो आए हैं, जैसे रामेश्वरम्, मदुरै, श्रीरंगम्। शहरों में पढ़े हुए लोग कम-से-कम एक बार बनारस, इलाहाबाद और सुदूर उत्तर में हरिद्वार तक हो पाते हैं। एक प्रसिद्ध दक्षिण भारतीय यात्रा एजेन्सी उनके लिए स्पेशल यात्री-गाड़ियों की व्यवस्था करती है।

शिक्षित तीर्थयात्री जहाँ जाते हैं वहाँ ठहरने-खाने की अच्छी व्यवस्था के प्रति उदासीन नहीं होते। वे थोड़ा-बहुत दर्शनीय स्थानों को देखने तथा खरीदारी का काम भी करते हैं। कभी-कभी इन बातों को इसके प्रमाण के रूप में पेश किया जाता है कि आधुनिक तीर्थयात्राओं में धार्मिक भावना सर्वथा अनुपस्थित नहीं तो अत्यंत क्षीण अवश्य होती है, और ये यात्राएँ केवल भ्रमण तथा 'देशभक्ति के साथ दर्शनीय स्थानों की सैर' के अवसर जुटाती हैं। इस दलील में यह मान लिया जाता है कि पारम्परिक तीर्थयात्राओं में केवल धार्मिक उद्देश्य ही रहा करता था—जो सर्वथा सत्य नहीं जान पड़ता। क्योंकि पारम्परिक तीर्थ-स्थान भी बड़े विक्रय-केन्द्र होते

थे, और तीर्थ यात्राओं से लौटनेवाली वृद्धाएँ बड़े विस्तार से सुनाया करती थीं कि उन्होंने कैसी-कैसी चीजें देखीं, फलों और सब्जियों की कैसी कमी या प्रचुरता थी, और अमुक स्थान पर दूध और घी के क्या भाव थे।

मैसूर के ब्राह्मण—दक्षिण भारत के अन्य द्राविड़ भाषाभाषी ब्राह्मणों की भाँति परम्परा से तीन प्रसिद्ध सम्प्रदायों में से किसी एक के अनुयायी होते हैं : स्मार्त, श्रीवैष्णव और माधव। प्रत्येक सम्प्रदाय के कुछ मठ हैं जिसका मठाधिपति या स्वामी होता है, और परम्परा से मठाधिपति ही अपने अनुयायियों के आचरण का नियंत्रण करता है। सम्प्रदाय की दीक्षा मठाधिपति द्वारा ही दी जाती थी, और जब मठाधिपति उनके नगर या गाँव में पधारते, तो उनकी पादपूजा द्वारा उनका उचित सम्मान किया जाता था। मठाधिपति को समस्त धार्मिक विषयों में, जाति-सम्बन्धी विवादों में भी, चरम निर्णायक माना जाता था, और यदि किसी को जाति की पंचायत ने बहिष्कृत कर दिया हो अथवा कोई अन्य दंड दिया हो, तो वह उसके विरुद्ध मठाधिपति से आवेदन कर सकता था। मठाधिपति की यह क्षमता अब काम में नहीं आती। यहाँ तक कि विदेश गमन के बाद लौटने पर जो प्रायश्चित्त की व्यवस्था थी, वह भी विदेश-यात्रा की लोकप्रियता तथा ब्राह्मणों के बढ़े हुए लौकिकीकरण के कारण अब व्यर्थ हो गई है। किन्तु मठाधिपतियों के अधिकारों में बहुत कमी होने के बावजूद, अपने अनुयायियों का आदर और भक्ति उन्हें अब भी प्राप्त है। हाल के वर्षों में मठाधिपतियों और जनसाधारण के बीच सम्पर्क कुछ बढ़ा जान पड़ता है। राज्य सरकारों द्वारा भूमि सुधार के तथा अन्य क़ानूनों को स्वीकार करने से मठों की आर्थिक स्थिति पर बड़ा आघात हुआ है जिसने उनकी धार्मिक स्वायत्तता में भी कमी कर दी है। इसके परिणामस्वरूप मठाधीश अब पहले की अपेक्षा अपने अनुयायियों का अधिक ध्यान रखने लगे हैं।[13] बहुत-से शिक्षित लोग अब आध्यात्मिक तथा अन्य प्रकार के मार्गदर्शन के लिए अपने सम्प्रदाय के स्वामी की ओर उन्मुख होने लगे हैं।

हाल के वर्षों में जीवित अथवा कुछ समय पूर्व मृत संतों के इर्द-गिर्द नए-नए पंथ भी पैदा हुए हैं। आधुनिक भारत के एक संत साईं बाबा के, जिनकी समाधि महाराष्ट्र में शीरडी में है, दक्षिण भारत में बहुत-से अनुयायी हैं, और बहुत-से दक्षिण भारतीय नगरों में साईं बाबा प्रार्थना-समूह हैं। शीरडी उनका प्रिय तीर्थ स्थान है। मद्रास राज्य में तिरुवन्नामलै में रमण महर्षि की समाधि पर भी लोग जाते हैं, पर उनका पंथ साईं बाबा के पंथ-जैसा लोकप्रिय नहीं है। जीवित गुरुओं में स्वामी चिन्मयानन्द बहुत लोकप्रिय हैं और उनके व्याख्यानों में बहुत श्रोता उपस्थित होते हैं। रामकृष्ण मिशन भी बहुत से लोगों के धार्मिक रुझान के लिए केन्द्र का काम करता है। नए पंथों का उदय और उनके द्वारा पूरे होनेवाले कार्य ऐसे विषय हैं जिनका व्यवस्थित ढंग से अध्ययन करने की आवश्यकता है।

सिंगर ने कहा है कि "सामूहिक माध्यमों के प्रभाव ने...पारम्परिक धार्मिक संस्कृति का लौकिकीकरण इतना नहीं किया है जितना उनका जनवादीकरण किया है।"[14] स्कूलों की पाठ्य-पुस्तकों में हिन्दू पुराणों और महाकाव्यों के प्रसंग, प्रादेशिक संतों के जीवनचरित और प्राचीन कवियों की रचनाओं के अंश होते हैं जिनकी विषयवस्तु प्रायः सदा ही धार्मिक अथवा नैतिक होती है। पत्रिकाओं और पुस्तकों में धार्मिक सामग्री बहुत होती है, और बच्चों का लोकप्रिय कथा मासिक 'चन्दामामा' बच्चों की कहानियों के लिए महाकाव्य, भागवत, पुराण आदि के अनंत भंडार का ही सहारा लेता है।[15] आकाशवाणी से रोज़ सवेरे भक्ति-संगीत और कभी-कभी हरिकथा'[16] का प्रसारण होता है। बड़े-बड़े त्योहारों के अवसर पर विशेष कार्यक्रम भी प्रसारित होते हैं जिनमें हिन्दुओं की पारम्परिक संस्कृति से ही सामग्री जुटाई जाती है। बहुत-सी फिल्मों की कथावस्तु महाकाव्यों से ली जाती है, यद्यपि 'सामाजिक कथावस्तु' तथा प्रेम-कहानियाँ भी कम महत्त्वपूर्ण नहीं। द्रविड़ मुन्नेत्र कषगम के लेखकों द्वारा जाति और पारम्परिक धर्म के विरुद्ध प्रचार के लिए फिल्मों के उपयोग का प्रभाव पड़ा है। तमिल फिल्में मैसूर में लोकप्रिय हैं, और बड़े कस्बों और शहरों में उनका हफ्तों चलना आम बात है। कभी-कभी उनकी विषयवस्तु प्रादेशिक इतिहास और प्रादेशिक संतों के जीवन से ली गई होती है। पर विषयवस्तु जो भी हो—पौराणिक, ऐतिहासिक अथवा सामाजिक—हर फिल्म लम्बी होती है, उसमें गीत और नृत्य, तथा हास्य और प्रेम के प्रसंग अवश्य होते हैं। जनवादीकरण से, चाहे फिल्मों के द्वारा हो, आकाशवाणी के द्वारा हो, अथवा लोकप्रिय पुस्तकों और पत्रिकाओं में हो, पारम्परिक संस्कृति के तत्त्व में मूलभूत परिवर्तन पाते हैं।[17] बुद्धिजीवी और शुद्धतावादी इसे ग्राम्यीकरण कहेंगे, पर दिलचस्प बात यह है कि एक ओर उसमें प्रदेश, भाषा, सम्प्रदाय और जाति जैसी विशिष्टतावादी प्रवृत्तियों के लिए आवेदन है तो दूसरी ओर सैक्स, नृत्य और गीत का सार्वजनिक प्राकर्षण भी है।

[3]

मैं पहले चर्चा कर चुका हूँ कि उन्नीसवीं शताब्दी के प्रारम्भिक वर्षों में जब यूरोपीय ईसाई धर्म-प्रचारकों ने हिन्दू धर्म की बहुत-सी बुराइयों और दुर्बलताओं के लिए उस पर प्रहार करना शुरू किया तो हिन्दू समाज के कट्टरपंथियों को लगातार बचाव करने के लिए बाध्य होना पड़ा। यद्यपि नए हिन्दू अभिजन इन प्रहारों से बहुत रुष्ट थे, पर उनका स्वयं इतना पश्चिमीकरण हो चुका था कि वे अपने धर्म को आलोचनात्मक दृष्टि से देख सकें। इस भाँति हिन्दू समाज और धर्म के सुधार और हिन्दू धर्म की पुनर्व्याख्या का एक लम्बा युग प्रारम्भ हुमा। इन सुधारकों का मार्ग सरल न था; वास्तव में वे हिन्दू और भारतीय समाज और संस्कृति के आधुनिकीकरण के लक्ष्य के

लिए शहीद हो गए। उन्हें और उनके परिवारों को अपने सम्बन्धियों की, जातिवालों तथा ऐसे अन्य लोगों की, आलोचना सहन करनी पड़ी जिनकी राय उन्हें चुभती थी। कुछ को जाति से निकाला भी गया। जैसा पहले कहा जा चुका है, पिछले डेढ़ सौ वर्ष में हिन्दू धर्म में इतने क्रान्तिकारी परिवर्तन हो चुके हैं—जिसमें सुधारकों का महत्त्वपूर्ण योग था कि—आज के हिन्दुओं के लिए यह समझना कठिन है कि उनके पूर्ववर्तियों को किन कठिनाइयों का सामना करना पड़ा था।

हिन्दुओं में कट्टरपन्थियों की प्रतिष्ठा—जिनमें प्रमुख वैदिक ब्राह्मण थे—हिन्दू जीवन और संस्कृति के बढ़ते हुए लौकिकीकरण और पश्चिमीकरण के सामने निरन्तर कम होती गई। बहुत समय तक वे हिन्दू धर्म और समाज को सुधारने के प्रयासों के सर्वथा विरोधी नहीं तो उनके प्रति सहानुभूतिहीन अवश्य थे। वैदिक ब्राह्मणों में जिनकी संस्कृत ज्ञान के कारण ख्याति थी, उनका लोग सम्मान तो करते रहे, पर आधुनिक स्कूल-कॉलेजों में संस्कृत की शिक्षा प्रारम्भ होने से भाषा के ऊपर उनका महत्त्वदायक एकाधिकार समाप्त होने लगा। संस्कृत ज्ञान कम-से-कम सिद्धान्त रूप में, जाति और धर्म से स्वतंत्र, हर व्यक्ति के लिए खुल गया। तुलनात्मक भाषा-विज्ञान, पुरातत्त्व, मुद्राशास्त्र और इतिहास के अनुशासनों के विकास ने संस्कृत साहित्य के लिए एक व्यापक कालक्रममूलक चौखटा प्रस्तुत किया, और बहुत-सी कल्पकथाओं और किंवदन्तियों से उसे मुक्त कर दिया। जिन पंडितों ने इन नई बातों पर ध्यान नहीं दिया उन्हें बौद्धिक काल-दोष माना जाने लगा। और पिछले कुछ दशकों में प्रौद्योगिकी, इंजीनियरी, चिकित्सा-विज्ञान और आमतौर पर विज्ञानों की प्रतिष्ठा बहुत बढ़ी है, और अन्य विषयों की, विशेषकर मानविकी विद्याओं की, प्रतिष्ठा बहुत कम हो गई है। उच्चतम योग्यता वाले छात्र प्रतिष्ठादायक विषयों में प्रवेश चाहते हैं। प्रारम्भ में माता-पिता डॉक्टरों और इंजीनियरों को प्राप्त आर्थिक सुरक्षा और अच्छी आमदनी से प्रभावित हुए थे, पर अब प्रतिष्ठा भी—छात्र और परिवार दोनों की—उतनी ही महत्त्वपूर्ण हो गई है।

ब्राह्मण पुरोहित निरन्तर लौकिक ब्राह्मणों द्वारा जीवन के लौकिकीकरण के विरुद्ध लड़ते रहे। मैसूर राज्य में स्थानीय हिन्दुओं[18] में ब्राह्मण ही सबसे अधिक नागर और शिक्षित हैं। शिक्षा में पहले से और बहुत आगे बढ़े होने के कारण उन्हें ही ऊँची सरकारी नौकरियों में बड़ा हिस्सा मिला और पेशों में भी उन्हीं की प्रधानता रही। उनकी जीवन-शैली में क्रमश: परिवर्तन होने के कारण उनके तथा पुरोहितों के बीच संघर्ष शुरू हुआ। बहुत-से पश्चिमी ढंग के वस्त्र पहनने लगे, अपने काम के सिलसिले में बहुत-सी जातियों और धर्मों के लोगों से उन्हें मिलना पड़ता, और विभिन्न दैनिक कृत्यों का वे पहले की भाँति कठोरता से पालन नहीं कर पाते थे। बहुत लोग बाल कटवाने लगे थे जो शिखा[19] रखने के वैदिक नियम के विरुद्ध पड़ता था, वैसे ही जैसे रोज़ हजामत बनाने की आदत से अन्य नियमों

का उल्लंघन होता था। इन पथ-भ्रष्टताओं ने तथा इनके साथ-माथ मस्तक पर जाति-सूचक तिलक लगाना छोड़ने और लौकिक वस्त्रों में भोजन के लिए बैठ जाने की प्रवृत्तियों ने, पुरोहितों को बहुत क्रुद्ध कर दिया। इनसे भी गम्भीर था खानपान के नियमों का उल्लंघन और युवती होने पर लड़कियों का विवाह। ये सब काम करनेवाले लोगों के पास शक्ति और प्रतिष्ठा थी, पर धीरे-धीरे मामूली लोग भी उनका अनुकरण करने लगे। अंग्रेज़ी राज के प्रारम्भिक दिनों को छोड़कर, पुरोहितों में अपने शक्तिशाली संरक्षकों को जाति से बाहर करने की हिम्मत न थी, और जब लौकिकीकरण ब्राह्मणों में भी फैलने लगा तो अनिवार्य के आगे सिर झुकाने के सिवाय कोई चारा न बचा। इस बीच स्वयं पुरोहितों की जीवन-शैली में थाड़ा-थोड़ा पश्चिमीकरण हुआ। बहुतों ने थोड़ी-बहुत अंग्रेज़ी भी सीख ली और उसके प्रदर्शन में गर्व अनुभव करने लगे।

खेद की बात है कि पुरोहित परिवारों की विभिन्न पीढ़ियों में होनेवाले धन्धों के परिवर्तनों का कोई अध्ययन नहीं हुआ है। पर उपलब्ध प्रमाणों से प्रकट है कि बंगलूर और मसूर दोनों नगरों में पीढ़ी-दर-पीढ़ी धन्धों में परिवर्तन ब्राह्मणों में ही सबसे अधिक हुआ है। नोएल गिस्ट ने 1951-52 में मैसूर और बंगलूर नगरों में अन्तर्जातीय भिन्नताओं का अध्ययन करके सूचित किया है कि विभिन्न पीढ़ियों के बीच धन्धों की भिन्नताएँ अन्य जाति कोटियों की तुलना में ब्राह्मणों में सबसे अधिक हैं। उदाहरण के लिए, मैसूर नगर में 82.7 फीसदी घरों के मुखियों के धन्धे अपने पिताओं के धन्धों से भिन्न थे, और 76.8 फीसदी उनके बेटों ने भी पिता से भिन्न धन्धे अपना लिए थे। ग़ैर-ब्राह्मण समूह में, भिन्नताएँ क्रमशः 55.7 और 49.4 फीसदी थीं, और अनुसूचित जातियों में 44.9 और 56.8 फीसदी।[20] गिस्ट की बानगी में वैदिक और लौकिक ब्राह्मणों में अन्तर नहीं किया गया है, पर यह मानने का कोई कारण नहीं, लौकिकों को प्रभावित करनेवाली प्रक्रियाओं से वैदिकों को छूट थी। स्वयं अपने अनुभव से मैं मैसूर में अपने बहुत-से समकालीनों को याद कर सकता हूँ जो वैदिक तथा कट्टर परिवारों से आए थे, पर जिन्होंने लौकिक रोजगार चुने।

तो संक्षेप में पुरोहिती प्रभुत्व और प्रतिष्ठा के क्रमशः क्षीण और पुरोहितों के लौकिकीकरण ने ऐसी परिस्थिति उत्पन्न कर दी है जिसमें पुरोहितों को धार्मिक और सामाजिक सुधार के मामले में पहल करने का कोई साहस नहीं रहा। उनके पास न तो इतनी बौद्धिक क्षमता है और न सामाजिक प्रतिष्ठा कि हिन्दू धर्म की ऐसी पुनर्व्याख्या का भार उठाएँ जो आधुनिक परिस्थितियों के अनुकूल हो। उन्नीसवीं शताब्दी के प्रारम्भ से ऐसी पुनर्व्याख्या पश्चिमीकृत हिन्दू अभिजन द्वारा ही हुई है। ये अभिजन कर्मकांड-विरोधी रहे हैं और उनमें प्रचलित यज्ञों, विश्वासों और व्यवहारों पर नाक-भौं चढ़ाने की प्रवृत्ति रही है। इस कारण हिन्दू धर्म का बहुत-सा तत्त्व निकल गया है।

ऊपर प्रस्तुत परिस्थिति से एक तथ्य उजागर हो जाता है कि ईसाई धर्मों से भिन्न, हिन्दू धर्म का कोई ऐसा सर्वव्यापी संगठन और अधिकारी सोपान नहीं है जिसका काम बदलती हुई परिस्थितियों में उसकी व्याख्या करना हो। यह सही है कि कुछ हिन्दू सम्प्रदायों का—जैसे स्मार्तों, श्रीवैष्णवों और माधवों का, लिंगायतों तथा कई दूसरों का—विस्तृत संगठन है जिसका प्रधान कोई धार्मिक गुरु होता है; पर इन धर्मगुरुओं की प्रभुता अपने सम्प्रदाय या सम्प्रदाय की शाखाओं के भीतर ही होती है, सम्पूर्ण हिन्दू धर्म के लिए नहीं।

[4]

हिन्दू धर्म की एक अन्य विशेषता रही है सामाजिक ढाँचे से अटूट सम्बन्ध, नहीं तो उस पर असाधारण निर्भरता। सामाजिक ढाँचे के तीन मुख्य तत्त्व हैं—जाति, ग्रामीण समुदाय और परिवार व्यवस्था। हिन्दू भारत में राजनीतिक प्रधान, राजा, समाज व्यवस्था तथा जाति का भी प्रधान होता था। राज्य के साथ हिन्दू धर्म का सम्बन्ध मुसलमानों द्वारा भारत के बड़े भाग पर अधिकार के साथ बदल गया। कुछ मुसलमान शासक हिन्दू धर्म के प्रति सहनशील थे, पर कुछ अन्य काफिरों को सच्चे दीन की शरण में लाने को तैयार रहते थे और ग़ैर-मुसलमानों पर जज़िया लगाते थे। इसके विपरीत अंग्रेज़ों ने कुल मिलाकर सब धर्मों के प्रति तटस्थता बरती, यद्यपि इंगलैंड की चर्चा भारत में भारतीय राजस्व से चलती थी और यूरोपीय ईसाई धर्म प्रचारकों को, अंग्रेज़-शासकों से अपने धार्मिक, सांस्कृतिक और नस्ल के सम्बन्धों के कारण, विशेष सुविधाएँ प्राप्त थीं। केवल 'देशी रियासतों' में जहाँ हिन्दू राजा थे—जैसे नेपाल, त्रिवांकूर, कोचीन, मैसूर, बड़ौदा, जयपुर और कश्मीर—शासकवर्ग जाति और मठाधिपतियों की नियुक्ति के विषय में अपने पारम्परिक दायित्वों का पालन करते थे। नेपाल का हिन्दू राज्य, देश-भर की अन्य सभी हिन्दू रियासतों की तुलना में, कहीं अधिक परम्परा-प्रेमी था और आज भी है, और आज नेपाल ही संसार में एकमात्र हिन्दू राज्य है। "कुछ ही समय पहले तक नेपाल की दंड संहिता शास्त्रों पर आधारित थी, और सामाजिक, धार्मिक और फौजदारी के अपराधों पर एक ही क्रियाविधि से विचार होता था। ब्राह्मणों को प्राणदंड नहीं दिया जाता था, और गोहत्या पर मृत्युदंड तक मिल सकता था।"[21]

आगामी प्रवृत्तियों को समझने के लिए हिन्दू धर्म के एक केन्द्रीय संगठन की अनुपस्थिति और हिन्दू धर्म तथा सामाजिक ढाँचे के प्रतिपालन के लिए राज-समर्थन के अभाव पर जाति, ग्रामीण समुदाय और परिवार-व्यवस्था, तीनों संस्थानों में होनेवाले मूलभूत परिवर्तनों के साथ ही विचार करना चाहिए। जाति में होनेवाले परिवर्तनों का विवेचन मैं पहले ही कर चुका हूँ और उन्हें मैं यहाँ

नहीं दोहराऊँगा। मैं केवल इतना ही कहूँगा कि बढ़े हुए लौकिकीकरण और गतिशीलता के परिणामस्वरूप और समानतावादी विचारधारा के प्रसार के कारण, जाति-व्यवस्था अब उन मूल्यों को कायम नहीं रख रही है जो परम्परा से हिन्दू धर्म के आवश्यक अंग समझे जाते हैं।

भारतीय ग्रामीण समुदाय में जो परिवर्तन हुए हैं उनके परिणामस्वरूप उसका अधिक व्यापक आर्थिक, राजनीतिक, शैक्षिक और धार्मिक व्यवस्थाओं से अधिक प्रभावी एकीकरण हुआ है। पिछले कुछ दशकों में, विशेषकर दूसरे महायुद्ध के बाद से, ग्रामीण संचार-साधनों में व्यापक सुधार, राष्ट्रीय से लगाकर ग्राम तक विभिन्न स्तरों पर सर्वव्यापी बालिग मताधिकार और स्वशासन का प्रारम्भ, अस्पृश्यता का उन्मूलन, देहाती जनता में शिक्षा की बढ़ी हुई लोकप्रियता और सामुदायिक विकास योजना—इन सबसे गाँव वालों की आकांक्षाएँ और धारणाएँ बदलती जा रही हैं। शिक्षा और 'अच्छी ज़िन्दगी' की इच्छा व्यापक है और बहुसंख्यक लोग अब अपने पूर्वजों की तरह रहते जाने को तैयार नहीं हैं। वास्तव में आज भारत के गाँव कलहहीन सहकारितापूर्ण छोटे-छोटे गणतंत्रों से बहुत दूर हैं जैसा कुछ लोग उनके होने की कल्पना करते हैं। बल्कि यह कहना अधिक सही होगा कि वे उच्च जातियों और अछुतों के बीच, ज़मींदारों और काश्तकारों के बीच, 'दकियानूसियों' और 'प्रगतिशीलों' के बीच और अन्त में विभिन्न प्रतिद्वन्द्वी गुटों के बीच, संघर्ष की रंगभूमि बने हुए हैं। हर जगह सामाजिक जीवन पहले की अपेक्षा अधिक उन्मुक्त है, क्योंकि अपवित्रता की धारणाओं का जोर कुछ कम हो गया है। लौकिकीकरण और राजनीतिकरण बढ़ रहे हैं और गाँव वाले कुओं, सड़कों, अस्पतालों और बिजली की माँग करने लगे हैं।[22]

किन्तु गाँव के जीवन में लौकिकीकरण को बढ़ा-चढ़ाकर देखना बड़ा आसान है। यह सच है कि अन्तर्गमन की इकाई कुछ विस्तृत हो गई है, पर यह दूसरों की अपेक्षा उच्च जातियों के बारे में अधिक सही है। इसके अतिरिक्त यह विस्तार पारम्परिक लीकों पर है; परिस्थिति को स्थूल ढंग से यों रखा जा सकता है कि उप-उप-उपजातियों अथवा उप-उपजातियों के बीच रुकावटों का टूटना तो शुरू हो गया है, पर विस्तृत संरचनात्मक अथवा सांस्कृतिक दूरी को जोड़ने वाले विवाह अभी कदाचित ही होते हैं। यानी किसानों ने अभी गड़रियों में, लुहारों में या कुम्हारों में विवाह करना नहीं शुरू किया है, पर एक ही भाषा-भाषी किसान उपजातियाँ समीप आ रही हैं। (किन्तु संरचनात्मक और सांस्कृतिक छलाँग वाले विवाह कभी-कभी बड़े शहरों के नए अभिजन में होते हैं)। विभिन्न जातियों के बीच खान-पान अब पहले की अपेक्षा कुछ उदार है, पर केवल कुछ ही। मन्दिर-प्रवेश और देहाती कुओं से पानी लेने के अपने संवैधानिक अधिकार का उपयोग करना चाहने वाले हरिजनों के विरुद्ध सारी 'स्पृश्य' जातियाँ एक हो जाएँगी।

जिन प्रक्रियाओं ने जाति और ग्रामीण समुदाय को प्रभावित किया है उन्होंने परिवार-व्यवस्था पर भी प्रभाव डाला है। यह सभी स्तरों पर और समाज के प्रत्येक वर्ग में हुआ है, पर पश्चिमीकृत अभिजन में यानी बड़े-बड़े कस्बों और शहरों में रहनेवाली उच्च जातियों में, विशेष रूप से हुआ है। संयुक्त परिवारों की पारम्परिक व्यवस्था के पीछे यह धारणा थी कि कृषि योग्य भूमि पर्याप्त मात्रा में उपलब्ध है, और स्थानमूलक गतिशीलता तथा धन्धों की विविधता का अभाव है।[23] खुलेआम भूमि की बिक्री ने भी, जो अंग्रेज़ी राज के दिनों में लोकप्रिय हुई, लोगों की गतिशीलता में योग दिया। संचार-साधनों के विकास, नागरीकरण और औद्योगीकरण में वृद्धि, और दफ्तर, कारखाने या सरकार में नौकरी से प्राप्त नकद आमदनी की प्रतिष्ठा ने, सगोत्र समूहों को अपने जन्म के गाँवों और कस्बों से बाहर बिखरा दिया। किन्तु यह संकेत देना अत्यधिक अति-सरलीकरण होगा कि भारतीय परिवार-व्यवस्था संयुक्त से बदलकर ऐकिक प्रकार की हो गई है या होती जा रही है। प्रक्रिया अत्यन्त उलझी हुई है और विभिन्न प्रदेशों और समाज के विभिन्न वर्गों में परिवार के रूपों में परिवर्तन का पर्याप्त अध्ययन नहीं हुआ है। परिवारों के आकार की गणना अथवा उनकी सगोत्रीयता की रचना भी पर्याप्त नहीं है, क्योंकि एक शहरी परिवार रचना में पूर्णत: ऐकिक हो, पर उसके सगोत्रीयता-सम्बन्धी कर्तव्य, दायित्व और विशेषाधिकार बहुत महत्त्वपूर्ण रूपों में अतिक्रमण करते हैं। बहुत-से शहरी परिवार गाँव में अथवा कई सौ मील दूर कस्बे में रहनेवाले प्रमुख सगोत्र समूह के 'उपग्रह' मात्र होते हैं। भारतीय परिवार-व्यवस्था भी जाति की भाँति लचीली है और उसमें आधुनिक दबावों के अनुकूल ढल जाने की बड़ी क्षमता दीख पड़ती है। किन्तु यह फिर भी सच है कि हिन्दुओं की परिवार-व्यवस्था में महत्त्वपूर्ण परिवर्तन हुए हैं, और ये प्रक्रियाएँ नए अभिजन समूहों में सबसे स्पष्ट रूप में दिखाई पड़ती हैं। उन्हीं में स्थानमूलक गतिशीलता अधिक है और बड़े नगरों में अलग गृहस्थी बसाने वाले निश्चय ही ऐसे सांस्कृतिक और सामाजिक परिवेश में रहते हैं जो छोटे कस्बे या गाँव में पारम्परिक संयुक्त परिवार के परिवेश से महत्त्वपूर्ण बातों में भिन्न होता है। शहरी गृहस्थी में प्राय: वे गुरुजन नहीं होते जो न केवल परम्पराबद्ध होते हैं, बल्कि साथ ही जिन्हें उत्सवों तथा अन्य अवसरों पर पालन करने के जटिल कर्मकांड की जानकारी होती है। उनकी उपस्थिति मात्र परम्परा के पक्ष में नैतिक प्रभाव डालती है—जैसा मेरे आन्ध्र ब्राह्मण साम्यवादी सूचनादाता ने बताया था कि "अपनी दादी के कारण" वह भोजन के समय पवित्र वस्त्र पहन लिया करता था। स्त्री-शिक्षा ने ऐसी स्थिति उत्पन्न कर दी है कि छोटी लड़कियों को अपनी माँ या दादी से कर्मकांड सीखने का समय ही नहीं मिलता, और बड़े शहरों की छोटी गृहस्थियों में अक्सर वे वृद्धाएँ—नहीं होती जिनके पास उसका ज्ञान और अवकाश दोनों होते हैं। शिक्षित पत्नी यदि चाहे भी तो उसके पास इतनी पारम्परिक संस्कृति

नहीं होती जिसे अपने बच्चों को दे सके।[24] इससे भी महत्त्वपूर्ण यह बात है कि अभिजन गृहस्थियाँ अत्यधिक प्रतियोगिता-प्रधान शिक्षा और रोजगार व्यवस्था के मूल्यों की समर्थक हो गई हैं। बच्चों को स्कूल में भरती कराने, उनकी पढ़ाई तथा अन्य गतिविधियों की देखभाल करने, और उनके भावी रोज़गार की चिन्ता करने में ही माता-पिता की शक्ति चुक जाती है।[25]

किन्तु नए अभिजन-समूहों में परिवार-व्यवस्था में होनेवाले ये परिवर्तन अन्य प्रवृत्तियों द्वारा कुछ सन्तुलित हो जाते हैं। बम्बई, दिल्ली, कलकत्ता और मद्रास जैसे बड़े नगरों में भाषा, सम्प्रदाय और जाति के आधार पर ऐच्छिक संगठनों के बन जाने की प्रवृत्ति पाई जाती हैं और ये कुछ बातों में पारम्परिक, सामाजिक और सांस्कृतिक परिवेश के प्रभाव को पूरा कर देते हैं। उदाहरण के लिए, दिल्ली जैसे नगर में भारत के लगभग प्रत्येक भाषायी समूह के ऐच्छिक, सांस्कृतिक अथवा अन्य संगठन हैं जो प्रत्येक भाषा के बोलने वालों के लिए उनका अपने घर का-सा परिवेश बनाने का प्रयास करते है। संगीत-गोष्ठियाँ की जाती हैं, नाटक खेले जाते हैं, हरिकथाओं का आयोजन होता है, प्रादेशिक उत्सव मनाए जाते हैं, और प्रादेशिक राजनीतिज्ञों तथा प्रमुख व्यक्तियों का स्वागत किया जाता है। किसी हद तक भाषा के आधार पर आवास का एकत्रीकरण भी होता है, और यह भारत सरकार द्वारा बनायी गई आवास योजनाओं तक में हो जाता है, जबकि कहने को तो वह फ्लैट और घरों को अलाट करने में कोई प्रादेशिक दावा नहीं स्वीकार करती। घर की याद से दुखी दक्षिण भारतीय अथवा बंगाली ऐसे क्षेत्र में मकान किराए पर लेना चाहता है जहाँ अन्य दक्षिण भारतीय या बंगाली रहते हों। और शीघ्र ही वहाँ ऐसी दुकानें खुल जाती हैं जिन पर वही मसाले, अचार, सब्जियाँ, घर-गृहस्थी के बर्तन और कपड़े मिलने लगते हैं जिनका वह अपने क्षेत्र में अभ्यस्त था। अपने भाषायी क्षेत्र से दूर रहनेवाले एक शिक्षित सफ़ेदपोश दक्षिण भारतीय अथवा बंगाली के सामाजिक कार्य-कलाप में निश्चय ही ऐसे लोग भी होते हैं जो भिन्न भाषाएँ बोलते हैं, पर उसमें अपनी भाषा बोलने वालों की शायद बहुलता रहती है। हो सकता है किसी स्कूल-कालिज में दाखिले के लिए या किसी रिश्तेदार अथवा अपने कस्बे के रहनेवाले के लिए नौकरी जुटाने में उसे किसी हिन्दी या पंजाबी बोलने वाले तक पहुँचना पड़े, पर यह प्राय: वह अपनी भाषा बोलने वाले बिचौलियों के द्वारा ही करता है।[26]

इस सबके बावजूद, किसी बड़े नगर में जो पारम्परिक परिवेश फिर से रचा जाता है वह पीछे छूटे हुए परिवेश से महत्त्वपूर्ण बातों में भिन्न होता है। वह उसका अधिक उन्मुक्त, अधिक सर्वदेशीय और सुप्रवाही रूप होता है और उसमें पारम्परिक परिवेश की वे बहुविध सूक्ष्मताएँ, जटिलताएँ, कठोरताएँ, सूक्ष्म भिन्नताएँ और बाध्यताएँ नहीं होतीं। इसके अलावा यह परिवेश आप्रवासी माता-पिता की पीढ़ी के

लिए अधिक होता है, सन्तान पीढ़ी के लिए इतना नहीं। सन्तान अपने माता-पिता के जन्मस्थानीय परिवेश को अपना 'स्वदेश' नहीं समझती और बहुत-से तो कुछ समय के लिए भी वहाँ जाना नहीं पसन्द करते। स्थानीय संस्कृति और संस्थानों में उनकी सहभागिता अपने माता-पिता की अपेक्षा कहीं ज्यादा होती है। कभी-कभी भाषा और जाति के बन्धनों को तोड़कर उनके तथा स्थानीय लोगों के बीच विवाह भी हो जाते हैं।

लौकिकीकरण और राजनीतिकरण ने मठों और मठाधिपतियों को भी प्रभावित किया है। यहाँ मेरा इशारा उन आश्रमों या अन्य संगठनों की ओर नहीं जो अंग्रेज़ी राज के दिनों में उत्पन्न हुए (जैसे, रामकृष्ण मिशन, आर्य समाज, सनातन धर्म समाज), बल्कि उन पारम्परिक और अंग्रेज़-पूर्व मठों की ओर है, जैसे स्मार्तों, श्रीवैष्णवों, माधवों और लिंगायतों के मठ। क्रमशः शिक्षित हिन्दुनों में यह भावना बढ़ी है कि इन संगठनों की सम्पत्ति और प्रतिष्ठा का जनता के सामाजिक कल्याण और शिक्षा के लिए उपयोग होना चाहिए; यह भी एक कारण है कि राज्य विधानसभाओं ने मन्दिरों और मठों के प्रबन्ध के विषय में सरकार को पर्याप्त अधिकार देने के जो क़ानून स्वीकृत किए हैं उनका अधिक विरोध नहीं हुआ। अत्यधिक संगठित सम्प्रदाय लिंगायतों ने इस नई माँग के प्रति बहुत रुझान दिखाया है, और लिंगायत मठ अपने अलग छात्रावास, स्कूल और कॉलेज चलाते हैं। भूमि-सम्बन्धी क़ानूनों ने हर जगह ऐसे रियायती पट्टे खत्म कर दिए हैं, जैसे ज़मींदारी, जागीरदारी, इनाम, जोड़ी। जिनके पास ऐसे पट्टे थे उन्हें मुआवजा देकर भूमि पिछले काश्तकारों और पट्टेदारों को बेच दी गई है। (जो भूमि ज़मींदारों की 'खुदक़ाश्त' में थी वह इस क़ानून से मुक्त थी, और जैसी कि आशा की जा सकती है, बहुत-से ज़मींदारों ने क़ानूनी अथवा क़ानून से बाहरी भी, कमजोरियों का फ़ायदा उठाकर जितनी बनी उतनी भूमि बचाने का प्रयास किया)। बहुत-से राज्यों में मन्दिरों की ज़मीन पर भी इस क़ानून का असर पड़ा :

> "उड़ीसा में उच्च न्यायालय ने यह निर्णय किया कि राज्य को अनिवार्यतः मुसावज़ा देकर वे भूमियाँ हस्तगत कर लेनी चाहिए जो किसी हिन्दू देवता को समर्पित थीं (चिन्तामणि बनाम उड़ीसा राज्य, ऑल इंडिया रिपोर्टर, 1958, उड़ीसा, पृ. 18)। मैसूर में 1955 के धार्मिक और खैराती इनाम अधिनियम ने सरकार को अधिकार दिया कि वह उन भूमियों को ले ले जो महाराजा ने धार्मिक संस्थानों को दे रखी थीं; मुआवज़े के तौर पर राज्य अब संस्थानों को हर वर्ष धन देता है। कई राज्य विधानसभाएँ इस समय भूमि की जोतों की अधिकतम सीमा निर्धारित करने में लगी हैं। उत्तर प्रदेश, मध्य प्रदेश, उड़ीसा, आसाम और पश्चिमी बंगाल ने

> मन्दिरों की भूमियों को इन अधिकतम सीमाओं से छूट देना स्वीकार कर लिया है। कुछ अन्य राज्यों में, विशेषकर दक्षिण भारत में जहाँ कुछ सबसे सम्पन्न मन्दिर हैं, यह निश्चित कर दिया गया है कि मन्दिरों के अधिकार में अधिकतम भूमि कितनी रहे, यद्यपि यह व्यक्तिगत भू-स्वामियों से अधिक है।"[27]

जिन शिक्षित हिन्दुओं को ऐसा क़ानून अनुचित लगा उन्होंने सरकार की तीव्र आलोचना की, और मठाधिपतियों ने उन्हें निरन्तर हस्तक्षेप करनेवाले राज्य के विरुद्ध उपयोगी बन्धु समझा। मठों की आय में कमी होने से कुछ मठाधिपति धन के लिए अपने अनुयायियों की ओर मुड़े। वे धन संग्रह करने और लोगों से सम्पर्क बढ़ाने के लिए यात्राएँ करने लगे और इन गतिविधियों के समाचार भाषायी तथा अंग्रेज़ी समाचार-पत्रों में छपे। मठाधिपतियों को जनसाधारण का तो आदर प्राप्त है ही, बहुत से राजनीतिज्ञ भी उन्हें प्रसन्न रखना चाहते हैं। बदले में वे भी राजनीतिक दलों और विधानसभाओं में बन्धुओं की उपयोगिता समझते हैं। भारतीय जीवन में मठाधिपतियों और अन्य प्रमुख धार्मिक व्यक्तियों के बदलते हुए स्थान के अनुशीलनों से लौकिकीकरण विषयक साहित्य में मूल्यवान अभिवृद्धि होगी।

लौकिकीकरण की प्रक्रिया अंग्रेज़ी राज से प्रारम्भ हुई थी, और समय के साथ अधिकाधिक व्यापक और गहरी हुई है। पर न तो यह इस काल की एकमात्र प्रक्रिया है और न यह सदा शुद्ध और अमिश्रित ही रही है। उदाहरण के लिए, राष्ट्रीयता, जो एक लौकिक तत्त्व है, एक अवस्था में हिन्दू धर्म के साथ उलझ गई थी। हिन्दू धर्म ने राष्ट्रीय स्वयंसेवक संघ और जनसंघ में एक राजनीतिक रूप ग्रहण कर लिया है। अस्पृश्यता उन्मूलन आन्दोलन जितना इस प्रथा की अमानवीयता के कारण था, उतना ही इस चेतना के कारण भी कि हरिजन यदि दूसरा कोई धर्म ग्रहण कर लेंगे तो उससे कितनी बड़ी राजनीतिक क्षति होगी। 'साम्प्रदायिकता' शब्द जो अंग्रेज़ी भाषा को भारत की देन है, धर्म के राजनीति के साथ उलझ जाने की प्रवृत्ति का ही सूचक है।

संस्कृतीकरण न केवल नए वर्गों और क्षेत्रों में फैल रहा है, वह उन समूहों में भी बढ़ रहा है जो अपनी जीवन-शैली में पहले ही संस्कृतीकरण कर चुके हैं। संस्कृतीकरण के प्रसार में सामूहिक माध्यमों से, और ऐसी लौकिक प्रक्रियाओं से सहायता मिलती है जैसे, शिक्षा का प्रसार और स्थानमूलक तथा सामाजिक दोनों प्रकार की अधिक गतिशीलता। कानन की दृष्टि से सब मुक्तियों की समानता की धारणा और अस्पृश्यता के उन्मूलन से एक ऐसी संस्कृति समस्त हिन्दू समुदाय[28] के लिए खुली जा रही है जिस पर अब तक एक छोटे पारम्परिक अभिजन का एकाधिकार था। कुछ विधानसभाओं के कार्यों के प्रभाव, जैसे बहुत-से राज्यों में मद्यनिषेध का

प्रारम्भ, और हिन्दू मन्दिरों में पशु-पक्षियों की बलि पर प्रतिबंध, ऐसे हैं जो सरकार को अनजाने ही किन्तु प्रबल रूप में संस्कृतीकरण का साधन बना देते हैं।

[5]

त्रिविध संस्थानों—जाति, ग्रामीण सम्प्रदाय और परिवार-व्यवस्था में—होनेवाले महत्त्वपूर्ण परिवर्तनों के कारण हिन्दू धर्म एक हद तक किसी बात से बँधा नहीं रह गया है। पर इसमें भी सत्य का एक अंश ही है। पुनर्व्याख्यायित हिन्दू धर्म को ढाँचा देने के लिए नई शक्तियाँ उभर रही हैं। ये शक्तियाँ अभी तक कुछ अनिश्चित और उदयशील हैं। उनमें एक ओर रामकृष्ण मिशन और आर्य समाज जैसी नई संस्थाएँ हैं, और दूसरी ओर वे पुराने सम्प्रदाय और मठ हैं जो अपने-आपको नई परिस्थितियों के अनुरूप ढालने का प्रयास कर रहे हैं और उस प्रक्रिया में बदलते जा रहे हैं।

अन्य पारम्परिक कार्य और संस्थाएँ, जैसे भजन-मंडलियाँ, हरिकथाएँ और सन्तों के पंथ भी नए ढाँचे के विकास में सहायता दे रहे हैं। मिल्टन सिंगर ने विस्तार से वर्णन किया है कि राधाकृष्ण भजन-मंडली आजकल मद्रास में कैसे कार्य करती है, और उसका कहना है कि हाल के वर्षों में उसकी लोकप्रियता बढ़ी है।[29] भजन-मंडलियाँ सारे भारतवर्ष में हैं, और नियमित कार्यकलाप के रूप में उनका विकास सन्तों ने किया था जो भक्ति-मार्ग के द्वारा मोक्ष-प्राप्ति का प्रयास करते थे।[30] भजन-मंडलियाँ सब वर्गों के हिन्दुओं में, देहाती और शहरी दोनों क्षेत्रों में लोकप्रिय हैं। भजन-मंडलियों में कर्मकांड का अपेक्षया अभाव[31], उनका गहरा सौन्दर्यमूलक और भावात्मक आकर्षण और जाति-भेद के अतिक्रमण की उनकी क्षमता—ऐसी ही कुछ बातों के कारण वे शहरी और शिक्षित हिन्दुओं में इतनी लोकप्रिय हैं।

यद्यपि भजन-मंडलियाँ कभी-कभी किसी संत की भक्ति के इर्द-गिर्द भी संगठित होती हैं, पर संत-पंथ सदा भजन-मंडलियों से जुड़े नहीं होते, और भक्त अलग से अपने घर के एकान्त में भी सन्त की पूजा कर सकते हैं। यदि जीवित हो तो संत के आश्रम की, और मृत हो तो उसकी समाधि की, कभी-कभी यात्रा का भी रिवाज है। सन्तों के पन्थों की प्रथा पुरानी है जो आधुनिक युग में भी चली आती है। ऐसे पंथों से कभी-कभी सम्प्रदाय भी बन जाते हैं। सम्प्रदाय में आस्था पुश्तैनी हो सकती है और इस तरह पूरे घराने और उपजातियाँ दूसरों से अलग हो जाती हैं; अथवा वे सर्वथा ऐच्छिक हो सकती हैं; जैसे आधुनिक सन्तों के विषय में। जहाँ आस्था ऐच्छिक हो वह आम तौर पर जाति, प्रदेश, बल्कि धर्म की भी उपेक्षा करती है। उदाहरण के लिए, साईं बाबा मुसलमान संत हैं जिनकी भक्ति बहुत-से हिन्दू करते हैं जिनमें अनेक शिक्षित हैं। संत के चित्र रखे जाते हैं और उनकी पूजा होती है, और संत द्वारा अथवा उनके विषय में लिखी हुई रचनाओं को पढ़कर उन पर चर्चा

की जाती है। अधिकांश हिन्दू अपने धार्मिक अनुष्ठानों और विश्वासों के विषय में मुखर होते हैं, और पहली ही बार रेल में, बस में या होटल में मिलने वाले व्यक्ति भी सहज ही धार्मिक चर्चाएँ करने लगते हैं।

जो संगठन भारतीय संस्कृति और चिन्तन के प्रचार की घोषणा करते हैं वे हिन्दू धर्म का प्रचार करते हैं। भारत का प्राचीन साहित्य और चिन्तन सब हिन्दू, बौद्ध और जैन है और प्राचीन चिन्तन को लोकप्रिय बनाने वाली पुस्तकें ऐसे विचारों का प्रसार किये बिना नहीं रह सकतीं जो इन तीन धर्मों में माने जाते हैं। वास्तव में भारत-जैसे देश में, जिसका लम्बा लिपिबद्ध इतिहास हो और जहाँ धर्म सर्वव्यापी रहा हो, सांस्कृतिक और धार्मिक के बीच स्पष्ट रेखा खींचना कठिन है।[32] भारतीय संगीत, चित्रकला, मूर्तिकला और नृत्य ने हिन्दू धर्म, प्रतिमाविद्या और पुराणों से बहुत ग्रहण किया है। बीसवीं शताब्दी में एक नई विशेषता यह है कि मन्दिर और उत्सव के पारम्परिक सन्दर्भों से पृथक् और शुद्ध सौन्दर्यमूलक रूपों की भाँति, भारतीय नृत्य और नृत्य-नाट्य का उदय हो रहा है।

सरकार भी क़ानून तथा अन्य उपायों द्वारा हिन्दू धर्म के आधुनिकीकरण में महत्त्वपूर्ण योग दे रही है। और ऐसा वह इस तथ्य के बावजूद कर रही है कि संविधान भारत को धर्म-निरपेक्ष राज्य घोषित करता है। अस्पृश्यता के विरुद्ध क़ानून का मैं पहले ही जिक्र कर चुका हूँ। हिन्दुओं के वैयक्तिक और पारिवारिक क़ानूनों में भी परिवर्तन किये गए हैं : एक से अधिक विवाह क़ानून द्वारा दंडनीय है; तलाक और अन्तर्जातीय तथा विधवा विवाह की अनुमति है; और विधवाओं तथा पुत्रियों को पूर्वजों की अचल सम्पत्ति में हिस्सा दिया गया है। राज्यों के क़ानूनों द्वारा[33] हिन्दू मन्दिरों और मठों के प्रबन्ध में मूलभूत परिवर्तन हो रहे हैं। ऐसा पहला प्रयत्न 1927 के मद्रास दान अधिनियम में था और उसके अन्तर्गत सरकार ने हिन्दू दान के प्रबन्ध के लिए एक अध्यक्ष सहित आयुक्त मंडल नियुक्त किया। इसके स्थान पर 1951 में मद्रास हिन्दू धार्मिक तथा खैराती दान अधिनियम लागू हुआ, जिसके द्वारा एक आयुक्त की अध्यक्षता में एक नया सरकारी विभाग स्थापित किया गया। "इस भाँति मन्दिरों और मठों की देखभाल का काम एक व्यवस्थापकीय आयोग से सीधे एक मंत्री के अधीन सरकारी विभाग के पास आ गया।"[34] इस अधिनियम को, जो आयुक्त को बहुत अधिकार प्रदान करता था, अदालतों में चुनौती दी गई और सर्वोच्च न्यायालय ने उसकी कुछ धाराओं को अवैध घोषित किया। 1956 में एक नया अधिनियम न्यायालय की आपत्तियों को दूर करने के उद्‌देश्य से स्वीकार किया गया। और यद्यपि उसमें मठों और साम्प्रदायिक मन्दिरों के समक्ष आयुक्त के कुछ अधिकारों को कम किया गया, "आम हिन्दू जनता के मन्दिरों के ऊपर की पूरी व्यवस्था, आयुक्त के व्यापक अधिकारों सहित, फिर भी पूर्ववत् रही। जैसा कहा जा चुका है, इन मन्दिरों में बहुसंख्यक हिन्दू धार्मिक संस्थाएँ आ जाती हैं।"[35]

मैसूर, बम्बई, बिहार और उड़ीसा आदि अन्य राज्यों ने भी हिन्दू धार्मिक दान के प्रबन्ध का नियंत्रण करने के लिए क़ानून बनाए हैं, पर वे मद्रास जैसे दूरव्यापी नहीं हैं। 1960 में भारत सरकार ने हिन्दू धार्मिक दान के प्रबन्ध की जाँच करने और उसके सुधार के लिए उपाय सुझाने के लिए, सर सी. पी. रामास्वामी अय्यर की अध्यक्षता में हिन्दू धार्मिक दान आयोग नियुक्त किया। आयोग की रिपोर्ट 1962 में तैयार हुई। उसने माँग की कि मन्दिरों की सरकारी देखभाल के लिए जिन राज्यों में अभी तक क़ानून नहीं बने हैं, जैसे आसाम, पश्चिमी बंगाल, उत्तर प्रदेश और पंजाब, वहाँ तुरन्त ऐसे क़ानून बनाए जाएँ, और पुजारियों को संस्कृत, धर्मशास्त्र और कर्मकांड की शिक्षा देने के लिए संस्थान, और मानव-विधाओं के साथ-साथ धर्म के अध्ययन के लिए धर्मशास्त्रीय कॉलेज स्थापित किये जाएँ। इसके अतिरिक्त आयोग ने सिफ़ारिश की कि भारत सरकार सभी सम्प्रदायों के दान को नियमित करने के लिए समान क़ानून बनाने की बात पर विचार करे। (बम्बई राज्य में 1950 के बम्बई सार्वजनिक ट्रस्ट अधिनियम में ऐसा क़ानून पहले ही मौजूद है)।

बहुत-से राज्यों में दान की निधि को अपव्यय से बचाने के उद्‌देश्य से बनाए गए क़ानूनों के परिणामस्वरूप ऐसे सरकारी विभाग स्थापित हो गए हैं जो यह निर्धारित करते हैं कि हिन्दू मन्दिर और मठ किस प्रकार चलाए जाएँ और कैसे उनके धन का उपयोग हो।[36]

"इस भाँति तिरुपति के विख्यात मन्दिर के (विशेष क़ानून द्वारा संचालित) धन का उपयोग एक विश्वविद्यालय, स्कूल, अनाथालय, अस्पताल आदि स्थापित करने में हुआ है। सारे दक्षिण भारत में तिरुपति नये हिन्दू धर्म का प्रतीक और आदर्श बन गया है, जो वैयक्तिक निष्ठा और भगवद्‌भक्ति की भेंट को मनुष्य की सेवा में समर्पित सामाजिक संस्थानों में रूपान्तरित करता है। हिन्दू धर्म में एक आधुनिक दृष्टि और नई सामाजिक दायित्व की भावना का समावेश हो रहा है। यह मूलभूत प्रकार का धार्मिक नवनिर्माण है। किन्तु, क्योंकि इस सुधार का माध्यम बहुत हद तक राज्य है, इसलिए कोई आश्चर्य की बात नहीं कि निष्ठावान हिन्दू अपने धर्म के साथ खिलवाड़ करने से आपत्ति करें।"[37]

इस भाँति बीसवीं शताब्दी के मध्यवर्ती दशकों में राज्य हिन्दू धर्म की पुनर्व्याख्या का एक महत्त्वपूर्ण साधन बन गया है, और ऐसा भारत के धर्म निरपेक्ष राज्य होने की घोषित नीति के बावजूद हुआ है। राज्य सबसे महत्त्वपूर्ण होने पर भी यह कार्य करनेवाला एकमात्र संगठन नहीं है, जैसा कि मैं पहले कह चुका हूँ। हिन्दू महासभा और जनसंघ जैसे राजनीतिक दल, और लड़ाकू राष्ट्रीय स्वयंसेवक संघ जैसे 'सांस्कृतिक' संगठन, हिन्दू धर्म के निरन्तरण और पुनर्व्याख्या के माध्यम हो जाते हैं। तो संक्षेप में, हिन्दू धर्म अधिकाधिक, यद्यपि बहुत धीमी गति से, अपनी जाति, सगोत्रता और ग्रामीण समुदाय वाले पारम्परिक सामाजिक ढाँचे से विलग होता जा

रहा है, और राज्य, राजनीतिक दलों और भारतीय संस्कृति के प्रोत्साहक संगठनों से जुड़ता जा रहा है। पारम्परिक संस्थानों में—जैसे मठों और मन्दिरों, संतों के पंथों, भजन-मंडलियों और तीर्थ-यात्राओं में—लचीलापन और नई परिस्थिति के अनुरूप ढलने की क्षमता दिखाई पड़ी है। फिल्म, रेडियो, पुस्तकें और समाचार-पत्र जैसे सामूहिक माध्यम हिन्दू धर्म को हिन्दू जनता के सभी वर्गों तक पहुँचाने में योग दे रहे हैं, और लोकप्रिय बनाने की इस प्रक्रिया में ही धर्म की पुनर्व्याख्या कर रहे हैं।[38]

अध्याय-5

अपने ही समाज के अध्ययन के सम्बन्ध में कुछ विचार

[1]

पिछले अध्यायों में मैंने आधुनिक भारत में सामाजिक परिवर्तन के कुछ पक्षों का विश्लेषण करने का प्रयास किया है। अब मैं संक्षेप में कुछ उन रीति-विधान-सम्बन्धी बातों पर विचार करूँगा जो स्वयं अपने ही समाज के अध्ययन से उत्पन्न होते हैं, विशेषकर जब उस समाज का द्रुत रूपान्तरण हो रहा हो। ऐसा करने के लिए मुझे अपना और अपने कार्य का हवाला देना होगा, और यद्यपि यह संकोच की बात है, फिर भी मुझे आशा है कि इस कार्य से मेरे लिए, और शायद दूसरों के लिए भी, कुछ ऐसी समस्याओं का स्पष्टीकरण हो सकेगा जिनका अपने ही समाज के अध्ययन में लगा व्यक्ति सामना करता है। यह शायद मेरे अन्य सहयोगियों को भी ऐसे ही प्रयास की ओर प्रेरित करे, ताकि जिस काम में हम लोग लगे हैं उसके विषय में अधिक वस्तुनिष्ठता प्राप्त हो सके, विशेषकर इसलिए भी इस काम में निकट भविष्य में विकासशील देशों के अधिकाधिक अध्येताओं के भाग लेने की सम्भावना है।

मेरे कार्य का अपने देश के बाहर जो स्वागत हुआ उस पर नज़र डालते ही एक बात मुझे यह लगती है कि बार-बार अपने ही समाज के अध्ययन में लगे भारतीय समाजशास्त्री के रूप में मेरा हवाला दिया गया। एक विचार यह था कि इस कारण मुझे बड़ी सुविधा रही; एक अन्य यह था कि जब भी मैं यह भूल सका कि मैं सामाजिक मानव-वैज्ञानिक हूँ, मेरा वर्णन और पुनर्व्याख्या बेहतर हो सकी, और एक तीसरा यह रीति-विधान-सम्बन्धी प्रश्न उठाता था, "कोई समाजशास्त्री स्वयं अपने ही समाज को किस हद तक समझ सकता है?" रैडक्लिफ़-ब्राउन ने मेरी कुर्ग-सम्बन्धी पुस्तक की भूमिका लिखते समय पहला विचार अपनाया था :

> "यह पुस्तक एक प्रशिक्षित मानव-वैज्ञानिक द्वारा लिखी गई है जो स्वयं भारतीय है और इसलिए उसे भारतीय चिन्तन-पद्धतियों की ऐसी समझ

है जो किसी यूरोपीय के लिए वर्षों में भी प्राप्त करना कठिन होता है। फलस्वरूप यह पुस्तक एक विशेष भारतीय समुदाय के धार्मिक आचरण का वैज्ञानिक दृष्टि से मूल्यवान और वस्तुनिष्ठ विवरण प्रस्तुत करती है।"[1]

'टाइम्स साहित्यिक परिशिष्ट' के समीक्षक ने दूसरा विचार अपनाया था :

> "...ब्राह्मण भी हैं और मानव-वैज्ञानिक भी और वे कुर्गों को दोनों दृष्टियों से देखते हैं। शायद सबसे सफल वे वहीं होते हैं जहाँ वे यह भूल जाते हैं कि उन्हें सामाजिक मानव-विज्ञान की भाषा में लिखना है, और अपने दूसरे व्यक्तित्व को, सुसंस्कृत भारतीय नगरवासी को, अपने देश के कुछ किसानों के जीवन का वर्णन और व्याख्या करने देते हैं।"[2]

तीसरे विचार को मेरी पुस्तक 'आधुनिक भारत में जाति' की समीक्षा में ई. आर. लीच ने सशक्त रूप में व्यक्त किया है :

> "प्रोफेसर श्रीनिवास के सामने सामान्यत: हिन्दू धर्म के और विशेषकर ब्राह्मणवाद के कुछ ऐसे पक्ष हैं जिन्हें वे भीतर से जानते हैं, पर जिन्हें विद्वान्-से-विद्वान् यूरोपीय भी कभी नहीं जान सकता। पर समाजशास्त्रीय विश्लेषण की दृष्टि से यह एक सुविधा है या असुविधा?

"भारतीय समाजशास्त्र में प्रोफेसर श्रीनिवास का एक अत्यन्त उल्लेखनीय योगदान है 'संस्कृतीकरण' की अवधारणा का विकास। इस अवधारणा की मूलभूत विषयवस्तु यह है कि सामाजिक सोपान में नीचे जाति-समूहों में उच्च-जाति के ब्राह्मणों की जीवन-शैली के अनुकरण की दीर्घकालीन प्रवृत्ति पाई जाती है, जिससे जातियों के सम्पूर्ण सोपान में कुछ अस्थिरता का समावेश होता है। ऐसी अस्थिरता मौजूद है यह तो स्पष्ट दर्शाया गया है, पर यह कहना कि वह ब्राह्मणों के अनुकरण से उत्पन्न होती है, मुझे अजीब—एक विशेष रूप से 'ब्राह्मण केन्द्री' दृष्टिकोण-लगता है। यदि प्रोफेसर श्रीनिवास शूद्र होते तो क्या यह बात उनकी व्याख्या को प्रभावित करती?"[3]

मेरे दक्षिण भारत से बाहर के भारतीय सहयोगियों ने मुझसे कहा है कि पवित्रता-अपवित्रता, कर्मकांड, संस्कृतीकरण, जाति और पिछड़े वर्ग-आन्दोलन में उलझने का कारण मेरा दक्षिण भारतीय होना है। उनका विचार है कि ब्राह्मणों तथा दूसरों के बीच सांस्कृतिक और सामाजिक दूरी दक्षिण में अधिक है, अपवित्रता की धारणाओं का वहाँ अधिक विस्तार हुआ है, और पिछड़े वर्ग-आन्दोलन केवल दक्षिण की ही विशेषता हैं। एक उत्तर भारतीय सहयोगी तो ज़ोर देकर कहते हैं कि संस्कृतीकरण पर बंगाल में उनकी नज़र ही न पड़ती और तमिलनाड में उसका नज़र से बचना

सम्भव न था। उनके अनुसार बोली जानेवाली भाषा का संस्कृतीकरण द्रविड़-भाषाभाषी क्षेत्रों में अधिक सुस्पष्ट है, क्योंकि उसके परिणामस्वरूप दो विभिन्न भाषा-परिवारों के शब्द और भाषा-रूपों का समक्षीकरण होने लगता है। जिन क्षेत्रों में कोई एक भारतीय-आर्य परिवार की भाषा प्रचलित है वहाँ बढ़े हुए संस्कृतीकरण से वैसी असंगति नहीं उत्पन्न होती।

संस्कृतीकरण शब्द सबसे पहली बार मेरी कुर्ग-विषयक पुस्तक में प्रयुक्त हुआ है, पर इस धारणा के बीज शायद मेरे स्नातकोत्तर डिगरी के प्रबन्ध 'मैसूर में विवाह और परिवार' में ही हैं, जो 1942 में प्रकाशित हुआ था (और अब सौभाग्य से अनुपलब्ध है)।[4] वह मुख्यत: मैसूर के सम्बन्ध में प्रकाशित एक अन्य ग्रंथ के अध्ययन पर आधारित था। मेरे-जैसा अनुभवशून्य शोधकर्ता भी, जो मैं उस समय था, यह देखे बिना न रह सकता था। ग़ैर-ब्राह्मण संस्थाएँ तो 'उदार' थीं, पर ब्राह्मणों की संस्थाएँ नहीं थीं, और आम तौर पर जिस जाति का कर्मकांडीय स्थान जितना नीचा होता उतनी ही अधिक संस्थाएँ उदार होतीं। इससे भी महत्त्वपूर्ण बात यह थी कि किसी जाति की ऊर्ध्वमुखी गति के साथ अन्य बातों के अतिरिक्त तलाक और विधवा विवाह पर रोक लग जाती। "हम यहाँ तक कह सकते हैं कि जो जाति संस्कृतीय प्रभाव से जितनी दूर होती है वह इन आदर्शों का उतना ही कम सम्मान करती है। पर उच्च जातियों का अनुकरण प्रारम्भ हो चुका है, और शीघ्र ही सम्पूर्ण कन्नड़ समाज (उन उच्चतम जातियों को छोड़कर जिनमें पुराने आदर्श टूट रहे हैं) उन आदर्शों की दिशा में बढ़ चलेगा।"[5]

जब मैं दक्षिण भारत के कुर्गों में क्षेत्र-कार्य कर रहा था, तो मूलत: मेरी रुचि उनकी पारम्परिक संस्कृति के पुनर्निर्माण में ही थी, और इसके परिणामस्वरूप मैं उन परिवर्तनों को न देख सका जो कुर्ग समाज में हो रहे थे। यह तो ऑक्सफोर्ड पहुँचकर, रैडक्लिफ-ब्राउन के सुझाव पर ही, मैंने अपनी कुर्ग कर्मकांड-विषयक सामग्री पर 'संरचनात्मक कार्यमूलक' दृष्टिकोण से विचार किया। तब मैं यह निष्कर्ष निकाले बिना न रह सका कि कुर्ग धर्म हिन्दू धर्म का ही एक प्रकार था, और हिन्दू धर्म में बहुत-से स्तर हैं, जिन्हें मैंने 'स्थानीय', 'प्रादेशिक', 'प्रायद्वीपीय' और 'अखिल भारतीय' संज्ञाएँ दीं। अखिल भारतीय हिन्दू धर्म संस्कृतीय हिन्दू धर्म का पर्यायवाची था। कुर्ग रीति-रिवाजों का शताब्दियों से संस्कृतीकरण होता रहा था, जिसके दो महत्त्वपूर्ण साधन थे—लिंगायत और ब्राह्मण। कुर्गों की जीवन-शैली पर लिंगायतत्व के प्रभाव की चेतना एक महत्त्वपूर्ण कारण था कि मैंने संकीर्ण 'ब्राह्मणीकरण' की अपेक्षा 'संस्कृतीकरण' शब्द पसन्द किया। इस भाँति अपनी कुर्गों-विषयक पुस्तक में मैंने लिखा : "केवल ब्राह्मण पुरोहित ही सदा संस्कृतीय हिन्दू धर्म का साधन नहीं होता। कन्नड़ देश के प्रत्येक भाग में, और कुर्ग में, लिंगायत सम्प्रदाय ने भी, जिसमें केवल ग़ैर-ब्राह्मण ही हैं, अतीत में संस्कृतीकरण

का प्रभाव डाला है। लिंगायत कर्मकांड संस्कृतीय है (यद्यपि वैदिक नहीं), और कुर्ग के लिंगायत राजा कुर्गों के रीति-रिवाजों, तौर-तरीकों और संस्कारों के संस्कृतीकरण के लिए उत्तरदायी हैं। प्रत्येक दिन सवेरे मस्तक पर त्रिपुंड विभूति लगाना, शिवरात्रि का त्योहार मनाना, और महत्त्वपूर्ण व्यक्तियों की समाधि पर समाधिशिला लगाकर उसके मस्तक पर नदी की आकृति बैठाना, आदि रीतियों में लिंगायत प्रभाव प्रकट होता है।"[6] इसलिए लीच का यह आग्रह कि मैं संस्कृतीकरण को "ब्राह्मणों के अनुकरण से उत्पन्न" कहता हूँ, ठीक नहीं है।

किन्तु मेरे ब्राह्मण होने ने कुर्गों के मेरे पर्यवेक्षण और समझ को कई अन्य प्रकार से प्रभावित किया। कुर्ग-सम्बन्धी पूरी पुस्तक में कुर्गों और मैसूरी ब्राह्मणों के बीच, कहीं-कहीं स्पष्ट, पर अधिकांशतः निहित रूप में, तुलना की गई है। एक स्पष्ट तुलना का उदाहरण है : "न केवल विधवाओं को, बल्कि पुनर्विवाहित विधवाओं को भी, शुभ कृत्यों से अलग रखा जाता है, पर यह बहिष्कार कुर्गों में उतना सम्पूर्ण नहीं है जैसा, उदाहरण के लिए, ब्राह्मणों में होता है।"[7] किन्तु किसी दूसरे समाज को, अथवा अपने ही समाज के किसी अन्य वर्ग या युग को, समझने की प्रक्रिया में तुलना अनिवार्य जान पड़ती है। समस्त नया सामाजिक अनुभव सामाजिक संस्थाओं, मूल्यों और धारणाओं के ज्ञात और समझे हुए ढाँचे के पहले से मौजूद आधार से जोड़ा जाता है।

जैसा मैंने पहले कहा है, मेरा संस्कृतीकरण का आदर्श ब्राह्मण और लिंगायत दोनों से प्राप्त हुआ था। जैसा कि पोकॉक और सिंगर ने इशारा किया है, क्षत्रिय और वैश्य आदर्शों को मैं अवश्य छोड़ गया था, पर यह 'ब्राह्मणकेन्द्रिता' के कारण नहीं, बल्कि इसलिए कि मैसूर प्रदेश में ऐसी क्षत्रिय और वैश्य जातियाँ नहीं हैं जिनकी जीवन-शैली ब्राह्मण या लिंगायतों की जीवन-शैली से सुस्पष्टतः भिन्न हो। अरसु (कन्नड़भाषी क्षत्रिय) स्वयं ब्राह्मणों और लिंगायतों से प्रभावित रहे हैं, और कोमति (तेलुगुभाषी वैश्य) ब्राह्मणों से। परम्परा से दोनों ही शाकाहारी और मदिरात्यागी हैं, और विभिन्न संस्कारों के समय ब्राह्मण पुरोहित को ही बुलाते हैं।

अब मुझे यह देखकर आश्चर्य होता है कि अपनी कुर्ग-विषयक सामग्री के विश्लेषण के समय पश्चिमीकरण का महत्त्व मैं कैसे न पहचान सका। यह निश्चय ही मेरे ब्राहाण होने के कारण नहीं, बल्कि सामाजिक परिवर्तन की सम्पूर्ण उपेक्षा करके कुर्ग समाज के पारम्परिक पक्षों पर ध्यान केन्द्रित रखने के कारण था। एक अर्थ में 1940 के बाद कुर्गों की जीवन-शैली मैसूरी ब्राह्मणों की अपेक्षा कहीं अधिक पश्चिमीकृत थी। मगर 1954 में ही, जब मिल्टन सिंगर के सुझाव पर मैंने अपना निबन्ध 'संस्कृतीकरण और पश्चिमीकरण पर एक टिप्पणी' लिखना शुरू किया, तब पश्चिमीकरण का महत्त्व और संस्कृतीकरण से उसके सम्बन्ध-सूत्र अचानक मेरे सामने स्पष्ट हो गए। मैंने पाया कि जिस प्रकार मैसूरी ब्राह्मण तेजी से अपना

पश्चिमीकरण कर रहे थे, उसी तरह कर्मकांड की दृष्टि से उनसे नीची जातियाँ संस्कृतीकरण की ओर बढ़ रही थीं। (गोल्ड ने उत्तर प्रदेश के कुछ गाँवों के बारे में भी ऐसी ही प्रक्रिया की सूचना दी है)।[8] किन्तु यह प्रक्रिया का केवल एक ही पक्ष है, और अन्य तथा इसमें रुकावट डालने वाली प्रक्रियाएँ भी हैं। पश्चिमीकरण वक्त के साथ अधिक व्यापक, अधिक गहरा और अधिक प्रबल होता जा रहा है, और इस कारण उसके तथा संस्कृतीकरण के बीच गतिशील सम्बन्ध के निरन्तर परीक्षण की आवश्यकता होगी।

ड्यूमो और पोकॉक ने इशारा किया है कि मैंने 'प्रभुता' की धारणा अफ्रीकी क्षेत्र से भारतीय क्षेत्र में आरोपित की है।[9] मैंने 'प्रभु जाति' शब्दावली का प्रयोग सबसे पहले अपने निबन्ध 'मैसूर के एक गाँव की समाज-व्यवस्था' में किया था, और यह सम्भव है कि अचेतन रूप से मैं अफ्रीका-सम्बन्धी समकालीन मानव-विज्ञान-विषयक साहित्य में प्रभु कुल और प्रभु घरानों के उल्लेखों से प्रभावित हुआ होऊँ। पर एक अर्थ में कुर्ग-विषयक पुस्तक भी एक प्रभु या प्रमुख जाति के बारे में है, और वहाँ प्रभु जाति की धारणा की स्थापना केवल एक ही कदम आगे है। इसके अतिरिक्त जब मैं 1948 में रामपुर में क्षेत्र-कार्य कर रहा था, तो ओक्कलिगों की प्रभुता ने मेरे ऊपर भारी प्रभाव डाला था। जो थोड़े-से ब्राह्मण वहाँ रहते भी थे, वे सम्पूर्णतः, बल्कि दयनीय रूप में, प्रबल ओक्कलिग भूस्वामियों पर निर्भर थे। (इस क्षेत्र के कुछ गाँवों में पहले ब्राह्मणों को प्रभुता प्राप्त थी, पर 1920 के बाद से शिक्षा और रोज़गार की तलाश में उनके शहरों की ओर जाने के पीछे-पीछे उनकी जमीनें भी ओक्कलिगों और दूसरों को बिक गई थीं)। रामपुर और पड़ोस के गाँवों के बुजुर्गों से बातचीत करके मेरी यह धारणा बनी थी कि पहले महायुद्ध के समय तक भी, अविकसित संचार व्यवस्था, और गाँवों के मामले में राज्य के प्रभावकारी ढंग से दखल न देने के कारण, गाँव के स्तर पर स्थानीय प्रभुजातियों के पास बहुत सत्ता और स्वायत्तता थी। यह धारणा एन. रामराव की पुस्तक 'केलवु नेनयुगलु' पढ़ने पर और भी पुष्ट हुई। यह उन दिनों के संस्मरणों की अनुपम पुस्तक थी जब रामराव इस क्षेत्र में अमिलदार (एक तालुक के अधिकारी) थे।[10] गाँवों में सरकारी अधिकारी कभी-कभी ही जाते थे; आम जनता उनके आगमन को स्वागत की दृष्टि से न देखती थी, और गाँव वाले उनकी बहुत चिन्ता किए बिना अपने काम-काज में लगे रहते थे। प्रभु जातियों के प्रधान छोटे-मोटे सामंत-सरदारों की भाँति होते थे और साधारण लोगों में उनके लिए भय और आदर का भाव रहता था। प्रत्येक प्रधान एक गुट का मुखिया होता था जिसमें सगोत्र व्यक्ति, जाति वाले और अन्य जातियों के आसामी आते थे, और प्रतिद्वन्द्वी गुटों के मुखियों के बीच सम्बन्ध स्पष्ट ही मैत्रीपूर्ण नहीं होते थे।

प्रभु जाति संस्कृतीकरण का स्थानीय साधन भी हो सकती थी, अथवा उसके प्रसार में बाधक भी। इसलिए स्थानीय प्रभुजातियों के अध्ययन-विवरण प्रादेशिक

सांस्कृतिक भिन्नताओं को समझने के लिए आवश्यक हैं। इससे भी महत्त्वपूर्ण बात यह है कि प्रभुजातियों की शक्ति, प्रभाव और प्रतिष्ठा की प्रतीति से समाज-वैज्ञानिक के लिए हिन्दुओं के धार्मिक साहित्य में अभिव्यक्त धारणाओं और भावनाओं को एक नए रूप में देखना सम्भव हो जाता है। कोई ब्राह्मण किसी किसान-प्रभुता वाले गाँव में जाकर 'भू-देवता' की भाँति आचरण करे तो उसे सचमुच परेशानी में पड़ना पड़ेगा। क्षेत्र-कर्मियों के लिए मनु उत्तम मार्ग-दर्शक नहीं; भारत में शहरी तथा उच्चजातीय समाज-वैज्ञानिकों को यह बात सदा ध्यान में रखनी चाहिए।

अन्त में, पिछड़े वर्ग-आन्दोलन के महत्त्व पर, तथा राजनीति और प्रशासन में जाति के स्थान पर मेरा बल देना बहुत सम्भव है जो मेरे दक्षिण भारतीय, और उस पर भी ब्राह्मण, होने का परिणाम है। प्रशासन की नौकरियों पर नियुक्ति के लिए और वैज्ञानिक तथा औद्योगिकीय शिक्षाओं में प्रवेश के लिए, जातियों के निश्चित अंश के सिद्धान्त ने मैसूरी ब्राह्मणों में बड़ी कटुता उत्पन्न की थी। उनमें से कुछ मेरे मित्र और रिश्तेदार भी थे और मैं उनकी मुसीबतों से प्रभावित हुए बिना न रह सकता था और न शैक्षिक क्षेत्रों तथा प्रशासन में कार्यकुशलता में निरन्तर गिरावट और वैयक्तिक सम्बन्धों में बिगाड़ से—जो दोनों ही जाति-विषयक आरक्षण की नीति के परिणाम थे—आँख मूँद सकता था। मैसूर से गहरे लगाव के कारण मैं इस बात से भी प्रभावित हुए बिना न रह सकता था कि जातियों के बीच संघर्ष के कारण राज्य के सब वर्गों के लाभ के लिए आर्थिक साधनों के विकास के सबसे महत्त्वपूर्ण कार्य पर ध्यान केन्द्रित रखना सम्भव न हो पाता था। किन्तु यह मैं अवश्य कहूँगा कि पिछड़े वर्ग-आन्दोलन के बावजूद विभिन्न जातियों के लोगों में अक्सर बड़ी गहरी मित्रता भी होनी थी। कभी-कभी ऐसी मित्रताएँ पूरे परिवारों के बीच होतीं और पीढ़ी-दर-पीढ़ी चलतीं। यह मेरा सौभाग्य था कि मेरे मूल परिवार की विभिन्न जातियों, सम्प्रदायों और धर्मों के लोगों से घनिष्ठ मित्रता थी और इस कारण मैं पिछड़े वर्ग-आन्दोलन को कुछ तटस्थता के साथ देख सका। मैंने यह भी देखा था कि ब्राह्मणों के जाति-केन्द्री वक्तव्यों से संवेदनशील ग़ैर-ब्राह्मण किस प्रकार क्षुब्ध होते थे।

पिछड़े वर्ग-आन्दोलन का स्वरूप जनता के हाथ में सत्ता आते ही बदल गया। सर्वव्यापी बालिग मताधिकार पर आधारित राजनीतिक लोकतंत्र में जाति-समूहों की संख्या निर्धारक हो गई, और केवल आर्थिक शक्ति तथा शिक्षा के ऊपर आधारित प्रभुता पर्याप्त नहीं रही। हर जगह प्रभु जातियाँ अपने उन उप-भेदों की उपेक्षा करके अपनी शक्ति बढ़ाने का प्रयास करने लगीं जिन्हें पहले महत्त्वपूर्ण माना जाता था। किन्तु कभी-कभी जाति की संख्या सन्दर्भ के अनुसार बदलती थी; उदाहरण के लिए, राजनीतिक सन्दर्भों में उप-भेदों की उपेक्षा की जाती थी, पर विवाह के लिए उनका महत्त्व बना रहता था। इसका एक तीव्र उदाहरण गुजरात क्षत्रिय सभा में

मिलता है। इसमें राजपूत और कोली दोनों हैं जो अलग-अलग जातियाँ हैं, और कोलियों को निश्चित रूप से राजपूतों से नीचा माना जाता है।

[2]

लीच ने प्रश्न किया है कि समाज-वैज्ञानिक विश्लेषण की दृष्टि से, समाज वैज्ञानिक के लिए स्वयं अपने ही समाज का अध्ययन करना सुविधाजनक है अथवा असुविधाजनक। जो भी असुविधा हो, वह निश्चित रूप से इतनी बड़ी तो नहीं रही है कि समाज-विज्ञान के अनुशासन के उदय होने में बाधक हो सके। मार्क्स, वेबर, मैनहीम और बहुत-से अन्य समाज-वैज्ञानिक स्वयं अपने ही समाज के अध्ययन में निरन्तर लगे रहे हैं।

किन्तु यह स्पष्ट है कि अपने ही समाज का अध्ययन करनेवाले समाज वैज्ञानिक को सुविधाएँ भी होती हैं और असुविधाएँ भी, और शिक्षाशास्त्र की दृष्टि से यह बहुत ही महत्त्वपूर्ण है कि असुविधाओं को यथासम्भव कम करने और सुविधाओं को बनाए रखने का पक्का प्रबन्ध किया जाए। यह समस्या तात्कालिक है, क्योंकि विकासशील देशों के अधिकाधिक समाज-वैज्ञानिकों के निकट भविष्य में ही अपने समाजों के विभिन्न पक्षों का अध्ययन करने की सम्भावना है।

अपने ही समाज का अध्ययन करनेवाले समाज-वैज्ञानिक के लिए यह सम्भावना है कि वह न केवल अपने अवलोकनों में, बल्कि अध्ययन के लिए समस्याओं के चुनाव में भी अपनी सामाजिक स्थिति से प्रभावित हो जाए। पर यह जरूरी नहीं कि इससे सदा भूल ही हो—यह अन्तर्दृष्टि का भी साधन हो सकता है। किन्तु अन्तर्दृष्टियों के प्रामाणिक सामान्य सिद्धान्त बनाने के पहले उनका कठोर परीक्षण होना अत्यन्त आवश्यक है; तो निष्कर्ष यह निकलता है कि कोई धारणा केवल इस कारण आवश्यक रूप से गलत नहीं हो सकती कि उसका जन्मदाता समाज में किसी विशेष स्थान पर है। उसकी प्रामाणिकता और अप्रामाणिकता स्वतंत्र रूप से स्थापित करनी पड़ती है। बर्नार्ड शॉ के शब्दों में "विवेकशीलता की कसौटी पद्धति की सामान्यता नहीं, उपलब्धि का तर्क-संगत होना है।"[11]

किन्तु अपने कार्य को अधिक वस्तुनिष्ठ बनाने के लिए अपनी धारणाओं और रुचियों का परीक्षण करना और उन्हें अपनी सामाजिक पृष्ठभूमि और बौद्धिक इतिहास से जोड़ना आवश्यक है, क्योंकि आत्मनिष्ठ होने की चेतना मात्र—और उन क्षेत्रों तथा रूपों की चेतना जिनमें वैसा होने की सबसे अधिक सम्भावना है—अधिक वस्तुनिष्ठता प्राप्त करने की दिशा में आगे चरण है। पर केवल वही पर्याप्त नहीं है। उसकी कई अन्य उपायों द्वारा पुष्टि आवश्यक है। एक सहज उपाय है कि समस्या का—किसी एक समस्या का—विभिन्न पृष्ठभूमियों वाले, वल्कि विभिन्न देशों के

समाज-वैज्ञानिक अध्ययन करें। समाज-विज्ञान में अधिक वस्तुनिष्ठता प्राप्त करने के लिए पेशेवर लोगों में अन्तर्राष्ट्रीय सहयोग अपरिहार्य है।

क्योंकि आत्मनिष्ठता से बचा नहीं जा सकता और उसका प्रभाव गम्भीर होता है, इसीलिए उसे कम करने के लिए निरन्तर प्रयास किया जाना चाहिए। इसका सबसे अच्छा उपाय है उसके अस्तित्व की स्वीकृति और अध्येता को उसके शैक्षिक जीवन के प्रारम्भ से ही, अजनबी समाजों की संस्कृति और संस्थाओं का अनुभव सुलभ करना। इस सन्दर्भ में ही समाज-विज्ञान और सामाजिक मानव विज्ञान के बीच पारम्परिक, किन्तु तर्कहीन अन्तर इतना अनिष्टकर है। समाज के सच्चे विज्ञान में देश और काल में—आदिम, आधुनिक, ऐतिहासिक—सभी समाजों का अध्ययन सम्मिलित होना चाहिए। यह बात भारतीय समाज के समाज-वैज्ञानिक को बड़ी तीव्रता से अनुभव होती है; न केवल भारत का लम्बा लिखित इतिहास है, साथ ही हरिजन (1965 में लगभग 6.6 करोड़) और जनजातियों के लोग (1965 में लगभग 3 करोड़) सदा ही भारतीय संस्कृति और समाज के अंग रहे हैं। भारतीय समाज के विभिन्न खंडों और स्तरों के बीच पारस्परिक क्रिया निरन्तर रही है। कुछ समय बीतने पर जनजाति समूह अपने क्षत्रिय होने के दावे को स्थापित करने में सफल होते रहे हैं और जनजातीय कर्मकांड और सामाजिक जीवन के तत्त्व उच्चतर हिन्दू धर्म में प्रवेश पा गए हैं। अपवित्रता की धारणाओं का विस्तार जनजाति-समूहों में भी हुआ है और उच्च जातियों में भी। किन्तु न्यस्त स्वार्थ वाले लोग फिर भी समाज-विज्ञान और सामाजिक मानव-विज्ञान को अलग-अलग अनुशासन माने चले जाते हैं।

[3]

किसी भी समाज का अवलोकन कर सकने के लिए, अवलोकनकर्ता में स्वयं अपने समाज से कुछ तटस्थता आवश्यक होती है, और तटस्थता के प्रभावी होने के लिए उसका भावना और बुद्धि दोनों से सम्बद्ध होना आवश्यक है। क्षेत्र-कार्य, जैसाकि मैं बाद में स्पष्ट करूँगा, ऐसी तटस्थता प्राप्त करने का एक बड़ा पक्का उपाय है। यह सही है कि समाज-विज्ञान के इतिहास में कुछ महानतम व्यक्ति स्वयं क्षेत्र-शोध के कार्य में कभी नहीं पड़े, पर जिस अनुशासन की स्थापना के लिए उन्होंने इतनी लगन से काम किया वह अब उनके बाद से विकसित होता रहा है और क्षेत्र-शोध ने इस विकास में महत्त्वपूर्ण योग दिया है। जो हो, यहाँ मेरा विषय साधारण छात्रों का प्रशिक्षण है, प्रतिभावान व्यक्तियों को बेखटके अपने भरोसे छोड़ा जा सकता है।

किसी अजनबी समाज में क्षेत्र-कार्य स्वयं अपने समाज के अवलोकन के लिए उत्कृष्ट तैयारी का काम करता है। पर यह अत्यन्त व्ययसाध्य है, और विकासशील देश इतना खर्च न उठा सकेंगे। इन परिस्थितियों में सबसे अच्छा यही होगा कि तरुण

समाज-वैज्ञानिक समाज के किसी ऐसे हिस्से में काम शुरू करे जो उसके अपने समाज से भिन्न हो। यह याद करना अच्छा होगा कि वर्णनात्मक समाज-विज्ञान का एक क्लासिक ग्रंथ, डब्ल्यू. एफ. ह्वाइट का 'सड़क के नुक्कड़ का समाज', लेखक का पहला अध्ययन-विवरण था और उसके विश्वविद्यालय के पास के समुदाय में ही किया गया था। मध्यवर्गीय परिवार के शहरी भारतीय समाज-वैज्ञानिक को भी इसी प्रकार कुछ मील दूर किसी गाँव अथवा उसके ही शहर में किसी गन्दी बस्ती में एक विस्मयकारी नया सामाजिक लोक मिल सकता है। तीव्र स्तरीकरण व्यवस्था का एक परिणाम है ऊपरी समूहों में निचले समूहों की संस्कृति और जीवन के विषय में उदासीनता, और भारत-जैसे विशाल देश में पर्याप्त प्रादेशिक अनेकरूपता भी है। ये दोनों बातें किसी हद तक भारतीय समाज-वैज्ञानिक के लिए किसी अजनबी समाज में पहला क्षेत्र-अध्ययन करने के लिए साधनों के प्रभाव की क्षतिपूर्ति कर देती हैं।

अभी तक मैंने क्षेत्र-कार्य की चर्चा इस भाँति की है जैसे वह कोई एक ही समधर्मी प्रकार का होता हो; सच बात यह है कि ऐसा नहीं है। क्षेत्र-कार्य कई प्रकार का होता है—किसी एक अन्वेषक द्वारा एक छोटे-से समुदाय या समूह के गहन अध्ययन से लगाकर एक देशव्यापी सर्वेक्षण तक, जिसमें बहुत-से अन्वेषक उत्तरदाताओं से वास्तविक भेंट का काम करने के लिए रखे गए हों। और बीच में बहुत-सी श्रेणियाँ हैं। आगे जो कुछ कहा जा रहा है उसमें मैंने ध्यान में मुख्यत: गहन क्षेत्र-कार्य रखा है जिसमें 'सहभागी अवलोकन' की पद्धति अपनाई जाती है। पर मैं यह आशा करता हूँ कि वह तमाम क्षेत्र-कार्य, जिसमें, समाज-वैज्ञानिक का अपने से भिन्न संस्थानों, धारणाओं और मूल्यों वाले लोगों के किसी-न-किसी प्रकार के घनिष्ठ सम्पर्क में आना निहित है, तटस्थता उत्पन्न करेगा, भले ही गहन क्षेत्र-कार्य के समान मात्रा में नहीं।

मैं गहन क्षेत्र-कार्य की परिभाषा देने का प्रयास नहीं करूँगा; इसके बजाय जो पाठक यह जानना चाहते हैं कि वह क्या है, उनसे कहूँगा कि वे इवान्स प्रिचर्ड की पुस्तक 'सामाजिक मानव विज्ञान'[12] और ह्वाइट की 'सड़क के नुक्कड़ का समाज'[13] में क्षेत्र-कार्य पर परिशिष्ट पढ़ें। सफल क्षेत्र-कार्य में न केवल समाज-वैज्ञानिक द्वारा परिश्रमपूर्वक मानव-जाति-शास्त्र की सूक्ष्म बातों के विशाल भंडार का संग्रह, बल्कि यह समझने के लिए कि अध्ययन के अन्तर्गत समुदाय का सदस्य होना कैसा लगता है, अपनी परानुभूति की क्षमताओं का उपयोग भी सम्मिलित है। इस मामले में समाज वैज्ञानिक एक उपन्यासकार की भाँति हैं जिनके लिए अपने पात्रों की अन्तरात्मा के भीतर प्रवेश करना अनिवार्य होता है। जिस समुदाय या समूह का वह अध्ययन कर रहा है उसकी कुछ संस्थाएँ विचित्र तथा कुछ अन्य बर्बर लग सकती हैं। पर उसे अपनी घृणा नहीं तो झिझक को वश में करने का प्रयास करना चाहिए, और उन्हें उसी प्रकार देखने की कोशिश करनी चाहिए जैसे आतिथ्य समुदाय का

साधारण सदस्य देखता है। कहना आवश्यक नहीं कि इसमें न सिर्फ उसकी बुद्धि बल्कि उसकी भावनाएँ भी सम्मिलित हो जाती हैं।

अन्य समुदाय के सदस्यों की जगह अपने को रखने की प्रक्रिया में, समाज वैज्ञानिक एक हद तक अपने समुदाय से विलग हो जाता है। ह्वाइट के इस कथन में एक आम प्रक्रिया का ही सारांश है :

> "मैंने एक ग़ैर-सहभागी अवलोकनकर्ता के रूप में प्रारम्भ किया। ज्यों ही मैं समुदाय में स्वीकृत हुआ, मैंने पाया कि मैं लगभग एक ग़ैर-अवलोकनशील सहभागी होता जा रहा हूँ। मुझे कार्नर विले के जीवन का स्पर्श तो मिला, पर उसका अर्थ था कि मैं भी वे सब बातें मानकर चलूँ जो मेरे कार्नर विले के बंधु मानकर चलते थे। मैं उसमें डूब गया था, पर अभी तक मैं उसका अर्थ बहुत कम ही समझ पाता था। मुझे यह तो लगता था कि मैं कोई महत्त्वपूर्ण कार्य कर रहा हूँ, पर अभी मुझे अपने-आपको यह समझाना था कि वह है क्या।"[14]

ग़ैर-सहभागी अवलोकनकर्ता से सहभागी अवलोकनकर्ता में संक्रमण समाज वैज्ञानिक द्वारा अपनी परानुभूति की सारी क्षमताओं के उपयोग के बिना नहीं हो सकता। जैसा स्टार्क ने कहा है, "किसी अजनबी समाज के बाहरी खोल के भीतर प्रवेश करने की समस्या केवल अंशतः ही बौद्धिक समस्या होती है; अंशतः वह नैतिक भी होती है। बौद्धिक प्रयास तो वह इस बात में है कि बहुत सारी तथ्यात्मक सामग्री का संग्रह और ग्रहण आवश्यक होता है; पर वह एक नैतिक प्रयास भी है—सहानुभूति का प्रयास, जैसा बर्गसाँ ने बड़ी विलक्षण सहजता से व्यक्त किया है—क्योंकि जब तक हम उन तथ्यों से सम्बद्ध लोगों के विचारों को सोचने और भावनाओं को अनुभव करने के लिए पर्याप्त तत्परता न जुटाएँ, तब तक हम उस तथ्यात्मक सामग्री से कुछ नहीं पा सकते और वह हमारे हाथों में निर्जीव ही बनी रहेगी।"[15]

आम तौर पर क्षेत्र कार्य समाप्त होने पर समाज-वैज्ञानिक अपने अध्ययन के निष्कर्षों को लिख डालने के लिए अपने विश्वविद्यालय को लौट जाता है। क्षेत्र से बाह्य दूरी, और अपने अनुभवों का ऐसे शब्दों में वर्णन और विश्लेषण करने की आवश्यकता कि वह दुनिया भर में उसके सहयोगियों की समझ में आ सके, समाज वैज्ञानिक को अपने पूर्ववर्ती सहभागी अवलोकनकर्ता के रूप से बाहर निकलने और एक निर्वैयक्तिक विश्लेषणकर्ता हो जाने के लिए बाध्य करती है। यह आसान कार्य नहीं है, जैसा कि कोई भी क्षेत्र-कर्मी स्वीकार करेगा। लौटने के बाद पहले कुछ दिनों तक, अथवा सप्ताहों तक भी, वह हक्का-बक्का रहेगा कि किस तरह वह अपने-आपको नई आवश्यकताओं के अनुकूल बनाए। धीरे-धीरे गोष्ठियाँ और

भाषण, कक्षा और व्याख्यान-कक्ष के बाहर अनौपचारिक चर्चाएँ, और इन सबसे अधिक एक निर्वैयक्तिक और पेशेवर पाठक-वर्ग के लिए अपने अनुभवों के विषय में लिखने की प्रक्रिया ही, उसके लिए उस क्षेत्र से कुछ दूरी उत्पन्न कर देगी जिसे वह पीछे छोड़ आया है।

किसी अजनबी समाज का, अथवा अपने ही समाज के भिन्न खंड का क्षेत्र अध्ययन समाज-वैज्ञानिक को अपने ही समाज के अथवा उसके उस खंड के, जिसका वह स्वयं है, अधिक सूक्ष्म अध्ययन के जटिल कार्य के लिए तैयार करता है। अपने समाज का सदस्य रहते हुए भी वह किसी हद तक उसे बाहर वाले की भाँति देखने में समर्थ हो गया है। उसकी स्थिति अब भी उस उपन्यासकार-जैसी है जो अपने लोगों का अवलोकन भी करता है और अपने चारों ओर के जीवन में सहभागी भी होता है। किन्तु उपन्यासकार से भिन्न, समाज-वैज्ञानिक की रुचि मुख्यतः मानवीय सामाजिक आचरण की सैद्धान्तिक व्याख्या में, मूर्त विशिष्टताओं के बजाय सामान्य सिद्धान्तों में ही होती है।

भारतीय समाज और संस्कृति की अनेकरूपता का उल्लेख मैं पहले कर चुका हूँ, पर अनेकरूपता स्थिति का केवल एक ही पक्ष है। मोटे रूप में सम्पूर्ण भारतीय उपमहाद्वीप एक सांस्कृतिक क्षेत्र है और शताब्दियों से धारणाएँ, संस्थाएँ और साधन औज़ार आदि प्राय: देश के एक भाग से दूसरे भाग में आते-जाते और प्रत्येक चरण में बदलते रहे हैं। इस भाँति देश के एक भाग से दूसरे में जाने पर जैसे परिचित लगनेवाली वस्तुएँ अप्रत्याशित अपरिचित तत्त्व उजागर करती हैं, वैसे ही अपरिचित लगनेवाली वस्तुओं से परिचित तत्त्व प्रकट हो जाते हैं। भारत की एकता और अनेकता दोनों को निरन्तर ध्यान में रखना आवश्यक है, अन्यथा यह सम्भावना है कि किसी गाँव या जनजाति को एक विलग तत्त्व मान लिया जाए। किसी समुदाय का अध्ययन हाथ में लेने के लिए भारतीय इतिहास और संस्कृति का नहीं तो प्रादेशिक इतिहास और संस्कृति का ज्ञान आवश्यक तैयारी है। पर इसे बहुत दूर तक ले जाने की आशंका भी है और एक अन्य अर्थ में हमारी प्रादेशिक अथवा सम्पूर्ण देश की संस्कृति का अध्ययन कभी पर्याप्त नहीं हो सकता। वास्तव में किसी गाँव या छोटे कस्बे या जाति का अध्ययन सम्पूर्ण भारतीय समाज और संस्कृति के अध्ययन में प्रवेश के लिए बड़ा उपयोगी स्थल प्रस्तुत करता है। वह तरुण अध्येता को बाध्य करता है कि वह अपना ध्यान समाज के किताबी चित्र की बजाय सामने वर्तमान यथार्थ पर जमाए रखे। वह सबसे महत्त्वपूर्ण प्रश्न भी उठाता है : "भारतीय इतिहास के विभिन्न—यानी किन्हीं विशेष युगों में मौजूद संस्थानों और धार्मिक साहित्य के बीच क्या सम्बन्ध है?" इसका सन्तोषजनक उत्तर प्रादेशिक इतिहास और संस्कृति में वर्षों तक परिश्रमपूर्वक अनुसन्धान द्वारा ही पाया जा सकता है।

यद्यपि गहन क्षेत्र-अध्ययनों का भारतीय समाज के अध्ययन में बहुत महत्त्वपूर्ण स्थान है,[16] फिर भी यह स्पष्ट है कि उनकी पुष्टि कई प्रविधियों के उपयोग द्वारा अन्य प्रकार के अध्ययनों से करना आवश्यक है। विस्तृत अध्ययन, जिनमें बहुत-से कर्मियों का सहयोग आवश्यक होता है, और अन्तर्प्रनुशासनिक अध्ययन भी आवश्यक है। पर शोधकर्ता की दृष्टि से सर्वोत्तम यही है कि गहन क्षेत्र-अध्ययन विस्तृत अध्ययन के पहले हो, बाद में नहीं, क्योंकि वह समाज-वैज्ञानिक को इस बात के लिए प्रशिक्षित कर देता है कि वह एक तथ्य या घटना को उसके सम्पूर्ण साँचे में देखे और उन सूक्ष्म तथा दूरस्थ सम्बन्धों को पहचाने जो सीमित तथ्य-समूहों अथवा सम्बन्धों के विस्तृत सर्वेक्षणों में प्रायः छूट जाते हैं।

तेजी से बदलते हुए—और सब विकासशील समाज इसी रूप में बदल रहे हैं—स्वयं अपने समाज का अध्ययन ऐसी चुनौती प्रस्तुत करता है जिसका सामना करने के लिए समाज-वैज्ञानिक की समस्त बौद्धिक और नैतिक क्षमताओं का सक्रिय होना आवश्यक है। सम्भव है कि वे परिवर्तन स्वयं उसकी सामाजिक स्थिति और सुरक्षा की भावना के लिए संकट उपस्थित करते हों, और इन परिस्थितियों में आवश्यक तटस्थता बनाए रखने में कठिनाई की कल्पना की जा सकती है। उदाहरण के लिए, भारत में मेरे बहुत-से सहकर्मी शहरी किन्तु भूस्वामी मध्यवर्गीय परिवारों के हैं, और वे हाल के भूमि-सुधार क़ानूनों से, मुद्रा-स्फीति से, और प्रशासन तथा विश्वविद्यालयों में अंग्रेज़ी के स्थान पर प्रादेशिक भाषाओं के उपयोग की सम्भावना से, प्रतिकूल रूप में प्रभावित हुए हैं। वे यह भी देखते हैं कि स्वाधीनता के बाद होनेवाले राजनीतिक परिवर्तनों से बहुत-से क्षेत्रों में उन प्रभुतासम्पन्न किसान जातियों के नेता सत्तारूढ़ हो गए, जिनको एक पीढ़ी पहले ही उनके पिता नीचा समझा करते थे। प्रादेशिक तथा राज्य-स्तरों पर राजनीतिक प्रभुता से प्रभु-जातियों को आर्थिक तथा अन्य पुरस्कार प्राप्त होते हैं, और इसके साथ ही शहरी मध्यवर्ग की सत्ता और प्रभाव में लगातार कमी हुई है। इन परिस्थितियों में यह समझ में आता है कि मध्यवर्ग के कुछ भारतीय समाज-वैज्ञानिक सब परिवर्तनों के विरोधी हो जाते हैं, और कुछ एक अन्य प्रकार की आत्मनिष्ठा में पड़कर ऐसी उग्रतावादी विचारधारा के उत्साही प्रवक्ता बन जाते हैं, जो उच्च-जातियों और शहरी मध्यवर्ग को ही आधुनिक भारत की सब बीमारियों के लिए जिम्मेदार ठहराती है।

विकासशील देश आज प्राचीन और नवीन के बीच संघर्ष के रणस्थल हैं। पुरानी व्यवस्था अब न तो नई शक्तियों का सामना कर पाती है और न लोगों की नई आवश्यकताओं और आकांक्षाओं को पूरा कर पाती है, पर वह मरणासन्न भी नहीं है—वास्तव में वह अभी तक बहुत जीवन्त है। यह संघर्ष बहुत-से अशोभन विवाद, कलह, मतिभ्रम और कभी-कभी रक्तपात को भी जन्म देता है। इन परिस्थितियों में समाज-वैज्ञानिक को नितान्त अतीत-मोह के कारण पुराने अच्छे-भले शान्तिपूर्ण

दिनों की चाह का प्रलोभन होता है। पर पल-भर विचार करते ही उसे विश्वास हो जाना चाहिए कि पुरानी व्यवस्था भी संघर्षरहित नहीं थी और वह जनता के बड़े-बड़े वर्गों के साथ अमानवीय निर्दयता से पेश पाती थी। ऐसा सैद्धान्तिक रवैया, जो संघर्ष को असामान्य मानता है अथवा जो विज्ञान के नाम पर सन्तुलन को विशेष मूल्य प्रदान करता है, विकासशील समाजों के अध्ययन में बाधक हो सकता है। पर ठीक यही तो कार्यमूलकतावाद के अन्तर्गत हुआ है। लीच ने सन्तुलन और एकीकरण में उलझाव के परिणामों की ओर संकेत किया है :

> "अंग्रेज़ सामाजिक मानव-वैज्ञानिकों में अपनी प्राथमिक अवधारणाएँ परेटो या मैक्स वेबर से लेने की बजाय डरकीम से लेने की प्रवृत्ति रही है। परिणामस्वरूप वे ऐसे समाजों के पक्ष में अत्यधिक पूर्वग्रहयुक्त होते हैं, जिनमें 'कार्यमूलक एकीकरण', 'सामाजिक एकता', 'सांस्कृतिक एकरूपता', 'संरचनात्मक सन्तुलन' के लक्षण दिखाई पड़ते हों। ऐसे समाजों को, जिन्हें इतिहासकार अथवा राजनीतिक वैज्ञानिक सम्भवतः ठीक ही मरणासन्न कहें, सामाजिक मानव-वैज्ञानिक स्वस्थ और आदर्श रूप में सौभाग्यशाली मानते हैं। इसके विपरीत जिन समाजों में द्रुत परिवर्तनों की ओर ले जानेवाले गुटों और आन्तरिक संघर्ष के लक्षण दिखाई पड़ते हैं, उनके बारे में मूल्यहीनता और विकृतिमूलक क्षय की आशंका की जाती है।"[17]

संघर्ष को हर जगह सामाजिक जीवन में निहित ही माना जाना चाहिए। संघर्ष को दूर करने के लिए प्रत्येक समाज जो संस्थामूलक युक्तियाँ प्रस्तुत करता है, वे कम या ज्यादा कुशलता से कार्य कर सकती हैं। अथवा युक्तियाँ एक क्षेत्र में कुशलतापूर्वक कार्य करें और दूसरों में न करें। सम्भव है कि कुछ समाजों में दूसरों की अपेक्षा अधिक संघर्ष हो, अथवा एक ही समाज में एक युग की अपेक्षा दूसरे में अधिक संघर्ष हो। यह भी सम्भव है कि संघर्ष लगभग सारी संस्थाओं में समान हो, अथवा कुछ में अधिक बार होता हो कुछ में कम। कुछ पदार्थों और घटनाओं को लेकर बहुत ज्यादा हो कुछ को लेकर कम। पर संघर्ष सामाजिक जीवन का अपरिहार्य अंश है, और समाज-वैज्ञानिक को उस पर गम्भीरतापूर्वक विचार करना चाहिए।

कुछ संघर्ष ऐसे होते हैं जो वर्तमान संस्थामूलक उपायों द्वारा सुलझाये जा सकते हैं, और कुछ ऐसे मूलभूत होते हैं जो सम्पूर्ण समाज-व्यवस्था के लिए आशंका प्रस्तुत करते हैं। इन दोनों प्रकार के संघर्षों में अन्तर करना चाहिए। समाज-व्यवस्था धीरे-धीरे लम्बे समय में बदल सकती है, अथवा अचानक और ध्वंस के साथ। किन्तु यह सम्भव है कि परिवर्तन की आकस्मिकता वास्तविक की बजाय दिखावटी

अधिक हो, और गतिमान शक्तियों को कुछ देर से पहचाना न गया हो अथवा उनके महत्त्व को गलत आँका गया हो।

विकासशील देशों की यह विशेषता है कि उनमें ऐसे नेता मौजूद हैं जो पारम्परिक जीवन और संस्कृति में मूलभूत परिवर्तन लाने के लिए कृतसंकल्प हैं और ये नेता अपने अनुयायियों की आशाओं, आकांक्षाओं और आदर्शों को अभिव्यक्त भी करते हैं और उनका मार्गदर्शन भी। जिन देशों में आबादी तेज़ी से बढ़ रही है, उनमें से कुछ में यह आर्थिक विकास के लिए गम्भीर अड़चन है। इन परिस्थितियों में पुरानी व्यवस्था में लौटने का अर्थ तो केवल करोड़ों लोगों के लिए भुखमरी और कष्ट ही होगा। इसलिए विकासशील देशों के समाज-वैज्ञानिक सामाजिक परिवर्तन के विषय में निश्चित दृष्टिकोण अपनाने को बाध्य हैं। कुछ इस विकास की प्रक्रिया में सक्रिय रूप से सम्मिलित भी हैं, और भविष्य में अधिकाधिक संख्या के इस भाँति सम्मिलित होने की सम्भावना है, क्योंकि ये देश योजनाबद्ध विकास के कार्यक्रमों के लिए प्रतिबद्ध हो चुके हैं।

विकास-कार्य में समाज-वैज्ञानिक या तो सरकार के नियमित कर्मचारियों के रूप में अथवा नीति-निर्धारक समितियों के सदस्यों के रूप में सम्मिलित हो सकते हैं। पहली स्थिति में वे अन्य सरकारी कर्मचारियों की ही लाए हैं, सिवाय इसके कि वे समाज वैज्ञानिक कार्यों में, विभिन्न विकासमूलक माध्यमों और व्यक्तियों के कार्य के अध्ययन और मूल्यांकन के कार्य में, लगे हुए हैं। यह आसान कार्य नहीं है क्योंकि इसमें, चाहे जितने अप्रत्यक्ष रूप से सही, सरकार में अपने सहयोगियों के कार्य के सम्बन्ध में निर्णय निहित है। बहुत व्यवहारकुशल रिपोर्ट से अन्य विभागों के सहकर्मियों के साथ सम्बन्ध अच्छे रखने में भले ही सहायता मिले, पर इस कारण विकास-कार्य के मूल्याँकन का मुख्य कार्य पूरी तरह असफल हो जाए। दूसरी ओर गलतियों को ठीक-ठीक दिखाने से न केवल विशेष विभागों और अफसरों के साथ सम्बन्ध बिगड़ जाएँ, बल्कि अन्वेषकों के लिए सूचना के स्रोत ही सूख जाएँ। संगृहीत सूचना का सदा उपयोग नहीं किया जा सकता, क्योंकि सम्भव है उसमें विश्वास का अतिक्रमण हो। इस भाँति यदि मूल्याँकन दल सरकारी तंत्र का एक अंग हो, अथवा यदि स्वायत्त संगठन हो, तो भी मूल्याँकन के कार्य में तरह-तरह की समस्याएँ हैं।

वक्त बीतने के साथ सरकारी नौकरी करनेवाले समाज-वैज्ञानिक शायद यह पाएँ कि उनकी विशेषज्ञता भोथरी और पुरानी पड़ गई है, और उनकी नौकरशाही मनोवृत्ति तीव्र हो गई है। यदि वे बीच-बीच में कुछ महीने विश्वविद्यालयों में बिताया करें, प्रबोधन पाठ्यक्रमों में भाग लें और सिद्धान्त तथा रीति-सम्बन्धी नवीनतम सामग्री पढ़ सकें, तो इससे सरकार और अनुशासन दोनों का लाभ होगा।

किन्तु सरकारी समितियों के सदस्य बनने वाले शैक्षिक समाज-वैज्ञानिकों की समस्याएँ भिन्न प्रकार की हैं। सबसे पहले तो उन्हें यह निणय करना पड़ता है कि

वे कितना समय तो समितियों को दें और कितना शिक्षण को, अपने छात्रों को और अपने निजी अध्ययन को और शोध-कार्य को। समितियों की सदस्यता के गढ़ और खतरे सुविदित हैं। 'व्यावहारिक' होने की ओर सरकार की कठिनाइयों को देखने की, और जनता के समक्ष भविष्य का आशाजनक चित्र प्रस्तुत करने की आवश्यकता और देश के बड़े-बड़े लोगों के साथ उठने-बैठने की इच्छा—ये सब उसे एक हँसमुख 'हाँ कहने वाला' बना दें और परिणामस्वरूप वह अधिकाधिक समितियों का सदस्य बनता जाए। इसी प्रकार इस बात का कि सरकारें अब विविध विषयों पर बड़े परिमाण में तथ्य-सामग्री एकत्र करती हैं और इस सामग्री पर उनका एकाधिकार होता है, यह अर्थ है कि समितियाँ तथ्यों के बारे में ऐसी धारणाओं से प्रारम्भ करती हैं जिनकी किसी बाहरी संगठन द्वारा जाँच नहीं हुई है।

शायद समितियों के लिए सबसे उपयोगी समाज-वैज्ञानिक वे हैं जो यह जानते हैं कि सरकार की विकास-संस्थाएँ किस तरह काम करती हैं और किस तरह से सामग्री एकत्र करती हैं। शैक्षिक समाज-वैज्ञानिकों की थोड़े समय के लिए अथवा विशेष कार्य के लिए सरकार में नियुक्ति कई दृष्टियों से वांछनीय हो सकती है। इसमें समाज-वैज्ञानिकों को इस बात की जानकारी कि सरकार के विभिन्न स्तरों पर नीतियाँ किस तरह कार्यान्वित की जाती हैं, और अधिकारियों तथा जनता के बीच सम्बन्धों की अन्दरूनी जानकारी प्राप्त होती है। दूसरे शब्दों में, यह उनके लिए विकास कार्य का एक प्रकार का 'क्षेत्र अनुभव' होगा। वे उन लोगों से भी मिलकर बात कर सकेंगे जो सरकार के लिए प्राथमिक तथ्य-सामग्री संग्रह करते हैं।

पर समाज-वैज्ञानिक का एक सबसे महत्त्वपूर्ण काम उसके देश में अग्रसर सामाजिक प्रक्रियाओं का विश्लेषण करना है। यदि वह इस कार्य में सफल होता है तो वह सामूहिक आत्म-ज्ञान में ऐसा योग देता है जो दूसरे, उसके-जैसे प्रशिक्षण के बिना सामान्यतः नहीं दे सकते, और ज्ञान को यदि दबाया न जाए तो यह सम्भावना है कि वह कर्म की ओर प्रवृत्त करे। समाज-वैज्ञानिक यह काम विश्वविद्यालय में रहकर ही कर सकता है, इसलिए यह आवश्यक है कि पर्याप्त संख्या में योग्य समाज-वैज्ञानिक विश्वविद्यालयों में पढ़ाएँ। कुछ विकासशील देशों में सरकारी नौकरियों में ऊँचे वेतन तथा आकर्षक अन्य सुविधाएँ और अधिक प्रतिष्ठा भी सर्वश्रेष्ठ व्यक्तियों के विश्वविद्यालयों में आने में बाधक होती है। जब व्यापारी संस्था और कारखाने भी समाज वैज्ञानिकों को शिक्षण और मूलभूत शोध से बहकाकर ले जाने में सरकार से होड़ करने लगेंगे तो स्थिति और भी बिगड़ने की आशंका है।

किन्तु शिक्षक और सामाजिक प्रक्रियाओं के विश्लेषक के उसके कार्य के पीछे अपने अनुशासन तथा अपने देश के प्रति एक प्रतिबद्धता निहित है। समाज-वैज्ञानिक के रूप में वह एक अन्तर्राष्ट्रीय विद्वत् समुदाय का सदस्य है, जिसका

प्रत्येक सदस्य विषय को पढ़ाने का और साथ ही उसके सीमांतों के विस्तार का भी, प्रयास करता है।

यह याद रखना उचित होगा कि उसकी अन्य प्रतिबद्धता अपने सम्पूर्ण देश और उसके विकास के प्रति है, तत्कालीन शासन, किसी राजनीतिक दल अथवा स्थापित व्यवस्था के प्रति नहीं है। यह सही है कि सब विकासशील देश एक सशक्त राष्ट्रवादी दौर से गुजर रहे हैं और कभी-कभी यह अन्ध-राष्ट्रवाद का रूप भी ले लेता है। पर अन्ध-राष्ट्रवाद को अस्वीकार करने के साथ-साथ हमें सावधान रहना चाहिए कि हम राष्ट्रवाद को भी न अस्वीकार कर दें, जो सामाजिक सुधार और विकास की बड़ी प्रबल प्रेरक शक्ति है। पर सामाजिक विकास के अध्येता के नाते समाज-वैज्ञानिक को यह भी देखना चाहिए कि राष्ट्र-राज्य से अधिक व्यापक राजनीतिक तत्त्वों का उदय हो रहा है, और उसके देश के (तथा स्वयं उसके) लिए जीवित रहने की सर्वोत्तम आशा है ऐसा विश्व जिसमें एक अति-राष्ट्रीय व्यवस्था ने राष्ट्रों के बीच युद्ध का और युद्ध के साधनों का, निष्कासन कर दिया हो।

लोकतांत्रिक प्रक्रियाओं के साथ समाज-वैज्ञानिक की प्रतिबद्धता मूलभूत है, और अपने अनुशासन के साथ प्रतिबद्धता से उद्‌भूत होती है, क्योंकि निर्बन्ध सामाजिक अन्वेषण तानाशाही व्यवस्थाओं में न तो हो सकता है, न पनप सकता है। अपने ही समाज का अध्ययन करनेवाले समाज-वैज्ञानिक के लिए यह विशेष रूप से सही है। लोकतंत्रीय प्रक्रियाओं से प्रतिबद्धता के परिणामस्वरूप समाज-वैज्ञानिक राष्ट्रीय विकास के साथ गहरा लगाव अनुभव करता है। जन-साधारण की अपेक्षाएँ हर जगह बढ़ती गई हैं और वे द्रुत विकास के साथ-साथ वर्तमान विषमतामों में द्रुत और तीव्र कमी के द्वारा ही सन्तुष्ट की जा सकती हैं। जो विकास धनी लोगों को और अधिक धनी बनाता है और गरीब जनता की अवस्था वैसी ही रहने देता है, वह दीर्घस्थायी राजनीतिक अस्थिरता को ही जन्म देगा जो फिर विकास को भी अटका देगी। इसलिए विकास से प्रतिबद्धता आर्थिक तथा सामाजिक विषमतामों को घटाने की प्रतिबद्धता भी है।

मैंने उन गुणों को गिनाया है जिन्हें मैं विकासशील देशों से आनेवाले समाज वैज्ञानिकों के लिए आवश्यक नहीं तो वांछनीय अवश्य मानता हूँ। इनमें मैं कभी वस्तुओं का संगतिहीन पक्ष देख सकने और अपने-आप पर हँस सकने की क्षमता भी जोड़ना चाहूँगा, नहीं तो वे दंभी और अहंकारी हो जाएँगे और अपने-आपको अमोघ मानने लगेंगे।

टिप्पणियाँ

अध्याय एक : संस्कृतीकरण

1. देखिए मेरी पुस्तक 'दक्षिण भारत के कुर्गों में धर्म और समाज', ऑक्सफ़ोर्ड, 1952; और 'संस्कृतीकरण और पश्चिमीकरण पर एक टिप्पणी' 'सुदूरपूर्व त्रैमासिकी' में, खंड 15, अंक 4, अगस्त 1956, पृष्ठ 481-466। यह निबन्ध मेरी पुस्तक 'आधुनिक भारत में जाति' में सम्मिलित है, बम्बई, 1962, पृ. 42-62
2. देखिए अध्ययन के लिए पुस्तकों की सूची का खंड 1। इसमें उन निबन्धों और पुस्तकों की सूची है जिनमें संस्कृतीकरण और/या पश्चिमीकरण की अवधारणाओं का विवेचन है।
3. देखिए 'आधुनिक भारत में जाति' पुस्तक में मेरा निबन्ध 'वर्ण और जाति', पृ. 63-69। साथ ही, एस. डायमंड द्वारा सम्पादित ग्रंथ 'इतिहास में संस्कृति', पाल रैडिन के सम्मान में निबन्ध डी. जी. मैडलबॉम का 'भारतीय जाति में सामाजिक बोध और धर्मशास्त्रीय सिद्धान्त', न्यूयार्क, 1960, पृ. 437-448
4. जी. एस. घुर्ये, 'भारत में जाति और वर्ग', बम्बई 1950, पृ. 57
5. मार्स गैलेंटर ने हाल ही में कहा है कि अंग्रेज़ी युग को ऐसे युग के रूप में देखा जा सकता है जिसमें क़ानून-व्यवस्था ने स्थानीय पारम्परिक जाति-सम्बन्धों की सूक्ष्मताओं को वर्ण और अपवित्रता-जैसी प्राचीन हिन्दू क़ानूनी अवधारणों के रूप में तर्कसंगत बनाया। श्रीनिवास की शब्दावली को उधार लेकर कुछ अर्थ बदलने से हम अंग्रेज़ी युग को जाति की क़ानूनी धारणा में संस्कृतीकरण' के युग के रूप में देख सकते हैं। स्वतंत्र भारत में, वर्ण और अपवित्रता का स्थान आर्थिक, शैक्षिक, राजनीतिक और धार्मिक विशेषताओं वाले समूहों की धारणा ने ले लिया, इसलिए इसे हम जाति का मिटना नहीं, जाति की धारणाओं का 'पश्चिमीकरण' मान सकते हैं। 'एशियाई सर्वेक्षण' में आधुनिक भारत में क़ानून और जाति', खंड 3, अंक 11, नवम्बर, 1963, पृ. 558। इस सम्बन्ध में, विलियम मैक कौरमैक का निबन्ध 'सम्प्रदाय के रूप में लिंगायत' भी देखिए। ('शाही मानव वैज्ञानिक संस्थान पत्रिका', खंड 93, भाग 1, जनवरी-जून, 1963, पृ. 57-59), जिसमें वह बीसवीं शताब्दी में लिंगायतों पर अंग्रेज़ क़ानून और पश्चिमीकरण के लागू करने के प्रभावों का विवेचन करता है।

6. डी. एफ. पोकॉक, 'जातियों का संचरण', 'मानव', मई, 1955, पृ. 71-72।
7. एम सिंगर : 'भारतीय-सभ्यता का सामाजिक संगठन', **'डाप्रोजेनीस'**, खंड 45, शीत ऋतु, 1964, पृ. 84-119
8. वही, पृ. 101
9. सर ऐथेल्सटेन बेन्स के अनुसार ब्राह्मण "एक सामान्य नाम के बावजूद शायद छोटी-छोटी और स्वाधीन उप-शाखाओं का सबसे विविध रूप संग्रह है।" ('मानव-जाति शास्त्र', स्ट्रासबर्ग, 1912, पृ. 26)।
10. वही, पृ. 26-29
11. देखिए, पी. टंडन : 'पंजाबी शताब्दी', लंदन, 1961, पृ. 76-77; एम. डार्लिंग : 'पंजाब के एक गाँव में बुद्धिमानी और अपव्यय', लंदन, 1934, पृ. 264; टी. ओ. बीलमैन : 'जजमानी प्रथा का एक तुलनात्मक विश्लेषण' न्यूयार्क, 1956, पृ. 19; और बेन्स : उपर्युक्त, पृ. 28।
12. "इसके अतिरिक्त प्रत्येक भाषायी समूह में कुछ ऐसे वर्ग होते हैं जिनको लोग यद्यपि ब्राह्मण कहते हैं और ब्राह्मणों के कुछ आनुष्ठानिक कार्य करने वालों में भी गिना जाता है, पर जिन्हें अन्य ब्राह्मण मान्यता नहीं देते, अथवा उनको ऐसे गिरे हुए स्थान पर रखते हैं जो वास्तव में बहुत-सी ग़ैर-ब्राह्मण जातियों को प्राप्त स्थान से भी नीचा होता है।" (बेन्स, उपर्युक्त, पृ. 26)।
13. के. एम. पणिक्कर : 'हिन्दू समाज चौराहे पर', बम्बई, 1955, पृ. 8
14. वही, पृ. 9
15. ग्रामीण समाज और संस्कृति में प्रभु जातियों के स्थान के विश्लेषण के विषय में देखिए मेरा निबन्ध 'रामपुर में प्रभु जाति', 'अमरीकी मानव वैज्ञानिक', खंड 61, फरवरी 1959, पृ. 1-16
16. उदाहरण के लिए, मेरे क्षेत्र—ग्राम रामपुर में ब्राह्मणों की प्रभुता का स्थान ओक्कलिगों (किसान जाति) की प्रभुता ने ले लिया था। यह प्रायद्वीप-व्यापी प्रवृत्ति जान पड़ती है।
17. देखिए, बर्नार्ड कोहन : 'अठारहवीं शताब्दी के भारत में राजनैतिक व्यवस्थाएँ : बनारस क्षेत्र', 'अमरीकी प्राच्यविद्या समाज पत्रिका', खंड 82, अंक 3, जुलाई-सितम्बर 1962, पृ. 314; और ए. एम. शाह : 'अठारहवीं शताब्दी : गुजरात में राजनैतिक व्यवस्था', 'अन्वेषण', खंड 1, अंक 1, बसंत, 1964, पृ. 83-95।
18. "राष्ट्रीय नमूना सर्वेक्षण द्वारा 1953-54 में आयोजित एक अध्ययन के अनुसार, 'देश के 6.6 करोड़ देहाती परिवारों में से 1.5 करोड़ अथवा 22 फीसदी के पास कोई भूमि नहीं है, अन्य 25 फीसदी के पास एक एकड़ फी परिवार से कम है, जबकि दूसरे छोर पर कुल परिवारों में से 13 फीसदी के कुल क्षेत्रफल के 65 फीसदी भाग पर स्थायी स्वामित्व है।'" आर. बेन्डिक्स द्वारा राष्ट्रनिर्माण और नागरिकता में उद्धृत, न्यूयार्क, 1964, पृ. 254
19. देखिए मैककिम मैरियट द्वारा सम्पादित 'ग्रामीण भारत', शिकागो, 1955, पृ. 26-31, 56, 121, 154, 165 और 225।

20. वी. के. आर. वी. राव : 'अनुसूचित जातियों और अनुसूचित जन-जातियों का रोजगार', 'जनजाति अनुसन्धान संस्थान बुलेटिन', उदयपुर, खंड 1, अंक 1, अक्तूबर 1964, पृ. 10।
21. यह कुछ ही समय पहले तक शहरी भारतीयों के बारे में भी सच था। हाल के भूमि-सुधार क़ानूनों से भूमि दूरवासी भूस्वामियों और बहुत बड़े-बड़े निवासी स्वामियों के लिए पूंजी लगाने की दृष्टि से आकर्षक नहीं रही है।
22. एम. डालिंग : उपर्युक्त, पृ. 264; और टी. ओ. बीडलमैन : उपर्युक्त, पृ. 19
23. बीडलमैन : उपर्युक्त, पृ. 18-19
24. डी. एफ. पोकॉक : 'अन्तर्मुक्ति और बहिष्कार : गुजरात की जाति-व्यवस्था में एक प्रक्रिया', 'मानव विज्ञान की दक्षिण-पश्चिमी पत्रिका', खंड 13, अंक 1, बसंत, 1957, पृ. 24-25
25. एम. एन. श्रीनिवास : देखिए उपर्युक्त टिप्पणी 15, पृ. 3-4
26. पोकॉक : उपर्युक्त, पृ. 26
27. डब्ल्यू. एफ. रो : 'नये चौहान : उत्तर भारत में एक जाति गतिशीलता आन्दोलन', 'समाज और इतिहास का तुलनात्मक अध्ययन'—में. जे. सिल्वरबर्ग द्वारा सम्पादित 'भारत में जाति में सामाजिक गतिशीलता' में।
28. '1921 की भारतीय जनगणना रिपोर्ट', पृ. 231-232
29. जे. एच. हटन : 'भारत में जाति', ऑक्सफ़ोर्ड, 1961, पृ. 205-206
30. इस सम्बन्ध में देखिए, एल. एस. एस. ओमैले : 'बंगाल जनगणना रिपोर्ट', 1911, पृ. 441
31. डी. आर. चानना : 'संस्कृतीकरण, पश्चिमीकरण और भारत का उत्तर-पश्चिम', 'आर्थिक साप्ताहिक', खंड 13, अंक 6, मार्च 4, 1961, पृ. 406-414
32. वही, पृ. 406
33. वही।
34. वही, पृ. 410
35. योजना और वास्तुशिल्प विद्यालय, नई दिल्ली में समाज विज्ञान के रीडर, डॉ. के. रामन उन्नी द्वारा कृपापूर्वक दी गई सूचना।
36. 'त्रिवांकूर जनगणना रिपोर्ट', खंड 1, 1901, पृ. 269
37. एस. एल. कालिया : 'संस्कृतिकरण और जनजातिकरण', 'जनजाति अनुसन्धान संस्थान का बुलेटिन', छिंदवाड़ा (मध्य प्रदेश), खंड 2, अंक 4, अप्रैल, 1956, पृ. 33-43
38. एम. मैरियट : 'एक देशी सभ्यता में लघु समुदाय', 'ग्रामीण भारत' में, पृ. 211।
39. पोकॉक : देखिए उपर्युक्त टिप्पणी 24, पृ. 26
40. ए. एम. शाह और आर. जी. शराफ : 'गुजरात के बहिवंचा बारोत : चारणों और भाटों की एक जाति', मिल्टन सिंगर द्वारा सम्पादित 'पारम्परिक भारत : ढाँचा और परिवर्तन' में, अमरीकी लोकवार्ता समाज, फिलडेलफिया, 1956, पृ. 62-63

41. पोकॉक : देखिए उपर्युक्त टिप्पणी 24, पृ. 24
42. आर. सी. मजूमदार, एच. सी. रायचौधरी और के. दत्त : 'भारत का इतिहास', लंदन, 1963, पृ. 44
43. वही, पृ. 46
44. घुर्ये : देखिए उपयुक्त टिप्पणी 4, पृ. 71
45. डी. डी. कोसाम्बी : 'भारतीय इतिहास के अध्ययन की प्रस्तावना', बम्बई, 1956, पृ. 156-162
46. घुर्ये : देखिए उपर्युक्त ग्रन्थ, पृ. 16-17, 84-85, 103 और 106
47. डी. इंगाल्स : 'ब्राह्मण परम्परा', एम. सिंगर द्वारा सम्पादित 'पारम्परिक भारत : ढाँचा और परिवर्तन' में, पृ. 7
48. आर. सी. मजूमदार तथा अन्य का उपर्युक्त ग्रंथ, पृ. 31-32। प्रोफेसर हटन लिखते हैं, "गोवध के लिए पहला निषेध अपेक्षया परवर्ती अथर्ववेद में मिलता है, जो एकान्त रूप में नहीं तो विशेषकर ब्राह्मणों के लिए लागू था, पर अन्य स्थानों पर कहा गया है कि गाय मित्र और वरुण के लिए उपर्युक्त आहुति होने पर भी उसकी बलि नहीं करनी चाहिए, क्योंकि ऐसी बलि लोकभावना के प्रतिकूल है...।" ('भारत में जाति', ऑक्सफ़ोर्ड, 1963, पृ. 228)।
49. इंगाल्स : उपर्युक्त ग्रन्थ, पृ. 7
50. मजूमदार तथा अन्य : उपर्युक्त ग्रन्थ, पृ. 8
51. वही, पृ. 403-404
52. वी. राघवन ने हाल में कहा है, "भक्ति-आन्दोलन के प्रसार के समान ही व्यापक उसके नेताओं की सामाजिक स्थिति थी। यदि मीरा राजस्थान की राजकुमारी थीं और मणिक्कवाचक मदुरै के तमिल दरबार के मंत्री, ती नामदेव दर्जी थे, तुकाराम दूकानदार थे, गुजरात के अरबो सुनार थे, और साधन कसाई थे। दादू धुनिये और सेन नाई थे। ईश्वर के पितृत्व से मनुष्य के भाईचारे का सिद्धान्त प्राप्त करने के बाद ये सन्त सामाजिक स्थितियों के भेदों को कोई मान्यता न दे सकते थे। चमार रैदास और जुलाहे कबीर को महान् ब्राह्मण उपदेशक और दार्शनिक रामानन्द ने स्वीकार किया था। शताब्दियों से भक्ति आन्दोलन सामाजिक स्थिति की चेतना से उत्पन्न बहिष्कार और पृथकतावादी भावनाओं को निरन्तर क्षीण करता रहा है।" (प्रोफेसर राघवन द्वारा 'विश्व-परिवार का स्वप्न : भारत के सन्त गायकों का सन्देश' शीर्षक से पटेल भाषण माला के संक्षेप से, 'भारतीय तथा विदेशी समीक्षा पत्रिका' में प्रकाशित, जनवरी, 1, 1965, पृ. 14-15)।
53. वी. राघवन : 'भारतीय संस्कृति के प्रतिरूप में विविधता और एकीकरण', 'सुदूरपूर्व त्रैमासिकी', खंड 15, अंक 4, अगस्त 1956, पृ. 500-501। मिल्टन सिंगर द्वारा सम्पादित 'पारम्परिक भारत : ढाँचा और परिवर्तन', पृ. 136 पर राघवन का निबन्ध 'दक्षिण भारत में लोकप्रिय धार्मिक शिक्षण की पद्धतियाँ', भी देखिए। किन्तु यहाँ यह बताना उचित होगा कि एक अन्य संस्कृत विद्वान् जे. एफ़. स्टाल ने प्रादेशिक

भाषाओं की सामग्री को 'संस्कृतीय' कहने की तीव्र आलोचना की है : "हिन्दी और तमिल रामायण दोनों संस्कृत रामायण पर आधारित हैं, पर दोनों में बहुत-से नए तत्त्व हैं। क्या ये संस्कृतीय संस्कृति से आए हैं? फिर रामायण में अन्य परिवर्तन, जैसे कथकली में? अल्बारों ने तमिल भजन रचे हैं जो बहुत बातों में संस्कृत भक्ति-साहित्य से मिलते-जुलते हैं, पर क्या वे उस पर आधारित हैं? कई मामलों में संस्कृत स्रोत देशी भाषाओं के स्रोतों पर आधारित हैं, यद्यपि वे स्वयं फिर देशी भाषाओं के साहित्य के स्रोतों का काम करते हैं। बौद्ध धर्म इसका उदाहरण है। क्या बौद्ध धर्म को केवल वहीं संस्कृतीय संस्कृति का अंग माना जाएगा जहाँ कोई मध्यवर्ती सूत्र संस्कृत में मिल जाता है? 'वास्तविक सार तत्त्व' शब्दावली के विश्लेषण में भी ऐसी ही कठिनाइयाँ सामने आती हैं। 'संस्कृतीकरण' शब्द को तभी स्वीकार किया जा सकता है जब यह स्पष्ट कर दिया जाए कि उसका 'संस्कृत' शब्द से सम्बन्ध अत्यन्त जटिल है।" ('संस्कृत और संस्कृतीकरण', 'एशियाई अध्ययन पत्रिका', खंड 22, अंक 3, पृ. 265)। स्टाल को न केवल संस्कृतीकरण की 'जटिलता' का बल्कि उसकी 'शिथिलता' का हवाला मेरे निबन्ध 'संस्कृतीकरण और पश्चिमीकरण पर टिप्पणी' में मिलेगा, 'सुदूरपूर्व त्रैमासिकी', खंड 15, अंक 4, अगस्त 1956, पृ. 482। लिंगायतवाद और हरिकथाओं के उल्लेखों में (पृ. 482 और 486) मैंने प्रादेशिक भाषाओं के माध्यम से संस्कृतीय विचारों के प्रसार की परिकल्पना की है। मेरे निबन्ध में स्थानीय तत्त्वों के संस्कृतीय हिन्दू धर्म के ताने-बाने में जुड़ने की स्पष्ट मान्यता है (पृ. 494)।

54. बी. स्टीन : 'सामाजिक गतिशीलता और मध्ययुगीन दक्षिण भारतीय हिन्दू सम्प्रदाय', जे. सिलवरबर्ग द्वारा सम्पादित उपर्युक्त ग्रन्थ में। देखिए उपर्युक्त टिप्पणी 27।
55. देखिए मैककिम मैरियट : 'भारतीय सभ्यता में सांस्कृतिक प्रसारण के बदलते हुए पथ', वी. एफ. रे द्वारा सम्पादित 'मध्यवर्ती समाज' में सीएटल, वाशिंगटन, 1956, पृ. 71
56. शाह और शराफ़ : देखिए उपर्युक्त टिप्पणी 40, पृ. 57
57. वही, पृ. 60
58. घुर्ये : उपर्युक्त ग्रन्थ, पृ. 70-71। घुर्ये ने यह बात भी कही है कि क्षत्रियों द्वारा चलाए गए आन्दोलन वैश्यों को भी आकर्षित करते थे। किन्तु ए. एल. बैशम का विचार है कि क्षत्रियों की बजाय वैश्य ही बौद्ध और जैन जैसे नवीन धर्मों के मुख्य पक्षपाती थे। देखिए 'आश्चर्यकारी भारत', न्यूयार्क, 1956; पृ. 143
59. बैशम : उपर्युक्त ग्रन्थ, पृ. 142
60. वही, पृ. 142-143
61. वही, पृ. 142
62. स्टीन : देखिए उपयुक्त टिप्पणी 54
63. बी. एस. कोहन : 'अठारहवीं शताब्दी के भारत में राजनीतिक व्यवस्थाएँ : बनारस क्षेत्र', 'अमरीकी प्राच्यविद्या समाज पत्रिका', खंड 82, अंक 3, जुलाई-सितम्बर, 1962, पृ. 313।

64. वही।
65. वही, पृ. 313-314
66. बी. एस. कोहन : 'भारतीय पद से अंग्रेज़ अनुबन्ध तक', 'आर्थिक इतिहास पत्रिका', दिसम्बर 1961, पृ. 616
67. वही, पृ. 616
68. कोहन : देखिए उपर्युक्त टिप्पणी 63, पृ. 314
69. बी. एस. कोहन : 'भारत पर अंग्रेज़ों का प्रारम्भिक प्रभाव : बनारस क्षेत्र का अध्ययन', 'एशियायी अध्ययन पत्रिका', खंड 19, अंक 4, अगस्त 1960, पृ. 422
70. कोहन : देखिए, उपर्युक्त टिप्पणी 66, पृ. 616
71. कुलों के बीच, एक ओर मुखिया और जागीरदार तथा दूसरी ओर बनारस के राजा के बीच, संघर्ष के लिए, देखिए कोहन, उपर्युक्त टिप्पणी 63, पृ. 313-318
72. ए. एम. शाह, 'अठारहवीं शताब्दी : गुजरात में राजनीतिक व्यवस्था', 'अन्वेषण' में, खंड 1, अंक 1, बसंत, 1964, पृ. 83-65
73. वही, पृ. 87
74. वही, पृ. 88
75. वही, पृ. 94
76. के. गफ़ : 'नायर : मध्य केरल', डी. एम. स्नाइडर और के. गफ़ द्वारा सम्पादित 'मातकुलीय रक्त सम्बन्ध' में बर्कले एंड लास एन्जेलेस, 1961, पृ. 317-318
77. के. गफ़ : 'नायर : उत्तर केरल', उपर्युक्त टिप्पणी 76, पृ. 386-387
78. ई. मिलर : 'अमरीकी मानव वैज्ञानिक', खंड 56, अंक 3, जून 1954, पृ. 410-420
79. वही, पृ. 414-415
80. गफ़ : उपर्युक्त टिप्पणी 76, पृ. 306-307
81. वही, पृ. 307
82. हटन : 'भारत में जाति', पृ. 94
83. एच. जे. मेनार्ड : 'जाति-वृद्धि पर भारतीय राजा का प्रभाव', 'पंजाब इतिहास समाज पत्रिका', खंड 6, पृ. 93
84. वही।
85. वही, पृ. 98-99
86. के. डेविस : 'भारत और पाकिस्तान की आबादी', प्रिंसटन, 1951, पृ. 23-26
87. इस सम्बन्ध में देखिए मेरी पुस्तक 'दक्षिण भारत के कुर्गों में धर्म और समाज', पृ. 20-23
88. देखिए मेरा निबन्ध 'मैसूर के एक गाँव की समाज व्यवस्था', एम. मैरियट द्वारा सम्पादित, 'ग्रामीण भारत' में, शिकागो, 1955, पृ. 1-36; और ए. बेन्स : उपर्युक्त ग्रन्थ, पृ. 72-73।

89. श्रीमती डी. कुमार : 'दक्षिण भारत में जाति और भूमिहीनता', 'समाज और इतिहास का तुलनात्मक अध्ययन', खंड 4, अंक 3, अप्रैल 1962, पृ. 337। श्रीमती कुमार का कहना है, "परिभाषा में अन्तर करके भूमिहीन मज़दूर की वृद्धि को बढ़ा-चढ़ाकर तो कहा जा सकता है, पर इस वृद्धि की तथ्यता से इनकार नहीं किया जा सकता।" (पृ. 337, नं. 2)।
90. स्टीन : देखिए उपर्युक्त टिप्पणी 54
91. वही।

अध्याय दो : पश्चिमीकरण

1. एम. एन. श्रीनिवास : 'आधुनिक भारत और जाति' में 'संस्कृतीकरण और पश्चिमीकरण पर एक टिप्पणी', पृ. 42-62
2. 'ब्रिटेनिका विश्व कोश', खंड 22, 1962, पृ. 894 ए।
3. किन्तु वास्तविक तथ्य यह है कि अंग्रेज़ सदा इस बात का आग्रह नहीं करते थे कि सरकारी स्कूल हरिजन बच्चों के लिए खुले हों। "सरकारी स्कूलों में अन्त्यज (हरिजन) होंगे भी तो बहुत कम ही होंगे। इसका कारण केवल ब्राह्मणों का अपवित्र होने का भय और जनता के सामान्य जातिमूलक पूर्वग्रह ही नहीं हैं, बल्कि सरकारी शिक्षा अधिकारियों में दृढ़ता का अभाव भी है, जैसा कि धर्मप्रचारक संस्थाओं के प्रतिनिधियों के कुछ मामलों में हुआ है।" (जॉन विल्सन : 'भारतीय जाति', खंड 2, 1877, पृ. 45)। प्रोफेसर धुर्ये ने जिक्र किया है कि 1915 में भी बम्बई सरकार की एक प्रेस विज्ञप्ति में उल्लेख मिलता है कि "गाँव स्कूलों में यह आम बात है कि महर तथा अन्य दलित जातियों के लड़कों को प्राय: कक्षा में प्रवेश नहीं करने दिया जाता, बल्कि उन्हें बाहर बरामदे में बैठाया जाता है।" ('भारत में जाति और वर्ग', पृ. 166)।
4. बेन्जामिन लिंडसे : 'क़ानून', एल. एस. एम. ओमैले द्वारा सम्पादित 'आधुनिक भारत और पश्चिम' में ऑक्सफ़ोर्ड, 1941, पृ. 107-137
5. एल. एस. एस. औमैले : 'यूरोपीय सभ्यता का प्रभाव', लेखक द्वारा सम्पादित उपर्युक्त ग्रंथ, टिप्पणी 4।
6. पी. स्पीअर : 'मुग़लों का सन्धिकाल', केम्ब्रिज, इंगलैंड, 1951, पृ. 95
7. इस सम्बन्ध में देखिए पी. स्पीअर : 'भारत', 'आधुनिक इतिहास', पृ. 286। किंग्सले डेविस : 'भारत और पाकिस्तान की आबादी', प्रिंसटन, 1951, पृ. 38-41
8. देखिए डी. लर्नर : 'पारम्परिक समाज का अवसान', ग्लैनको, इलि., 1958, पृ. 45-49
9. वही, पृ. 45
10. वही, पृ. 48
11. वही, पृ. 47
12. वही।

13. वही।
14. आर. बेल्लाह : 'आधुनिक एशिया में धर्म और प्रगति' का उपसंहार, आर. एन. बेल्लाह द्वारा सम्पादित, ग्लैनको, इलि., 1965, पृ. 195-196
15. वही, नं. 23, पृ. 227
16. लिन ह्वाइट, जू., 'मध्ययुगीन औद्योगिकी और सामाजिक परिवर्तन', ऑक्सफ़ोर्ड, 1962, पृ. 129-130
17. वही, पृ. 131
18. किन्तु उत्सवों में, पत्तलें या पत्ते मेज़ पर रखे जा सकते हैं, या मेज़ की बजाय फर्श का व्यवहार हो सकता है।
19. शान्ति टांग्री : 'उन्नीसवीं शताब्दी के भारत में बुद्धिजीवी और समाज', 'समाज और इतिहास का तुलनात्मक अध्ययन' में, खंड 3, अंक 4, जुलाई 1961, पृ. 376
20. बी. एस. कोहन : 'बनारस के अंग्रेज़ : उन्नीसवीं शताब्दी का एक औपनिवेशिक समाज', 'समाज और इतिहास का तुलनात्मक अध्ययन' में, खंड 4, अंक 2, जनवरी 1962, पृ. 172-173। भारत में उस समय के अंग्रेज़ समाज के सम्बन्ध में अपनी धारणा के लिए मैंने कोहन के महत्त्वपूर्ण निबन्ध का सहारा लिया है। उपर्युक्त संकलन में ही पृ. 200-208 पर आर. फ्राइके, ई. बर्ग का निबन्ध 'उन्नीसवीं शताब्दी के प्रारम्भिक दिनों में गुंटूर में अंग्रेज़ समाज' भी देखिए। रसैल ने 1857 में लिखते हुए भारत में अग्रेजों के बीच सामाजिक भेदाभेद का निम्नलिखित विवरण दिया है : "सामाजिक भेद को भारत में भुलाया नहीं जाता; इसके विपरीत यहाँ शायद उनका स्वदेश की अपेक्षा अधिक कठोरता से पालन किया जाता है, और समाज जितना छोटा होता है विभाजन की रेखाएँ उतनी ही ज्यादा बड़ी होती हैं। प्रत्येक व्यक्ति सार्वजनिक सेवा में अपने स्थान पर निर्भर करता है, वही अभिजात वर्ग है...स्त्रियाँ अपने पति के पद पर निर्भर करती हैं। मिसेज ए. चार से पाँच हजार पौंड वार्षिक कमाने वाले एक बैरिस्टर की बीवी, बी. की बीवी की तुलना में, जो डिप्टी कमिश्नर है, या मिसेज़ सी. की तुलना में जो स्थानीय सर्जन की बीवी हैं, कुछ भी नहीं हैं। रात्रि-भोज के अभियान में सम्मान अथवा प्राथमिकता दिलाने में धन किसी स्त्री या पुरुष की कोई सहायता नहीं कर सकता...एक सफल सट्टेबाज़ या 'व्यापारी राजकुमार' इंगलैंड के उच्च समाज़ में घुस सकता है...पर भारत में वह सदा ही उस पवित्र सीमा के बाहर ही रहेगा जो ग़ैरसरकारी लोक को सरकारी कर्मचारियों के उच्च समाज से अलग रखती है।" हिल्टन ब्राउन के 'साहब लोग' में उद्धृत, लंदन, 1948।
21. "अंग्रेज़ समाज के निचले स्तरों का कम्पनी के कर्मचारियों में कोई प्रतिनिधित्व नहीं है, और मुझे इसकी कोई सूचना नहीं मिली है कि मज़दूर वर्ग या छोटे दुकानदारों और व्यापारियों ने भी, नौकरी के लिए अपने बेटे भेजे हों।" कोहन : उपर्युक्त टिप्पणी 20।
22. वही, पृ. 199

23. मद्रास के सरकारी वर्ग के भी ऐसे ही सम्बन्ध थे। फ्राइकेन बर्ग : देखिए उपर्युक्त टिप्पणी 20, पृ. 207
24. कोहन : उपर्युक्त ग्रंथ, पृ. 173, 198
25. "किन्तु 1840 के दशक तक स्वयं कम्पनी के कर्मचारी भी धर्म-प्रचार का कार्य करने के लिए अत्यधिक वचनबद्ध थे।" कोहन : उपर्युक्त ग्रंथ, पृ. 196
26. कोहन : उपर्युक्त, पृ. 173
27. ओलिव डगलस ने एक घटना का वर्णन किया है जिससे मेरी बात का उदाहरण मिलता है : "घर लौटते समय हमने एक 'नेटिव' को छोटी-सी कोयले की अँगीठी पर अपना खाना बनाते देखा, पर हमारे वहाँ से निकलते ही उसने बर्तन का पदार्थ फेंक दिया। मैंने आश्चर्य से कारण पूछा। उसने कहा, "क्योंकि उस पर आपकी छाया पड़ने से वह अपवित्र हो गया।" ('भारत में ओलीविया', लंदन, 1913, हिल्टन ब्राउन द्वारा उद्धृत, उपर्युक्त, पृ. 230)।
28. फ्राइकेन बर्ग : देखिए उपर्युक्त टिप्पणी 20, पृ. 205
29. वही, पृ. 204-205
30. वही, पृ. 208
31. कोहन : उपर्युक्त, पृ. 190
32. किंग्सले डेविस : 'भारत और पाकिस्तान की आबादी', पृ. 115-117
33. टांग्री : देखिए उपर्युक्त टिप्पणी 19, पृ. 287
34. ऐसा जान पड़ता है कि किसानों ने अंग्रेज़ी या अंग्रेज़ों द्वारा प्रेरित अदालतों के क़ानूनी रूप और अवधारणाओं का पारम्परिक गाँव पंचायतों में आयात कर लिया है। देखिए मेरा निबन्ध 'मैसूर के धोबियों में एक जाति विवाद', 'पूर्वी मानव वैज्ञानिक', खंड 7, अंक 3-4, मार्च-अगस्त, 1954। एक महत्त्वपूर्ण क्षेत्र में यदि हम पश्चिमीकरण के सम्बन्ध में अपनी समझ को बढ़ाना चाहते हैं तो पारम्परिक पंचायतों पर अंग्रेज़ी क़ानून के प्रभाव का व्यवस्थित ढंग से अन्वेषण करना आवश्यक है।
35. टांग्री : उपर्युक्त ग्रन्थ, पृ. 385
36. टांग्री : उपर्युक्त, पृ. 384। आरा और छपरा दोनों बिहार में हैं। उन्हें पहले क्रमशः शााहाबाद और सारन कहा जाता था। 1961 में पारा की आबादी 76,766 और छपरा की 75,580 थी।
37. 1941 में फ़ी सैकड़ा संख्याएँ थीं : हिन्दू 71.06, मुसलमान 22.63, ईसाई 1.58, जैन 0.27 और सिख 1.33। पारसियों और यहूदियों के आँकड़े प्राप्त नहीं हैं। (डेविस : उपर्युक्त, पृ. 142)।
38. उदाहरण के लिए देखिए, वी. शिवाराव : 'भारतीय श्रमिक', 'राजनीतिक और सामाजिक विज्ञानों की अमरीकी एकेडेमी के विवरण', खंड 233, 1944, पृ. 128। राधाकमल मुखर्जी की पुस्तक 'भारतीय मज़दूर वर्ग' (तृतीय संस्करण) भी देखिए, बम्बई, 1951, पृ. 6।
39. एम. डी. मॉरिस : 'भारत में जाति और प्रौद्योगिक श्रमिक समुदाय का विकास',

'अमरीकी दार्शनिक समाज का कार्य-विवरण', खंड 104, अंक 2, अप्रैल 1960, पृ. 124

40. वही, पृ. 130
41. आर. डी. लैम्बर्ट : 'भारत में मज़दूर, कारखाने और सामाजिक परिवर्तन', प्रिंसटन, 1963, पृ. 34-36
42. इस सम्बन्ध में देखिए, सी. ए. मायर्स : 'भारत में प्रौद्योगिक सम्बन्ध', बम्बई, 1960, पृ. 92, टिप्पणी 12। दिल्ली विश्वविद्यालय के समाज-विज्ञान विभाग ने 1961-62 में दिल्ली के समीप ओखला प्रौद्योगिक बस्ती का सर्वेक्षण किया था। उससे पता चला कि 162 मज़दूरों की बानगी में से 73 उच्च हिन्दू जातियों के थे और बाकी दस्तकार जातियों के। सिक्खों में से 16 ऊँची जातियों के थे और 13 दस्तकार जातियों के, और बाकी, मज़दूर ईसाई थे।
43. लैम्बर्ट : उपर्युक्त, पृ. 161-162। नारायण शेठ ने 1957-59 में बड़ौदा के एक इंजीनियरी कारखाने का गहन अध्ययन किया था। उन्होंने मुझे सूचित किया है कि उस कारखाने के मज़दूरों में 26 फीसदी ब्राह्मण, बनिया, पाटीदार जाति के थे; 25 फीसदी उनसे ठीक नीचे वाली जातियों के; 14 फ़ीसदी दस्तकार जातियों के, 22 फ़ीसदी नीची (बारिया, कोली आदि) जातियों के, 7 फ़ीसदी हरिजन, और 6 फ़ीसदी 'अन्य' थे, जिनमें मुसलमान भी शामिल थे। शेठ का विचार है कि मज़दूरों में उच्च जातियों की अधिक फ़ी सैकड़ा संख्या इस कारण भी हो सकती है कि उस कारखाने में स्विच गीयर, बिजली की मोटरें आदि ऐसा सामान बनता था जिसके लिए मज़दूरों में कुशलता की आवश्यकता होती है। (लेखक की निजी सूचना)।
44. एच. ए. गोल्ड : 'संस्कृतीकरण और पश्चिमीकरण : एक गतिशील दृष्टिकोण', 'आर्थिक साप्ताहिक', खंड 13, अंक 25, जून 24, 1961, पृ. 947
45. वही।
46. देखिए डॉ. एम. एस. ए. राव का निबन्ध 'जाति और भारतीय सेना', 'आर्थिक साप्ताहिक' खंड 16, अंक 35, अगस्त 29, 1964, पृ. 1436-1443। उत्तर प्रदेश की अहीर क्षत्रिय महासभा पिछले चालीस वर्ष से 'यादव' नामक एक मासिक पत्रिका प्रकाशित कर रही है।
47. देखिए, डब्ल्यू. एल. रो : 'नये चौहान : उत्तर भारत का एक जातीय गतिशीलता का आन्दोलन', जे. सिल्वरबर्ग द्वारा सम्पादित उपर्युक्त संकलन में, पहले अध्याय की टिप्पणी 27।
48. बी. एस. कोहन : 'एक नीची जाति की बदलती हुई परम्पराएँ', एम. सिंगर द्वारा सम्पादित 'पारम्परिक भारत : ढाँचा और परिवर्तन' में, पृ. 209-211
49. वही।
50. मॉरिस : देखिए उपर्युक्त टिप्पणी 39, पृ. 126
51. ई. शिल्स : 'परम्परा और आधुनिकता के बीच बुद्धिजीवी : भारतीय परिस्थिति', द हेग, 1961, पृ. 20

52. बी. बी. मिश्र : 'भारतीय मध्यवर्ग', ऑक्सफ़ोर्ड, 1961, पृ. 54
53. एस. हैरीसन : 'भारत : सबसे खतरनाक दशक', प्रिंसटन, 1960, पृ. 55
54. पी. टंडन : 'पंजाबी शताब्दी, 1857-1947', लंदन, 1961, पृ. 76-77
55. भारत के तीन विभिन्न प्रदेशों में इतिहासकारों द्वारा अभिजनों के अध्ययन से ऐसी निरन्तरता की पुष्टि होती है। मद्रास और उत्तर प्रदेश जैसे क्षेत्रों में बाद में उनके उदय में भी, जिन्हें 'प्रति-अभिजन' कहा जाता है, निरन्तरता निहित है। इस सम्बन्ध में 2-4 अप्रैल, 1965 को सैनफ्रांसिस्को में एशियाई अध्ययन संघ की बैठक में पढ़े गए निम्नलिखित निबन्ध भी देखिए : (1) जे. एच. ब्रूमफ़ील्ड : 'एक अभिजन और उसके प्रतिद्वन्द्वी : बीसवीं शताब्दी के प्रारम्भ में बंगाली भद्रलोक'; (2) पी. आद. ब्रास : 'उत्तर प्रदेश में प्रादेशिकता, राष्ट्रीयता और राजनैतिक संघर्ष'; और (3) ई. इर्सचिक : 'मद्रास में ब्राह्मणों और ग़ैर-ब्राह्मणों में सत्ता संघर्ष'।
56. पी. स्पीअर : 'भारत, एक आधुनिक इतिहास', ऐन आर्बर, मिशि., 1961, पृ. 300
57. वही, और मिश्र, उपर्युक्त ग्रंथ, पृ. 53-54
58. एन. के. बोस : 'बंगाल में जाति के कुछ पक्ष', मिल्टन सिंगर द्वारा सम्पादित 'पारम्परिक भारत : ढाँचा और परिवर्तन' में, पृ. 197-198
59. डी. एफ. पोकॉक : 'जातियों का संचरण', 'मानव', खंड 55, मई, 1955, पृ. 71-72
60. एफ़. जी. बेली : 'जाति और आर्थिक सीमान्त', ऑक्सफ़ोर्ड, 1958, पृ. 186
61. स्पीअर : उपर्युक्त, पृ. 270
62. वही, पृ. 367
63. एम. एन. श्रीनिवास : 'आधुनिक भारत में जाति', बम्बई, 1962, पृ. 24
64. एम. पैटरसन : 'जाति और महाराष्ट्र में राजनैतिक नेतृत्व', 'आर्थिक साप्ताहिक', सितम्बर 1954, पृ. 1065-1067
65. एन. के. बोस : सिंगर द्वारा सम्पादित ग्रंथ में, उपर्युक्त टिप्पणी 58, पृ. 200
66. बेली : उपर्युक्त ग्रंथ, पृ. 160
67. कोलम्बिया विश्वविद्यालय के मानव-विज्ञान विभाग के ओवेन लिंच द्वारा दी गई सूचना।
68. ए. बेतील : 'जाति, वर्ग और सत्ता', बर्कले तथा लास ऐंजेलेस, 1966
69. स्पीअर : उपर्युक्त ग्रन्थ, पृ. 406
70. देखिए, श्रीमती अपर्णा बसु द्वारा जेड. एल. फ़ारुक़ी की पुस्तक 'देवबंद स्कूल और पाकिस्तान की माँग' (बम्बई, 1963) की समीक्षा, 'भारतीय आर्थिक एवं सामाजिक इतिहास' पत्रिका में, खंड 1, अंक 3, जनवरी-मार्च, 1964, पृ. 101-103
71. एस. राधाकृष्णन् : 'पूर्वी धर्म और पश्चिमी चिन्तन', न्यूयार्क, 1956, पृ. 313
72. ए. एल. बैशम : 'आश्चर्यकारी भारत', न्यूयार्क, 1956
73. देखिए, डी. जी. मेंडलबॉम : 'नीलगिरी की जनजातियों में सांस्कृतिक परिवर्तन', 'अमरीकी मानव-वैज्ञानिक', खंड 43, जनवरी-मार्च 1941। जनजातियों के तथा

अन्य सीमान्त क्षेत्रों में जाति-आदर्श के उपयोग का अध्ययन आवश्यक है। इस व्यापार की समझ से ऐतिहासिक युगों में इस उपमहाद्वीप में जाति के प्रसार पर प्रकाश पड़ेगा।

74. राधाकृष्णन् : उपर्युक्त ग्रन्थ, पृ. 312
75. एम. गैलेन्टर : 'समाज और इतिहास का तुलनात्मक अध्ययन', खंड 5, अंक 2, जनवरी 1965, पृ. 133-159
76. बैशम : उपर्युक्त ग्रन्थ, पृ. 240-241, 246
77. जे. ई. कार्पेन्टर : 'मध्ययुगीन भारत में ईश्वरवाद', लंदन, 1926, पृ. 448। पृ. 428 और 452 भी देखिए।
78. मिश्र : देखिए उपर्युक्त टिप्पणी 52, पृ. 206-210
79. स्पीअर : देखिए उपर्युक्त टिप्पणी 56, पृ. 293
80. ओमैले : देखिए उपर्युक्त टिप्पणी 5, पृ. 69
81. बैशम : उपर्युक्त ग्रन्थ, पृ. 4-8
82. स्पीअर : देखिए उपर्युक्त टिप्पणी 56, पृ. 306-307
83. ओमैले : देखिए उपर्युक्त टिप्पणी 5, पृ. 78
84. डी. डी. कर्वे : 'नये ब्राह्मण', बर्कले तथा लास ऐंजेलेस, 1963। एस. नटराज ने कहा है कि "(आज) मौजूद परिस्थितियों को देखते हुए समाज-सुधारकों की अपने कार्य में एकाग्रता और उद्देश्य की उच्चता की समुचित सराहना कठिन है। यह अपने-आपमें उस दूरी का सूचक है, जो देश ने सौ वर्ष में पार की है।" ('भारत में समाज-सुधार के सौ वर्ष', बम्बई, 1959, पृ. 198)।
85. "सर्वोच्च प्रमाण श्रुति है; उसके बाद स्मृति का, अर्थात मानव द्वारा स्थापित परम्परा का, स्थान है; और वह उसी हद तक प्रामाणिक है जिस हद तक वह वेदों के प्रतिकूल नहीं पड़ती जिनसे उसकी प्रामाणिकता उद्‌भूत है। आचार भी विश्वसनीय होते हैं, यदि वे संस्कृत-जनों द्वारा स्वीकृत हों। व्यक्तिगत अन्तरात्मा भी प्रामाणिक होती है।" (एस. राधाकृष्णन् : 'धर्म और समाज', लंदन, 1947, पृ. 111)। श्रुति शब्द वैदिक साहित्य के लिए है जिसमें चारों वेद, ब्राह्मण, आरण्यक, उपनिषद् सूत्र आते हैं। केवल वेद ईश्वरदत्त हैं, बाकी सब भाष्य और टीकाएँ हैं, इसलिए वेदों का प्रमाण बाकी से श्रेष्ठतर है। वेदों में भी अथर्ववेद, जिसमें मंत्र-तंत्र आदि हैं, प्रामाणिकता में अन्य वेदों से कम है—लगभग 300 ई. पू. तक तो उसे वेद माना तक नहीं जाता था। यजुर् और साम वेद भी प्रथम तथा सर्वोच्च ऋग्वेद से परवर्ती हैं। यजुर् और साम वेदों में कुछ सामग्री ऋग्वेद की पुनरावृत्ति मात्र है।
86. एस. नटराजन : 'भारत में समाज सुधार के सौ वर्ष', पृ. 34
87. वही, पृ. 33-34
88. ओमैले : देखिए उपर्युक्त टिप्पणी 5, पृ. 67
89. नटराजन : उपर्युक्त ग्रंथ, पृ. 117
90. स्पीअर : देखिए उपर्युक्त टिप्पणी 56, पृ. 279

91. जे. आर. कनिंघम : 'शिक्षा', एल. एस. एस. प्रोमले द्वारा सम्पादित 'आधुनिक भारत और पश्चिम' में, पृ. 153
92. ओमैले : देखिए उपर्युक्त टिप्पणी 5, पृ. 70
93. टांग्री : देखिए उपर्युक्त टिप्पणी 16, पृ. 376
94. स्पीअर : देखिए उपर्युक्त टिप्पणी 56, पृ. 262; एन. के. बोस : 'बंगाल में पूर्व और पश्चिम', 'भारतीय मानव', खंड 38, अंक 3, जुलाई-सितम्बर 1958, पृ. 162-163
95. सी. ई. ट्रेवेल्यान : 'भारत के लोगों की शिक्षा', पृ. 160, ओमैले द्वारा उद्धृत, देखिए उपर्युक्त टिप्पणी 5, पृ. 92
96. देखिए मजूमदार तथा अन्य : 'भारत का इतिहास', पृ. 888-898; और ओमैले : देखिए उपर्युक्त टिप्पणी 5, पृ. 88-92
97. स्पीअर : देखिए उपर्युक्त टिप्पणी 56, पृ. 314। इस सम्बन्ध में एल. ड्यूमों भी देखिए : 'राष्ट्रीयता और साम्प्रदायिकता', 'भारतीय समाज-विज्ञान' खंड 7, मार्च 1964, पृ. 62-64
98. मजूमदार तथा अन्य : उपर्युक्त ग्रंथ, पृ. 181
99. जे. बी. बोनड्यूरेन्ट : 'हिंसा की विजय', प्रिंसटन, 1958, पृ. 180
100. एल. ड्यूमों : उपर्युक्त ग्रंथ, पृ. 63
101. "भारत में साम्प्रदायिकता के विषय में कहा गया है कि 'वह विचारधारा है जो प्रत्येक धर्म के अनुयायियों के ही सामाजिक, राजनीतिक और आर्थिक इकाई होने का आग्रह करती है, और ऐसे समूहों के बीच भेद पर, बल्कि विरोध पर भी, बल देती है।' (पृ. 185)।" (एल. ड्यूमों : उपर्युक्त ग्रंथ, पृ. 36, में डब्ल्यू. सी. स्मिथ की 'मुस्लिम लीग' पुस्तक—लाहौर, 1945—से उद्धरण)।

अध्याय तीन : जातीय गतिशीलता के कुछ रूप

1. एफ. जी. बेली : 'जाति और आर्थिक सीमान्त', पृ. 159, 163
2. एम. एन. श्रीनिवास : 'आधुनिक भारत में जाति', पृ. 59
3. पिछड़े वर्ग आन्दोलन के सम्बन्ध में पुस्तकों और लेखों की सूची का खंड 2 देखिए।
4. जी. डी. बेरेमैन : 'भारत में जाति और अमरीका', 'अमरीकी समाज विज्ञान पत्रिका', खंड 66, अंक 2, सितम्बर 1960, पृ. 125
5. एफ़. जी. बेली : 'बन्द सामाजिक स्तरीकरण', 'यूरोपीय समाज विज्ञान पत्रिका', खंड 4, 1963, पृ. 107-124; और ए. बेतील : 'भारत में खुला और बन्द सामाजिक स्तरीकरण'।
6. बी. स्टीन : 'मध्ययुगीन दक्षिण भारतीय हिन्दू सम्प्रदायों में सामाजिक गतिशीलता', जे. सिल्वरबर्ग द्वारा सम्पादित 'भारत की जातियों में सामाजिक गतिशीलता' में, 'समाज और इतिहास का तुलनात्मक अध्ययन' का विशेषांक)। देखिए उपर्युक्त पहले अध्याय की टिप्पणी 27।

7. एडगर थर्सटन : 'दक्षिण भारत की जातियाँ और जनजातियाँ', खंड 7, पृ. 366, और खंड 6, पृ. 1।
8. देखिए, जी. एस. धुर्ये : 'भारत में जाति और वर्ग', पृ. 169-170
9. 'मन' वज़न का पारम्परिक भारतीय माप है जो हर क्षेत्र में अलग-अलग होता है। मानक मन $82^2/7$ पौंड के बराबर होता है।
10. 'बंगाल, बिहार, उड़ीसा और सिक्किम जनगणना रिपोर्ट', 1911, पृ. 440
11. डोनाल्ड ई. स्मिथ : 'धर्म-निरपेक्ष राज्य के रूप में भारत', प्रिंसटन, 1963, पृ. 304
12. 'मद्रास जनगणना, 1911', पृ. 178; '1921 की भारतीय जनगणना रिपोर्ट', पृ. 231-232
13. '1921 की भारतीय जनगणना रिपोर्ट', पृ. 231-232
14. 'बिहार और उड़ीसा जनगणना रिपोर्ट, 1931', पृ. 267-268
15. '1921 की भारतीय जनगणना रिपोर्ट', पृ. 231-232
16. एस. नटराजन : 'समाज सुधार के सौ वर्ष', पृ. 119
17. वही, पृ. 118
18. उदाहरण के लिए, देखिए जे. एच. हटन : 'आदिम जनजातियाँ', एल. एस. एस. ओमैले द्वारा सम्पादित 'आधुनिक भारत और पश्चिम' में, ऑक्सफ़ोर्ड, 1941, पृ. 443-444; और जी. एस. घुर्ये : 'तथाकथित आदिवासी जातियाँ और उनका भविष्य', पूना, 1943, पृ. 111-154
19. एन. के. बोस : 'बंगाल में जाति के कुछ पक्ष', मिल्टन सिंगर द्वारा सम्पादित उपर्युक्त ग्रंथ में, पृ. 199-201
20. 'पंजाब की जनगणना रिपोर्ट, 1911', पृ. 149; और 'भारत की जनगणना रिपोर्ट, 1911', पृ. 123-124
21. पालीन एम. मैहर : 'एक अछूत जाति की बदलती हुई धार्मिक क्रियाएँ', 'आर्थिक विकास और सांस्कृतिक परिवर्तन', खंड 8, अंक 3, अप्रैल 1960, पृ. 276-287
22. 'पंजाब जनगणना रिपोर्ट, 1931', पृ. 263-264
23. एम. एन. श्रीनिवास : 'आधुनिक भारत में जाति', पृ. 25, टिप्पणी।
24. 1911 में 35.75 फ़ीसदी तमिल ब्राह्मण पुरुष एक भारतीय भाषा में साक्षर थे, और 11.07 फ़ीसदी अंग्रेज़ी में। उनके बाद तेलुगु ब्राह्मणों का स्थान था, 33.93 फ़ीसदी किसी भारतीय भाषा में और 7.34 फ़ीसदी अंग्रेज़ी में। ग़ैर-ब्राह्मण जातियों में, नायर क्रमश: 20.16 और 1.43 फ़ीसदी द्वारा दूसरों से आगे थे। उनके बाद थे : तमिल वेल्लाल 12.09 और 10.4 फ़ीसदी, तेलुगु बलिज नाइडू 10.33 और 1.29 फ़ीसदी, कम्म 6.12 और 0.1 फ़ीसदी, और कापु 4.46 और 0.11 फ़ीसदी। (ई. इर्सचिक : 'दक्षिण भारत में राजनीति और सामाजिक संघर्ष—ग़ैर-ब्राह्मण आन्दोलन और तमिल पृथकतावाद', पृ. 12)।
25. मुंसिफ दीवानी का अधीनस्थ न्यायाधीश होता है।

26. ए. बेतील : 'तमिलनाड में जाति और राजनीति'।
27. ई. इर्सचिक : 'दक्षिण भारत में राजनीति और सामाजिक संघर्ष—ग़ैर-ब्राह्मण आन्दोलन और तमिल पृथकतावाद', पृ. 113
28. वही, पृ. 113
29. बेतील, देखिए उपयुक्त टिप्पणी 26
30. इर्सचिक : उपर्युक्त ग्रन्थ, पृ. 14
31. जी. वी. सुब्बाराव : 'के. वी. रेड्डी नायडू का जीवन और काल', राजा मुन्द्री, 1957, पृ. 19
32. इर्सचिक : उपर्युक्त ग्रन्थ, पृ. 65
33. इर्सचिक : 'मद्रास में ब्राह्मणों और ग़ैर-ब्राह्मणों में सत्ता संघर्ष', पृ. 1
34. वही, पृ. 3
35. घुर्ये : देखिए उपर्युक्त टिप्पणी 8, पृ. 178
36. इर्सचिक : 'राष्ट्रीय आन्दोलन के साथ दक्षिण भारत का एकीकरण', पृ. 12-13
37. आर. जयरामन : टी. एम. पार्थशास्त्री की पुस्तक 'द्रमुक का इतिहास—1916-1962', (मद्रास, 1963) की समीक्षा में, 'आर्थिक साप्ताहिक', सितम्बर 26, 1964, पृ. 1555-1556
38. यह बात ध्यान देने की है कि रामस्वामी नैकर अमरीकी संशयवादी राबर्ट इंगर सौल से प्रभावित थे। "इंगर सौल के बाइबिल और ईसाई धर्म पर प्रहारों से पुराणों और हिन्दू धर्म के विरुद्ध वैसे ही तर्कों की प्रेरणा मिली।" ('धर्मनिरपेक्ष राज्य के रूप में भारत', पृ. 157)।
39. श्रीनिवास : देखिए उपर्युक्त टिप्पणी 23, पृ. 22
40. सर पर्सीवाल ग्रिफ़िथ्स : 'भारत पर अंग्रेज़ी प्रभाव', लंदन, 1952, पृ. 295-296
41. इर्सचिक : देखिए उपर्युक्त टिप्पणी 27, पृ. 55-56
42. घुर्ये : देखिए उपर्युक्त टिप्पणी 8, पृ. 179
43. इर्सचिक : देखिए उपर्युक्त टिप्पणी 27, पृ. 55
44. बोस : देखिए उपर्युक्त टिप्पणी 16, पृ. 200
45. वही।
46. इर्सचिक : देखिए उपर्युक्त टिप्पणी 27, पृ. 118-120
47. इर्सचिक : 'मद्रास में ब्राह्मणों और ग़ैर-ब्राह्मणों में सत्ता संघर्ष', पृ. 4
48. जी. ओ. संख्या 1129, दिनांक दिसम्बर 15, 1928 (लोक सेवा विभाग)।
49. स्मिथ : देखिए उपर्युक्त टिप्पणी 11, पृ. 122
50. 'एस. एच. पार्थ और अन्य बनाम मैसूर राज्य तथा अन्य', 'मैसूर क़ानून पत्रिका', 1960, पृ. 156 (डोनाल्ड ई. स्मिथ द्वारा उद्धृत, उपर्युक्त, पृ. 318
51. यद्यपि जातियों की गणना के बारे में आँकड़े असन्दिग्ध नहीं हैं, फिर भी ये ही कसौटियाँ अपनाई गईं, और यह कहना आसान नहीं होता कि कोई उपजाति लिंगायत या ओक्कलिग जैसी बड़ी जातियों का ही एक अंग है या नहीं।

52. 'मैसूर पिछड़े वर्ग समिति : अन्तिम रिपोर्ट', बंगलूर, पृ. 20
53. श्रीनिवास : देखिए उपर्युक्त टिप्पणी 23, पृ. 2
54. 'हिन्दू', सितम्बर 30, 1962, (डोनाल्ड ई. स्मिथ द्वारा उद्धृत, उपर्युक्त ग्रन्थ, पृ. 320)।
55. स्मिथ : उपर्युक्त ग्रन्थ, पृ. 318
56. श्रीनिवास : देखिए उपर्युक्त टिप्पणी 23, पृ. 3
57. श्रीनिवास : 'समानता की खोज', 'टाइम्स', लंदन, जनवरी 26, 1962
58. जी. ओ. संख्या 247, दिनांक फरवरी 4, 1939
59. जी. ओ. संख्या 1946, दिनांक 6, दिसम्बर 1938 (लोक सेवा विभाग)।
60. ई. इर्सचिक : 'राष्ट्रीय आन्दोलन के साथ दक्षिण भारत का एकीकरण' पृ. 13। ऐसा ही व्यापार महाराष्ट्र की राजनीति में भी घटित हुआ था। देखिए एम. पैटरसन : 'महाराष्ट्र में जाति और राजनीति', पृ. 1066
61. 'मैसूर पिछड़े वर्ग समिति : अन्तिम रिपोर्ट', पृ. 20
62. स्मिथ : उपर्युक्त ग्रंथ, पृ. 317
63. वही, पृ. 321
64. ई. आर. लीच : 'प्रस्तावना : जाति से हमारा क्या अभिप्राय होना चाहिए', 'दक्षिण भारत, श्रीलंका और उत्तर-पश्चिमी पाकिस्तान में जाति के कुछ पक्ष' में, केम्ब्रिज, 1960, पृ. 7
65. हटन द्वारा उद्धृत : 'भारत में जाति', ऑक्सफ़ोर्ड, 1963, पृ. 51
66. ए. बेतील : 'जाति के सन्दर्भों पर एक टिप्पणी', 'यूरोपीय समाज विज्ञान पत्रिका', खंड 5, 1964, पृ. 134
67. एफ़. जी. बेली : 'बन्द सामाजिक स्तरीकरण', 'यूरोपीय समाज विज्ञान पत्रिका', खंड 4, 1963, पृ. 123; और बेतील : देखिए उपर्युक्त टिप्पणी 66।
68. बेतील : देखिए उपर्युक्त टिप्पणी 66, पृ. 133
69. लीच : देखिए उपर्युक्त टिप्पणी 64, पृ. 7
70. बेली : देखिए उपयुक्त टिप्पणी 67, पृ. 123
71. एन. येलमैन : 'एक कैन्डियन समुदाय में जाति-सिद्धान्तों का लचीलापन', उपर्युक्त टिप्पणी 69 में, पृ. 87, 106
72. बेतील : देखिए उपयुक्त टिप्पणी 66, पृ. 133

अध्याय चार : लौकिकीकरण

1. 'सामाजिक विज्ञान विश्व कोष' खंड 13, पृ. 113
2. अपवित्रता-पवित्रता की अवधारणाओं के विवेचन के लिए मेरी पुस्तक 'दक्षिण भारत के कुर्गों में धर्म और समाज' का अध्याय 4; और एल. ड्यूमों तथा डी. एफ. पोकॉक द्वारा सम्पादित 'भारतीय समाज विज्ञान', खंड 3, पेरिस, 1959।

3. लेखक को निजी पत्र।
4. 1963-64 में मैसूर नगर के दो कॉलेजों में किये गए छात्राओं के अध्ययन से यह पता चला कि विश्वविद्यालय-पूर्व और बी. एस-सी. की कक्षाओं में, एक कॉलेज में कुल 1423 में से 803, और दूसरे में 128 में से 113 छात्राएँ ब्राह्मण थीं। पहला मैसूर सरकार द्वारा संचालित केवल लड़कियों का ही कॉलेज है, दूसरा एक निजी संगठन द्वारा संचालित सहशिक्षा का कॉलेज। ये आँकड़े मुझे दिल्ली विश्वविद्यालय के समाज विज्ञान विभाग की कुमारी एम. एन. चित्रा के सौजन्य से प्राप्त हुए हैं।
5. यह पता लगाना कि 15 और 40 की आयु के बीच के मैसूरी ब्राह्मणों में से कितने यज्ञोपवीत पहनते हैं, और उसके परिणामों को शिक्षा, धंधा और स्थानमूलक गतिशीलता जैसे अन्य सामाजिक सूचकांकों से सह-सम्बन्धित करना, बड़ा उपयोगी होगा। तीस वर्ष पहले उस आयु-वर्ग में लगभग प्रत्येक व्यक्ति यज्ञोपवीत पहने मिलता, और कुछ दैनिक संध्या भी करते थे।
6. डी. इंगाल्स : 'ब्राह्मण परम्परा', मिल्टन सिंगर द्वारा सम्पादित 'पारम्परिक भारत : ढाँचा और परिवर्तन' में, पृ. 6
7. एम. सिंगर : 'एक सर्वदेशीय केन्द्र में महान् परम्परा : मद्रास', लेखक द्वारा सम्पादित 'पारम्परिक भारत : ढाँचा और परिवर्तन' में, पृ. 176
8. स्त्रियों की शिक्षा और पारिवारिक जीवन पर उसके प्रभाव के सम्बन्ध में देखिए, एलीन डी. रॉस : 'भारतीय परिवार अपने शहरी परिवेश में', टोरंटो, 1961, पृ. 208-231
9. वही, पृ. 226
10. वही, पृ. 232
11. सिंगर : देखिए उपर्युक्त टिप्पणी 7, पृ. 173
12. इसका स्रोत शायद है "नाम-सिद्धान्त का सम्प्रदाय, मोक्ष के सबसे सक्षम साधन के रूप में भगवान् के नाम का पाठ, श्रीधर, वेंकटेश और बोधेन्द्र जैसे अठारहवीं शताब्दी के संत-लेखकों द्वारा विकसित।" (वी. राघवन : 'दक्षिण भारत में लोकप्रिय धार्मिक उपदेश की पद्धतियाँ', मिल्टन सिंगर द्वारा सम्पादित उपर्युक्त ग्रंथ में, पृ. 136)। उसी ग्रंथ में टी. बी. नायक ने अपने निबन्ध 'सूरत के अनाविलों का धर्म' में गुजरात में भी नामसिद्धान्त सम्प्रदाय के अस्तित्व का उल्लेख किया है : "खाली कापियाँ भी बिकती हैं जिनके प्रत्येक पृष्ठ पर छोटे-छोटे वर्ग बने होते हैं। प्रत्येक वर्ग में भगवान् का एक नाम लिखना होता है। ये कापियाँ 51,000, 1,25,000 और ऐसी ही संख्या में नामों के लिए होती हैं और वे एक संगठन द्वारा केवल लागत पर बेची जाती हैं। संगठन का नाम-पता है—राम नाम बैंक, द्वारा पंडित सेवाश्रम, मणिनगर, अहमदाबाद" (पृ. 186)।
13. सिंगर, देखिए उपर्युक्त टिप्पणी 7, पृष्ठ 176; और डी. ई. स्मिथ : 'धर्मनिरपेक्ष राज्य के रूप में भारत', पृ. 245-259
14. वही, पृ. 173

15. मैं रामकृष्ण मिशन-जैसे मठों तथा धार्मिक संगठनों के प्रकाशनों को छोड़े दे रहा हूँ। लिंगायत मठ अन्य क्षेत्रों की भाँति ही प्रकाशन में भी बहुत सक्रिय हैं। विलियम मैक कौरमैक के अनुसार, लिंगायत लोग छह पत्रिकाएँ प्रकाशित करते हैं, और उनकी कोई दो सौ पुस्तिकाएँ और पच्चीस विद्वत्तापूर्ण प्रकाशन हैं। देखिए उनका लेख 'वीर शैव धर्म में सम्प्रेषण के रूप', मिल्टन सिंगर द्वारा सम्पादित उपर्युक्त ग्रंथ, पृ. 126-127
16. "धारवाड़ रेडियो केन्द्र से प्रसारण 1946 में शुरू हुआ और यद्यपि रेडियो कोई साम्प्रदायिक संस्था नहीं है, फिर भी धारवाड़ केन्द्र वीर शैवों की धार्मिक रुचि के बहुत-से कार्यक्रम प्रस्तुत करता है। बसव का जन्मदिवस 1957 में एक विशेष कार्यक्रम द्वारा मनाया गया था जिसने शाम के प्रसारण का अधिकांश समय घेर लिया था। जिन गाँव वालों की रेडियो यंत्र तक पहुँच है वे प्रयत्न करते हैं कि भजन कार्यक्रम न छूट जाएं। इन्हें केन्द्र की कार्यक्रम दर्शिका में 'ग्रामीणों के लिए' शीर्षक में रखा जाता है। शास्त्रीय संगीत शैली में गाये गए वचन (लिंगायत संतों के कन्नड़ भाषा में उपदेशात्मक सूत्र) साम्प्रदायिक प्रसारणों में सबसे आम हैं। धारवाड़ और बंगलूर रेडियो केन्द्रों पर वचनों के बहुत-से रिकार्ड हैं, और वचन कार्यक्रम दोनों में से प्रत्येक कन्नड़ प्रसारण केन्द्र से औसतन दो दिन में एक बार अवश्य प्रस्तुत होते हैं। कभी-कभी वीर शैव संतों, जैसे अकक महादेवी के जीवन पर रेडियो नाटक भी प्रस्तुत किये जाते हैं।" (वही, पृ. 128)।
17. इस सम्बन्ध में देखिए मैककिम मैरियट का लेख 'सांस्कृतिक सम्प्रेषण के बदलते हुए साधन', वी. एफ. रे द्वारा सम्पादित 'मध्यवर्ती समाज, सामाजिक गतिशीलता और सम्प्रेषण' में, 1949, पृ. 66-74
18. देखिए एन. गिस्ट : 'दक्षिण भारत में जाति विभेद', 'अमरीकी समाज विज्ञान पत्रिका' में, खंड 16, अंक 2, 1954, पृ. 134
19. "धर्मात्मा हिन्दू सिर पर शिखा रखता है, जिसमें कभी-कभी गाँठ होती है, कभी-कभी केवल बाकी बालों से तनिक बड़ी एक केशराशि मात्र। इसे तांत्रिक तपस्वी आत्मा का द्वार मानते हैं, वह स्थल जहाँ से आत्मा संस्कार के समय (संस्कार से पहले व्यक्ति मृतवत् है) प्रवेश करती है और मृत्यु के बाद प्रस्थान करती है। शिखा में ही आत्मा का आश्रय है क्योंकि समस्त आध्यात्मिक शक्ति का वहीं वास है। एक पुरानी वैदिक ऋचा है : 'शून्य है यदि वह रक्षित नहीं है और मुंडित है; उसके लिए शिखा ही रक्षा है।' शिखा को हिन्दू के अविचल भाव से जीवन का सामना करने के निश्चय का प्रतीक समझा जाता है।" (एस. भट्टाचार्य : 'हिन्दुओं के धार्मिक आचार', केनेथ मौर्गन द्वारा सम्पादित 'हिन्दुओं का धर्म' में, न्यूयार्क, 1953, पृ. 165)।
20. गिस्ट : उपर्युक्त ग्रन्थ, पृ. 128-126। ऐसी ही परिस्थिति बंगाल में भी मिलती है। "ब्राह्मण और वैद्य-जैसी जातियों में पारम्परिक धंधे में परिवर्तन बहुत अधिक हुआ है; और उसी के अनुरूप एकत्रीकरण भी हुआ है, कृषि या उद्योगों में नहीं, बल्कि

'उच्च पेशों' में, जैसे डॉक्टरी, वकालत, विभिन्न प्रकार के दफ्तरी कार्यों में, अथवा भूस्वामिता अथवा भूमि-प्रबन्ध में।" (एन. के. बोस : 'बंगाल में जाति के कुछ पक्ष', मिल्टन सिंगर द्वारा सम्पादित 'पारम्परिक भारत : ढाँचा और परिवर्तन' में, पृ. 198)।

21. स्मिथ : उपर्युक्त ग्रंथ, पृ. 266
22. पर यह ज़ाहिर है कि भारत को लम्बा रास्ता तय करना है। इस सम्बन्ध में देखिए आर. बेंडिक्स : 'राष्ट्र निर्माण और नागरिकता', न्यूयार्क, 1964, पृ. 248-263।
23. एफ. जी. बेली : 'जाति और आर्थिक सीमांत', बम्बई, 1958, पृ. 6-10 और 91-93
24. एलीम रॉस ने दक्षिण भारत के बंगलूर नगर में "किन्तु, पारिवारिक ढाँचे के प्रकार का परिवर्तन की गति से निश्चित सम्बन्ध था। उदाहरण के लिए, जिन 141 व्यक्तियों से भेंट की गई उनमें से अधिकतर, जिन्होंने यह कहा है कि वे अब बचपन में सीखे हुए पारिवारिक रीति-रिवाजों का पालन नहीं करते, ऐकिक परिवारों से आए थे; संयुक्त परिवारों से आनेवालों में से कोई एक तिहाई ने कहा कि वे अब भी पूर्णत: अथवा अंशत: पारम्परिक पारिवारिक रीति-रिवाजों का पालन करते हैं। जिन लोगों का लालन-पालन कट्टरपंथी घरों में या सुगठित संयुक्त परिवारों में हुआ था, वे उनकी अपेक्षा जो 'प्रगतिशील' परिवारों में पले थे, यह भी अनुभव करते थे कि बचपन में सीखे रीति-रिवाज कम ही बदले हैं। आयु, वैवाहिक स्थिति और शहर में रहती पीढ़ियों की संख्या आदि अन्य महत्त्वपूर्ण परिवर्ती तत्त्व हैं जो पारिवारिक परिवर्तन को प्रभावित करते जान पड़ते हैं।" ('शहरी परिवेश में हिन्दू परिवार', टोरंटो, 1962, पृ. 281
25. वही, पृ. 225
26. यही सभी स्तरों पर होता है, उन पर भी जो मुश्किल से साक्षर हैं। जब मैं बड़ौदा विश्वविद्यालय में पढ़ाता था, तो विश्वविद्यालय के एक मराठीभाषी चपरासी ने, जो मुझे अच्छी तरह जानता था, मुझसे अपने चचेरे भाई की बड़ौदा में बड़ी भेषजीय फर्म में नौकरी के लिए सिफारिश कर देने के लिए अनुरोध किया। मैंने कहा, मैं वहाँ किसी को नहीं जानता तो उसने मुझे याद दिलाया कि फर्म के कारखाने का मैनेजर मेरी ही तरफ का है। नागरीकरण की प्रक्रिया में सगोत्रता, जाति और स्थानीय सम्पर्क-सूत्रों का, और इन सम्पर्क सूत्रों के बीच सम्बन्ध का, व्यवस्थित अध्ययन शोध का एक महत्त्वपूर्ण क्षेत्र है।
27. स्मिथ : उपर्युक्त, पृ. 244 (एन. 13)।
28. जे. एन. फर्कुहर ने इस विरोधाभास पर टिप्पणी की है कि अब सनातन धर्म सभा वेदों के सस्ते संस्करण जाति का विचार किये बिना सब हिन्दुओं को बेचने लगी है : "किन्तु यह सबसे कट्टरपंथी आन्दोलन, जिसे सब बड़े-बड़े हिन्दू सम्प्रदायों का समर्थन प्राप्त है, वेदों के किसी अंश की प्रतियाँ जो भी चाहे उसे बेचता है, उनके अध्ययन के लिए प्रोत्साहित करता है, फिर उसकी जाति चाहे जो हो।" ('भारत में आधुनिक धार्मिक आन्दोलन', न्यूयार्क, 1915, पृ. 322)।

29. एम. सिंगर : 'मद्रास नगर के राधाकृष्ण भजन', 'धर्मों का इतिहास' में, खंड 2, अंक 2, 1963, पृ. 184, और देखिए उपर्युक्त टिप्पणी 7, पृ. 149
30. देखिए वी. राघवन : उपर्युक्त टिप्पणी 12, पृ. 136-137
31. किन्तु कुछ भजनों में लम्बा-चौड़ा कर्मकांड होता है। देखिए सिंगर : 'मद्रास नगर के राधाकृष्ण भजन', पृ. 194-196
32. स्वाधीन भारत की धर्म-निरपेक्ष राज्य की नीति के सन्दर्भ में भारतीय संस्कृति और हिन्दू धर्म के सम्बन्ध पर चर्चा के लिए देखिए स्मिथ, उपर्युक्त ग्रन्थ, पृ. 374, पादटिप्पणी।
33. वही, पृ. 245, पादटिप्पणी।
34. वही, पृ. 245
35. वही, पृ. 250
36. वही, पृ. 245-257
37. वही, पृ. 254
38. देखिए मैरियट, उपर्युक्त टिप्पणी 17।

अध्याय पाँच : अपने ही समाज के अध्ययन के सम्बन्ध में कुछ विचार

1. ए. आर. रैडक्लिफ़ ब्राउन : एम. एन. श्रीनिवास की पुस्तक 'दक्षिण भारत के कुर्गों के धर्म और समाज' का प्राक्कथन, ऑक्सफ़ोर्ड, 1952
2. 'टाइम्स साहित्यिक परिशिष्ट', सितम्बर 6, 1952
3. ई. आर. लीच : 'ब्रिटिश समाज-विज्ञान पत्रिका', खंड 15, अंक 4, दिसम्बर 1963, पृ. 377-378
4. एम. एन. श्रीनिवास : 'मैसूर में विवाह और परिवार', बम्बई, 1942
5. वही, पृ. 126
6. एम. एन. श्रीनिवास : देखिए उपर्युक्त टिप्पणी 1, पृ. 225
7. एम. एन. श्रीनिवास : देखिए उपर्युक्त टिप्पणी 1, पृ. 73
8. एच. ए. गोल्ड : 'संस्कृतीकरण और पश्चिमीकरण—एक गतिशील दृष्टिकोण', 'आर्थिक साप्ताहिक', खंड 13, अंक 25, जून 24, 1961, पृ. 145-650
9. एल. ड्यूमों और डी. एफ़0 पोकॉक : 'ग्रामीण अध्ययन', 'भारतीय समाज विज्ञान' में, अंक 1, अप्रैल 1957, पृ. 27
10. एन. रामराव : 'केलवु नेनपुगलु', बंगलूर, 1954
11. बर्नार्ड शॉ : 'सन्त जोन' की भूमिका, पृ. 16, (पेंन्गुइन संस्करण)
12. ई. ई. इवान्स-प्रिचार्ड : 'सामाजिक मानव विज्ञान', ग्लैनको, इलि., 1954 पृ. 64-85
13. डब्ल्यू. एफ़ ह्वाइट : 'सड़क के नुक्कड़ का समाज', शिकागो, 1953, पृ. 279-360; जे. ए. बार्न्स : 'आधुनिक क्षेत्र-कार्य में कुछ आचरण सम्बन्धी समस्याएँ', 'ब्रिटिश समाज विज्ञान पत्रिका', खंड 14, अंक 2, जून 1963, पृ. 118-134; और जी. डी. बेरेमैन : 'अनेक मुखौटों के पीछे', इथाका, 1962।

14. ह्वाइट : उपर्युक्त ग्रन्थ, पृ. 321।
15. डब्ल्यू. स्टार्क : 'अन्तर्राष्ट्रीय दर्शन पत्रिका', ब्रुसेल्स, अंक 13, जुलाई-1950, पृ. 16
16. इस सम्बन्ध में देखिए, 'आधुनिक भारत में जाति' में 'गाँवों के अध्ययन और उनका महत्त्व', पृ. 120-135
17. ई. आर. लीच : 'पर्वतीय बर्मा की राजनीतिक व्यवस्थाएँ', लंदन 1954, पृ. 7

अध्ययन सूची

1. संस्कृतीकरण और पश्चिमीकरण

ओरान्स, मार्टिन : 'महान् परम्परा की खोज में एक जनजाति : होड़-एकीकरण संघर्ष', 'भारतीय मानव', खंड 39, अंक 2, जून 1959, पृ. 108-114

कालिया, एस. एल. : 'संस्कृतीकरण प्रौर जनजातिकरण', 'जनजाति अनुसन्धान संस्थान का बुलेटिन', छिंदवाड़ा (म. प्र.), अप्रैल 1959, पृ. 33-43

गोल्ड, एच. ए. : 'संस्कृतीकरण और पश्चिमीकरण, एक गतिशील दृष्टिकोण', 'आर्थिक साप्ताहिक', खंड 13, अंक 25, जून 24, 1961, पृ. 945-950

चानना, देवराज : 'संस्कृतीकरण, पश्चिमीकरण और भारत का उत्तर-पश्चिम', 'आर्थिक साप्ताहिक', खंड 13, अंक 9, मार्च 4, 1961, पृ. 409-414

बारनाबास, ए. पी. : 'संस्कृतीकरण', 'आर्थिक साप्ताहिक', खंड 13, अंक 15, अप्रैल 15, 1961, पृ. 613-618

बेरेमैन, जी. डी. : 'हिमालय के हिन्दू', बर्कले तथा लास ऐंजेलेस, 1963

बेली, एफ. जी. : 'जाति और आर्थिक सीमांत', आक्सफ़ोर्ड, 1958, पृ. 188, पादटिप्पणी।

माहार, पालीन, एम. : 'एक अछूत जाति के बदलते हुए धार्मिक आचार', 'आर्थिक विकास और सांस्कृतिक परिवर्तन', खंड 08, अंक 3, अप्रैल 1960, पृ. 279-287

मेयर, ए. सी. : 'जाति के कुछ सोपानात्मक पक्ष', 'मानव विज्ञान की दक्षिण पश्चिमी पत्रिका', खंड 12, अंक 2, ग्रीष्म, 1956, पृ. 117-144

मैरियट, मैककिम : 'भारतीय सभ्यता में सांस्कृतिक संचरण के बदलते हुए पथ', वी. एफ़. रे द्वारा सम्पादित 'मध्यवर्ती समाज', सीटल, वाशिंगटन, 1959। 'जाति पद-निर्धारण के अन्तर्क्रियात्मक और गुणवाचक सिद्धान्त', 'भारतीय मानव', खंड 36, अंक 2, जून 1959, पृ. 92-107

मैरियट, मैककिम (सं.) : 'भारत के गाँव : लघु समुदाय का अध्ययन', शिकागो, 1955

राघवन, वी. : 'भारतीय संस्कृति के प्रतिरूप में अनेकरूपता और एकीकरण,' 'सुदूरपूर्व त्रैमासिकी', खंड 15, अंक 4, अगस्त, 1956, पृ. 497-505

विद्यार्थी, एल. पी. : 'हिन्दू गया में धार्मिक स्थल', बम्बई, 1961

विद्यार्थी, एल. पी. (सं.) : 'भारतीय समाज में धर्म के कुछ पक्ष', मेरठ, 1961

सहाय, के. एन. : 'ओराबों में संस्कृतीकरण की प्रवृत्तियाँ', 'बिहार जनजाति शोध संस्थान बुलेटिन', राँची, खंड 4, अंक 2, सितम्बर 1962, पृ. 1-15

सिंगर, मिल्टन : 'भारतीय सभ्यता का सामाजिक संगठन', 'डाओजेनीस'; खंड 45, शीतकाल, 1964, पृ. 84-116।

सिंगर, मिल्टन (सं.) : 'पारम्परिक भारत : ढाँचा और परिवर्तन', अमरीकी लोकवार्ता समाज, फिलाडेल्फ़िया, 1959

स्टाल, जे. एफ. : 'संस्कृत और संस्कृतीकरण', 'एशियाई अध्ययन बुलेटिन', खंड 22, 1963।

2. पिछड़े वर्गों का आन्दोलन

आइज़ैक्स हैरोल्ड : 'भूतपूर्व अछूत', न्यूयार्क, 1964।

इर्सचिक, ई. : 'दक्षिण भारत में राजनीति और सामाजिक संघर्ष—ग़ैर-ब्राह्मण'।

आन्दोलन और तमिल पृथकतावाद', शोध प्रबन्ध, शिकागो विश्वविद्यालय, 1964।

'राष्ट्रीय आन्दोलन के साथ दक्षिण भारत का एकीकरण'।

'मद्रास में ब्राह्मणों और ग़ैर-ब्राह्मणों में सत्ता संघर्ष', 2 अप्रैल 1965 को सैन फ्रांसिस्को में एशियाई अध्ययन संघ की बैठक में पढ़ा गया निबन्ध।

गैलेंटर, मार्क : 'भारत में समानता और रक्षात्मक पक्षपात', 'रुटगर्स क़ानून पत्रिका', खंड 16, अंक 1, 1961, पृ. 42-74।

— 'सामूहिक सदस्यता की समस्या : भारतीय समाज के विषय में क़ानूनी दृष्टिकोण पर कुछ विचार', 'भारतीय क़ानून संस्थान पत्रिका', खंड 4, अंक 3, जुलाई-सितम्बर 1962, पृ. 331-358।

— 'भारत में क़ानून और जाति', 'एशियाई सर्वेक्षण', खंड 3, अंक 11, नवम्बर 1963, पृ. 544-599।

घुर्ये, जी. एस. : 'भारत में जाति और वर्ग', बम्बई 1950।

डुस्किन, एल. : 'पिछड़े हुए वर्ग', 'आर्थिक साप्ताहिक' बम्बई, अक्तूबर 28 नवम्बर 18, 1961।

पैटरसन, एम. : 'महाराष्ट्र में जाति राजनीतिक नेतृत्व', 'आर्थिक साप्ताहिक', बम्बई, सितंबर 25, 1954, पृ. 1065-1067।

बेतील, ए. : 'पिछड़े वर्गों का भविष्य', 'भारतीय सार्वजनिक प्रशासन पत्रिका' का परिशिष्ट, खंड 11, अंक 1, जनवरी-मार्च, 1965, पृ. 1-36।

— 'तमिलनाड में जाति और राजनीति'।

ब्रास, पी. आर. : 'उत्तर प्रदेश में प्रान्तीयता, राष्ट्रीयता और राजनीतिक संघर्ष', 2 अप्रैल, 1965 को सैनफ्रांसिस्को में एशियाई अध्ययन संघ की बैठक में पढ़ा गया निबन्ध।

ब्रूमफील्ड, जे. एच. : 'एक अभिजन और उसके प्रतिद्वन्द्वी : बीसवीं शताब्दी के आरम्भ में बंगाली भद्रलोक', 2 अप्रैल 1965 को सैनफ्रांसिस्को में एशियाई अध्ययन संघ की बैठक में पढ़ा गया निबन्ध।

राव, एम. एस. ए. : 'जाति और भारतीय सेना', 'आर्थिक साप्ताहिक', बम्बई, अगस्त, 26, 1964, पृ. 1439-1443।

वीनर, माइरन : 'भारत में एकता के लिए संघर्ष', 'विदेशी मामले', जुलाई 1962, पृ. 1-9

सिल्वरबर्ग, जेम्स (सं.) : 'भारत में जाति में सामाजिक गतिशीलता', 'समाज और इतिहास का तुलनात्मक अध्ययन', का विशेषांक—

स्मिथ, डी. ई. : 'भारत का धर्मनिरपेक्ष राज्य', प्रिंसटन, 1963।

श्रीनिवास, एम. एन. : 'आधुनिक भारत में जाति', बम्बई, 1962।

हैरिसन, सेलिग : 'भारत के सबसे खतरनाक दशक', प्रिंसटन, 1960।

पारिभाषिक शब्द सूची

(अ) हिन्दी से अंग्रेज़ी

अन्तर्गमन Endogamy
अन्तर्गामी Endogamous
अन्तर्भूतकारी Inclusive
अंश Section
अधिकारी तंत्र Bureaucracy
अधिराजत्व Suzerainty
अध्ययन-विवरण Studies
अनुकूलता Adaptability
अनुलोम Hypergamous
अनुलोम गमन Hypergamy
अनेकरूपता Diversity
अन्वेषक Investigator
अपवित्रता Pollution
अभिजन Elite
अवलोकन Observation
अविच्छिन्नता Continuum
असन्दिग्ध प्रभुता Decisive Dominance
असमानता Disparity
अस्थिरता Fluidity
आदर्श Model
आदिवासी Aboriginal
आधुनिकीकरण Modernization
आनुवंशिक Hereditary
आप्रवासी Immigrant
आसामी Client
उच्चतर Superordinate
उत्तरदाता Respondent
उत्तराधिकार Succession
उदग्र Vertical
उभयभावी Ambivalent
ऊर्जादायक Energizer
ऊर्ध्व, ऊर्ध्वमुखी Upward
एकजातीय Ethnic
एकरूपता Uniformity
एकीकरण Solidarity, Integration
ऐकिक परिवार Nuclear Family
औद्योगिकी Technology
औद्योगीकरण Industrialization
कर्मकांड Ritual
कर्मकांडीय Ritual
—पद Ritual Rank
—सम्बन्ध Ritual Relations
कल्पकथा Myth
कार्यमूलक Functional
कार्यमूलकता Functionalism
काश्तकार Tenant
कुल Clan, Lineage
कुलीय Lineal
खंडीय Segmentary
गतिशीलता Mobility
गुटबंदी Factionalism

गौण Secondary
ग्रामीण समुदाय Village Community
ग्राम्य Vulgar
ग्राम्यीकरण Vulgarization
चारण Geneologist
जनजाति Tribe
जनजातिकरण Tribalization
जनजातीय Tribal
जनतंत्रीकरण Democratization
जनांकिकी Demography
जाति Caste
ज्येष्ठाधिकार Primogeniture
ढाँचा Structure
तर्कबुद्धि Reason
दत्तकविधान Affiliation
दस्तकार Artisan
दान Endowment
दाम्पत्य Connubia
दास Slave
धंधा Occupation
धर्म-निरपेक्ष Secular
नस्ल Race
नस्लीय Racial
नागर Urban
नागरीकरण Urbanization
निगमित, निगमीय Corporate
निरन्तरता Continuity
निर्धारक Determinant
पंथ Cult
पट्टेदारी Tenure
पद Rank
पद निर्धारण Ranking
पदमूलक Positional
परम्परा Traditional
परमाधिकार Prerogative
परानुभूति Empathy
परिधिस्थ Peripheral
पवित्रता Purity
पारम्परिक Traditional
पिछड़ा हुआ Backward
पिछड़े वर्ग आन्दोलन Backward Classes Movement
पितृकुलीय Patrilineal
पितृकुलीयता Patrliny
पुराकेन्द्रता Paliocentrism
पुश्तैनी Hereditary
पेशा Profession
पेशे The Professions
प्रजा Serf
प्रणाली System
प्रतिरूप Pattern
प्रथा System
प्रभु, प्रभुतासम्पन्न Dominant
प्रभुता Dominance
प्रशाखा Section
प्रादेशिक Regional
बटाईदार Sharebropper
बहिर्गमन Exogamy
बहिर्गामी Exogamous
बहिष्कारी Exclusive
बहुत्ववादी Pluralistic
बानगी Sample
बुद्धिवाद Rationalism
बुद्धिसंगत Rational
भूस्वामी Landowner
मनोभाजन Schizophrenia
मातृकुलीय Matrilineal
मातृकुलीयता Matriliny
माध्य Mean
माध्यम Media, Mediation
माध्यम का संघात Media, Expo sure
माध्यमिक Secondary

मान Value
मानवजाति विज्ञान Ethnology
मानव जाति-वैज्ञानिक Ethnologist
मानवजाति शास्त्र Ethnography
मानवविज्ञान Anthropology
मानव वैज्ञानिक Anthropologist
मूल्य Value
मूल्यहीनता Anomie
राजनीतिकरण Politicalization
राष्ट्रवाद, राष्ट्रीयता Nationalism
रीतिरिवाज़ Custom
रीति विधान Methodology
रूपांतर, रूपांतरण Transformation
रोज़गार Employment
लौकिक Secular
लौकिकीकरण Secularization
वंशपरम्परा Descent, Heredity
विकृतिमूलक Pathological
विखंडन Fission
विचारधारा Ideology
विदेशी भय Xenophobia
विस्तार Elaboration
वैधतादायी Legitimizing
वैराग्यमूलक Ascetic
व्यवस्था System
व्यवहार Behaviour
व्यवहारमूलक Behavioural
शहरी Urban
शुद्धतावादी Puritanical
शैक्षिक Academic
संघात Exposure
संचरण Transmission
सन्दर्भ Referent
सन्दर्भ सम्बन्धी Contextual
संन्यासी Ascetic
सम्प्रदाय Sect
संयुक्त परिवार Joint Family
संरचना Structure
संरचनात्मक Structural
संस्कार Rite
संस्कृति Culture
संस्कृतीकरण Sanskritization
संस्कृतीय Sanskritized, Sanskritic
संस्थाबद्ध Institutional
संस्थापित Institutionalized
संहतिवाद Syncretism
सगोत्रीय Angnatie
सगोत्रीयता Kinship
सजातीयतामलक Affinal
समाज विज्ञान Sociology
समाज वैज्ञानिक Sociologist
समानतावाद Equilitarianism
समुदाय Community, section
समूह Group
सहभागी अवलोकन Participant Observation
सहवर्ती Contrapuntal
सामंती Feudal
सामंती-क्षेत्र Feudatory
सामूहिक माध्यम Mass Media
साम्प्रदायिकता Communalism
सेवक जाति Servicing caste
सैद्धांतिक Ideological
सोपान Hierarchy
सोपानात्मक Hierarchical
स्तरीकरण Stratification
स्थानमूलक Spatial
स्थानिक Endemic
स्थापित व्यवस्था Establishment
स्वसमूहकेन्द्रिता Ethnocentrism
हैसियत Status
क्षेत्र अध्ययन Field Study

क्षेत्र-कर्मी Field worker
क्षेत्र-कार्य Field work
क्षैतिज Horizontal

(आ) अंग्रेज़ी से हिन्दी

Aboriginal आदिवासी
Academic शैक्षिक
Adaptability अनुकूलता
Affiliation दत्तक विधान
Affinal सजातीयतामूलक
Agnatic सगोत्रीय
Ambivalent उभयभावी
Anomie मूल्यहीनता
Anthropologist मानव वैज्ञानिक
Anthropology मानव विज्ञान
Artisan दस्तकार
Ascetic संन्यासी, वैराग्यमूलक
Backward पिछड़ा हुआ
Backward Classes Movement पिछड़े वर्ग आन्दोलन
Behaviour व्यवहार
Behavioural व्यवहारमूलक
Bureaucracy अधिकारी-तंत्र
Caste जाति
Servicing सेवक जाति
Clan कुल
Client आसामी
Communalism साम्प्रदायिकता
Community समुदाय
Connubial दाम्पत्य
Contextual सन्दर्भ सम्बन्धी
Continuity निरंतरता
Continuity अविच्छिन्नता
Contrapuntal सहवर्ती
Corporate निगमित, निगमीय
Cult पंथ
Custom रीतिरिवाज
Democratization जनतंत्रीकरण
Demography जनांकिकी
Descent वंशपरम्परा
Determinant निर्धारक
Disparities असमानताएँ
Diversity अनेकरूपता
Dominance प्रभुता
Decisive असन्दिग्ध प्रभुता
Dominant प्रभु, प्रभुतासम्पन्न
Elaboration विस्तार
Elite अभिजन
Empathy परानुभूति
Employment रोजगार
Endemic स्थानिक
Endogamous अन्तर्गामी
Endogamy अन्तर्गमन
Endowment दान
Eneraizer ऊर्जादायक
Equalitarianism समानतावाद
Establishment स्थापित व्यवस्था
Ethnic एकजातीय
Ethnocentrism स्वसमूह केन्द्रिता
Ethnography मानवजाति शास्त्र
Ethnology मानवजाति विज्ञान
Ethnologist मानवजाति वैज्ञानिक
Exclusive बहिष्कारी
Exogamous बहिर्गामी
Exogamy बहिर्गमन
Exposure संघात
Factionalism गुटबन्दी
Feudal सामंती
Feudatory सामंती क्षेत्र
Field-Study क्षेत्र-अध्ययन
Field work क्षेत्र-कार्य
Field worker क्षेत्र-कर्मी

Fission विखंडन
Fluidity अस्थिरता
Functional कार्यमूलक
Functionalism कार्यमूलकता
Geneolojist चारण
Group समूह
Heredity वंशपरम्परा
Hereditory आनुवंशिक, पुश्तैनी
Hierarchy सोपान
Hierarchical सोपानात्मक
Horizontal क्षैतिज
Hypergamous अनुलोम
Hypergamy अनुलोम गमन
Ideological सैद्धान्तिक
Ideology विचारधारा
Immigrant आप्रवासी
Inclusive अन्तर्भूतकारी
Industrialization प्रौद्योगीकरण
Institutional संस्थाबद्ध
Institutionalized संस्थापित
Investigator अन्वेषक
Joint Family संयुक्त परिवार
Kinship सगोत्रीयता
Landowner भूस्वामी
Legitimizing वैधतादायी
Lineage कुल
Lineal कुलीय
Mass Media सामूहिक माध्यम
Matrilineal मातृकुलीय
Matriliny मातृकुलीयता
Mean माध्य
Media माध्यम
Media Exposure माध्यम का संघात
Mediation माध्यम
Methodology रीतिविधान
Mobility गतिशीलता
Model आदर्श
Modernization आधुनिकीकरण
Myth कल्पकथा
Nationalism राष्ट्रीयता, राष्ट्रवाद
Nuclear Family ऐकिक परिवार
Observation अवलोकन
Participant सहभागी
Occupation धंधा
Paleocentrism पुराकेन्द्रिता
Participant Observation सहभागी अवलोकन
Pathological विकृतिमूलक
Patrilineal पितृकुलीय
Patriliny पितृकुलीयता
Pattern प्रतिरूप
Peripheral परिधिस्थ
Pluralistic बहुत्ववादी
Politicalization राजनीतिकरण
Pollution अपवित्रता
Positional पदमूलक
Practice व्यवहार
Prerogative परमाधिकार
Primogeniture ज्येष्ठाधिकार
Profession पेशा
Professions पेशे
Puritanical शुद्धतावादी
Purity पवित्रता
Race नस्ल
Racial नस्लीय
Rank पद
Ritual कर्मकांडीय पद
Ranking पद-निर्धारण
Rational बुद्धिसंगत
Rationalism बुद्धिवाद
Reason तर्कबुद्धि
Referent सन्दर्भ

Regional प्रादेशिक
Respondents उत्तरदाता
Rite संस्कार
Ritual कर्मकांड, कर्मकांडीय
Relations कर्मकांडीय सम्बन्ध
Sample बानगी
Sanskritic, Sanskritized संस्कृतीय
Sanskritization संस्कृतीकरण
Schizophrenia मनोभाजन
Secondary माध्यमिक, गौण
Sect सम्प्रदाय
Section प्रशाखा, समुदाय, अंश
Secular लौकिक, धर्मनिरपेक्ष
Secularization लौकिकीकरण
Segementary खंडीय
Serf प्रजा
Servicing Castes सेवक जातियाँ
Sharecropper बटाईदार
Slave दास
Sociology समाज विज्ञान
Sociologist समाज वैज्ञानिक
Solidarity एकीकरण
Spatial स्थानमूलक
Status पद, हैसियत
Stratification स्तरीकरण
Structure ढाँचा, संरचना
Structural संरचनामूलक
Studies अध्ययन-विवरण
Succession उत्तराधिकार
Superordinate उच्चतर
Suzerainty अधिराजत्व
Syneretism संहतिवाद
System व्यवस्था, प्रणाली, प्रथा
Technology प्रौद्योगिकी
Tenant काश्तकार
Tenure पट्टेदारी
Tradition परम्परा
Traditional पारम्परिक
Transformation रूपान्तर, रूपान्तरण
Transmission संचरण
Tribal जनजातीय
Tribalization जनजातिकरण
Tribe जनजाति
Uniformity एकरूपता
Upward ऊर्ध्व
Urban नागर, शहरी
Urbanization नागरीकरण
Value मूल्य, मान
Vertical उग्र
Village Community ग्रामीण समुदाय
Vulgar ग्राम्य
Vulgarization ग्राम्यीकरण
Xenophobia विदेशी भय

अनुक्रमणिका